DUMONT
REISE-TASCHENBÜCHER

# Krim

In der vorderen Umschlagklappe: Übersichtskarte Krim

In der hinteren Umschlagklappe: Stadtplan Jalta

Sabine Stöhr

# Krim

DUMONT

*Umschlagvorderseite:* Schwalbennest bei Mischor
*Umschlaginnenklappe vorne:* Uferpromenade in Jalta
*Umschlaginnenklappe hinten:* Woronzow-Palst in Alupka, Alhambra
*Umschlagrückseite:* Kirche der Hl. Dreieinigkeit in Simferopol; Weinlese
*Vignette:* Tatarin in Tracht
*Abbildung S. 2/3:* Bucht von Nowyj Swet
*Abbildung S. 8:* Moschee Khan-Dshami in Jewpatorija

*Über die Autorin:* Sabine Stöhr studierte Slavistik, Publizistik und Osteuropäische Geschichte in Mainz. Im Rahmen eines Auslandsstipendiums lernte sie die Krim umfassend kennen und organisiert seitdem gemeinsam mit einem ukrainischen Reiseunternehmen Gruppen- und Individualreisen auf die Halbinsel.

Fremde Kulturen kennenlernen und gastfreundlichen Menschen begegnen – wie sehr genießen wir das auf Reisen. Zu Hause bei uns jedoch wird mancher Ausländer von einer kleinen Minderheit beschimpft, bedroht und sogar mißhandelt. Alle, die in fremden Ländern Gastrecht genossen haben, tragen hier besondere Verantwortung. Deshalb: Lassen Sie es nicht zu, daß Ausländer diffamiert und angegriffen werden. Lassen Sie uns gemeinsam für die Würde des Menschen einstehen.
Verlagsleitung und Mitarbeiter des DUMONT Buchverlages

Die Deutsche Bibliothek – CIP-Einheitsaufnahme

**Stöhr, Sabine:**
Krim / Sabine Stöhr. – Köln : DuMont, 1995
(DuMont-Reise-Taschenbücher ; 2101)
ISBN 3-7701-3245-9
NE: GT


Satz und Druck: Rasch, Bramsche
Buchbinderische Verarbeitung: Bramscher Buchbinder Betriebe

Printed in Germany ISBN 3-7701-3245-9

# Inhalt

## Land und Leute

### Natur, Umwelt, Wirtschaft



### Geschichte und Gesellschaft, Kunst und Kultur



## Orte und Reiserouten

### Simferopol und die Westküste

## Das Bergland im Südwesten



## Der Osten der Krim



## Nützliche Tips und Adressen

# Land und Leute

Und es ist dumm, sie ›Rotes Nizza‹
zu nennen, und langweilig –
›Allunionssanatorium‹. Womit läßt
sich unsere Krim vergleichen?
Unsere Krim ist unvergleichlich!

Wladimir Majakowski, 1926

# Natur, Umwelt, Wirtschaft

Geographie und Klima

Flora und Fauna

Wirtschaft und Tourismus

Tabakernte bei Cholmowka

# Die Krim – Eine Annäherung

Wenn es einen Begriff gibt, der die Krim am besten beschreibt, so ist es ›Vielfalt‹: Vielfalt der Völker und Kulturen, die im Laufe der Geschichte ihre Spuren hinterlassen und die Halbinsel geprägt haben. Vielfalt der Religionen, die jetzt, nach der Sowjetherrschaft, wieder zutage kommt. Vielfalt in den natürlichen Gegebenheiten; Steppe, Gebirge, subtropische Küste und dabei alle Klimazonen, die das mitteleuropäische Festland kennt.

›Krim‹ (Kyrym) ist ein mongolisches Wort und bedeutet ursprünglich ›Fels‹ oder ›Festung‹. Die ›Krim Solchat‹ – heute ›Staryj Krim‹ – war die erste Hauptstadt der Krimtataren. Bald schon bezeichnete man mit dem Namen ›Krim‹ die gesamte Halbinsel. Er hat sich bis in unsere Zeit erhalten.

Schon lange vor den Tataren lebten Völker auf der Halbinsel im Schwarzen Meer, u. a. Kimmerier und Taurier, und nach ihnen hieß die heutige Krim ›Kimmerija‹ oder ›Tauris‹. Die Skythen dehnten ihr Reich vom Kuban her aus, kleinasiatische Griechen siedelten sich an, die Völkerwanderung brachte Hunnen und Ostgoten, das späte Mittelalter die Tataren, Venezianer, Genueser und schließlich die Osmanen, zu deren Vasallen die Krimtataren wurden. Seit 1782 gehörte die Krim zum Russischen Reich, dank Katharina der Großen und ihrem Favoriten Potemkin …

Den Reisenden des 19. Jh., aus dem kalten St. Petersburg oder Moskau kommend, erschien die Krim als kleines Paradies. »Zauberhafter Landstrich« nannte sie Alexander Puschkin, der mit seinem Poem ›Der Brunnen von Bachtschissaraj‹ viel zur romantischen Verklärung der Krim beitrug. Die russischen Adeligen ließen ihrer Fantasie freien Lauf, indem sie – wie ihre Zaren – wunderbare Schlösser als Feriendomizile bauten und riesige Landschaftsparks anlegten. Und die Sowjetherrscher folgten ihrem Beispiel. Im August 1991 wurde die Krim dem letzten von ihnen beinahe zum Verhängnis.

Dem westlichen Besucher erschließt sich der ganze Zauber der Krim nicht immer auf den ersten Blick. Das Land, jetzt autonome Republik innerhalb der unabhängigen Ukraine, ist arm. Sowjetischer Gigantismus hat an den Küsten der von Lenin zum ›Allunionssanatorium‹ erklärten Halbinsel seine Spuren hinterlassen. Und dennoch: Ob es an der Herzlichkeit der Menschen liegt, am gesunden Klima, an der einmaligen Verbindung von Meer und Bergen oder daran, daß hier am Schnittpunkt zwischen Orient und Okzident so viele verschiedene Völker lebten oder einfach nur am berühmten Sekt – wer die Krim kennt, hat sie häufig auch lieben gelernt und entdeckt bei jedem Besuch etwas Neues.

# Steckbrief Krim

- **Lage und Größe:** Die Halbinsel Krim ragt von Norden ins Schwarze Meer und ist über die Landenge des Perekop mit dem Festland verbunden. Sie erstreckt sich von 46° bis 44° 20 Min. nördlicher Breite und von 32° 30 Min. bis 36° 40 Min. östlicher Länge. Jalta liegt etwa auf der Höhe der italienischen Städte Genua und Ravenna. Der südlichste Punkt der Krim, Kap Sarytsch, ist 260 km von der Türkei entfernt; ihr östlichster, Kap Fonar bei Kertsch, 4 km vom asiatischen Festland um Novorossijsk. Die Halbinsel hat eine Fläche von 25 880 km² und ist damit ungefähr so groß wie Sizilien und etwas kleiner als Belgien.
- **Landschaften und Klimazonen:** Auf der Krim gibt es alle Klimazonen des mittel- und südeuropäischen Festlandes, vom kontinentalen Steppenklima über das gemäßigte (Bergland) bis hin zu mediterranem, sogar subtropischen Klima an der Südküste.
- **Bevölkerung:** 2 430 495 Menschen, 101 Nationalitäten: 67 % Russen, 25,8 % Ukrainer, 2 % Weißrussen, 1,2 % Krimtataren, 0,7 % Juden, 3,3 % andere (Stand der Volkszählung von 1989).
- **Sprachen:** Verkehrssprache ist Russisch; offizielle Amtssprachen sind Russisch und Ukrainisch, geplant ist die Aufnahme von Krimtatarisch.
- **Religionszugehörigkeit:** Die meisten Krimbewohner sind orthodoxe Christen oder Mohammedaner (Sunniten).
- **Städte:** Hauptstadt Simferopol (350 000 Ew.), Sewastopol (400 000 Ew.), Jalta (88 800 Ew.), Jewpatorija (über 100 000 Ew.), Feodosija (über 84 000 Ew.), Kertsch (über 150 000 Ew.).
- **Städtepartnerschaften:** Seit 1990 hat Simferopol eine Städtepartnerschaft mit Heidelberg.
- **Staat und Verwaltung:** Nach der Oktoberrevolution und der Errichtung der Sowjetmacht existierte eine Krimtatarische Autonome Sowjetrepublik. Aber bald schon wurde das Gebiet der Russischen Föderativen Sowjetrepublik (RSFSR) einverleibt. 1954 »verschenkte« Chruschtschow die Krim an die Ukrainische Sozialistische Sowjetrepublik. Seit dem Ende der Sowjetunion im Jahre 1991 gehört die Krim zum unabhängigen Staat Ukraine. Allerdings hat das Parlament der Krim schon mehrmals (1992, 1994) eine souveräne Republik Krim ausgerufen. Seit 1994 hat die Krim in Jurij Meschkow einen Präsidenten, der massiv für eine Annäherung an die Russi-

sche Föderation eintritt. Ein gesondertes Problem stellt die Stadt Sewastopol dar, Stützpunkt der ehemals sowjetischen Schwarzmeerflotte, auf die sowohl Rußland als auch die Ukraine Ansprüche erheben.

- **Politische Parteien:** Auf der Krim gibt es eine Vielzahl von Parteien, doch ist die politische Landschaft sehr instabil. Die Parteien sind national oder weltanschaulich geprägt (›Partei der russischsprachigen Bewegung der Krim‹ des Präsidenten Meschkow, ›Partei der Krimtataren‹, ›Partei der ökonomischen Wiedergeburt der Krim‹). Wie fast überall in der ehemaligen Sowjetunion haben sich auch auf der Krim Altkommunisten und Nationalisten zu einer gemeinsamen Opposition formiert.
- **Wirtschaft:** Die Wirtschaft der Halbinsel Krim hat industriell-agrarischen Charakter: Lebensmittelindustrie, Maschinenbau, chemische Industrie, Leichtindustrie, Landwirtschaft (Obst, Wein, Tabak). Nach dem Zusammenbruch der Sowjetherrschaft stecken alle diese Zweige in einer tiefen Krise, sofern es ihnen nicht gelungen ist, sich auf den Export hin zu orientieren (Wein).
- **Tourismus:** Der Tourismus gilt als starker Wirtschaftsfaktor, ist allerdings hauptsächlich auf Gäste aus der ehemaligen Sowjetunion ausgerichtet. Internationaler Tourismus in großem Maßstab steckt noch in den Kinderschuhen – bisher besuchen jährlich nur etwa 20 000 westliche Ausländer die Krim.

# Geographie und Klima

Die heutige Krim wurde erdgeschichtlich erst vor relativ kurzer Zeit zur Halbinsel. Noch vor etwa 10 000 Jahren hatte das Schwarze Meer die Verbindung zu den Ozeanen verloren, war ein Binnensee – und die Krim ein Teil des Festlandes. Als im Zuge der allgemeinen Erwärmung die Gletscher auf den Bergen abschmolzen und sich der Meeresspiegel hob, blieb als einzige Landverbindung die zwischen 8 und 22 km breite Landenge des Perekop bestehen. Die Krim wird heute von zwei Meeren umspült: im Westen und im Süden vom Schwarzen Meer, im Osten vom Asowschen Meer. Rechnet man den Siwasch mit, sind es sogar drei. Das nur 0,5 – 0,7 m tiefe, durch eine schmale, hohe Sandbank vom Asowschen Meer vollständig getrennte Haff wird auch das ›Faule Meer‹ (Gniloje Morje) genannt.

Im Relief der Halbinsel Krim sind drei unterschiedliche Abschnitte zu erkennen: die Steppengebiete im Norden, geomorphologisch eine Fortsetzung der Tiefebene des ukrainischen Festlandes, das Bergland mit dem schmalen Streifen der Südküste davor und die Halbinsel von Kertsch, hügeliges Land, das durch die etwa 17 km breite Landenge von Akmonaj mit der eigentlichen Krim verbunden ist. Den größten Teil der 25 880 km² großen Halbinsel nehmen die nördlichen Steppengebiete ein. Charakteristisch für diese Landschaft waren bis vor kurzem wüstenähnliche, von ausgetrockneten Flußläufen durchzogene Gras- und Waldsteppen. Denn obwohl auf der Krim mehr als 150 Flüsse gezählt werden, handelt es sich um ein extrem wasserarmes Gebiet. Der Salgir zum Beispiel, immerhin der größte Fluß der Krim, ist in der Hauptstadt Simferopol nicht breiter als 5 m! Doch mit dem Bau des sogenannten Nord-Krim-Kanals, der das Land von Norden nach Südosten durchzieht und mit Dnjepr-Wasser gespeist wird, verwandelten sich weite Teile der ehemaligen Steppe in fruchtbares Ackerland.

Im Süden wird die Ebene von hohen Bergen begrenzt. Das Krimgebirge gehört zur Faltengebirgskette der Alpen, die z. B. auch die Karpaten und den Kaukasus umfaßt, und hat sich wie diese Gebirge im frühen Jura gebildet. Es besteht zum größten Teil aus Kalkstein. Einige Bergmassive aber – der Aju-Dag, der Demerdshi und der Kara-Dag – sind magmatischen Ursprungs. Im Krimgebirge unterscheidet man drei Bergketten, die parallel zueinander von Südwesten nach Nordosten verlaufen. Charakteristisch dabei ist einerseits, daß die Berge zum Meer hin immer höher werden, andererseits, daß sie auf der einen Seite, im Norden, flach ansteigen, auf der gegenüberliegenden südlichen Seite aber steil, fast senkrecht abfallen. Das wird besonders deutlich bei der **Hauptkette** des Krimgebirges. Diese besteht aus einer Reihe von Gipfeln und Hochflächen (den sogenannten Jajlas), die sich vom Kap Fiolent bei Sewastopol bis zum Kap Ilji bei Feodosija ziehen. Ihre höchsten Gipfel sind der Roman-Kosch (1545 m) und der Tschatyr-Dag (1525 m). Südlich dieser Berge gibt es nur noch die Südküste – und das Meer. Die Jajlas haben eine besondere Bedeutung für den Wasserhaushalt auf der Krim: Die im Bergland fallenden Niederschläge versickern im Karst und treten an anderer Stelle als Quellen hervor. Man nimmt an, daß es im Gebirge große unterirdische Flüsse gibt.

Die **innere oder mittlere Bergkette** des Krimgebirges erstreckt sich von Sewastopol über Bachtschissaraj und Simferopol bis nach Staryj Krim. Es handelt sich dabei um 400–700 m hohe Tafelberge mit flachen Plateaus, die an den Rändern senkrecht abfallen. Dazwischen haben Flüsse einst Täler und tiefe Schluchten eingegraben. In den Steilwänden gibt es unzählige natürliche Höhlen und Grotten, die seit Urzeiten den Bewohnern

Jaltaer Naturschutzgebiet: Die Hochebene bei Gursuf

der Krim als Wohn- und Zufluchtsstätten dienten. Die **äußere Hügelkette** verläuft nur zwischen Sewastopol und Simferopol. Ihr höchster Punkt mißt 344 m.

Die Krim liegt zwischen 44° und 46° nördlicher Breite, d. h. auf der Höhe Norditaliens. Durch das abwechslungsreiche Relief treten hier auf relativ engem Raum vielfältige Klimazonen auf. In den nördlichen Steppengebieten herrscht, ähnlich wie auf dem angrenzenden Festland, Kontinentalklima mit heißen, trockenen Sommern und kalten Wintern (die niedrigste im Steppengebiet gemessene Temperatur betrug –33° C). Es fallen nur zwischen 300 und 400 mm Niederschläge im Jahr. Im Bergland dagegen herrscht ein gemäßigtes, feuchtes Klima, wobei die Niederschlagsmenge von Nordosten nach Südwesten zunimmt und zwischen 450 und 1200 mm im Jahr liegt. Im Winter fällt in den Bergen Schnee, und es treten Bora-Winde mit einer Geschwindigkeit von maximal 40 m/sec auf. Die hohen Berge sind für das mediterrane, teilweise sogar subtropische Klima des schmalen Südküstenstreifens verantwortlich: Sie halten die arktische Kaltluft aus dem Norden ab und stauen die warmen Winde aus dem Süden. Da die Bergkette überall unterschiedlich ausgeformt ist, hat jeder Ort an der Südküste sein spezielles Mikroklima. Das Schwarze Meer trägt mit zur Milderung des Kontinentalklimas bei: Im Sommer nimmt es die Wärme auf und vermindert so die Hitze, im Herbst und Winter gibt es die aufgespeicherte Wärme langsam ab. Der Herbst dauert auf der Krim lange, ist warm und beständig – häufig kann man bis in den November hinein baden. Der Frühling dagegen gibt sich vor dem heißen Sommer eher wechselhaft, da sich das Meer nur langsam erwärmt.

## Flora und Fauna

Auf der Halbinsel Krim kommen etwa 2500 wilde, einheimische Pflanzenarten sowie ca. 1000 Exoten vor. Unter den Wildgewächsen sind Arten aus dem Mittelmeerraum, aus Kleinasien und dem Kaukasus, aber auch etwa 240 endemische Arten, die es nur auf der Krim gibt. Die Flora des nördlichen Teils der Halbinsel ist bestimmt von Steppengräsern und niedrigen Sträuchern. Im nördlichen Bergland stehen Eichen- und bis zu 200 Jahre alte Buchenwälder. Besonders reich an verschiedenen Blumen, Gräsern und Kräutern sind die karstigen Hochebenen, die Jajlas.

›Jajla‹ ist ein Wort türkischen Ursprungs und bedeutet so viel wie ›Weide‹, ›Hochweide‹ – man könnte es auch als ›Alm‹ übersetzen. Schon früh hatten die Bewohner der Krim erkannt, daß frischer Wind, Sonne und ausreichend Niederschläge auf den Bergwiesen der Hochebenen eine ganz besondere Vegetation hervorbrachten. Seit Jahrhunderten, vielleicht sogar Jahrtausenden ließen sie also ihre Schafe und Ziegen die nahrhaften und vitaminreichen Kräuter und Gräser abweiden. Da in Rumänien und Bulgarien die Nutzung ähnlicher Hochflächen schon gesetzlich verboten war, wurden von dort Anfang des 20. Jh. per Schiff riesige

Krim-Kiefer

Herden Vieh eingeführt, um auf den Jajlas zu weiden. Im Herbst wurden sie gleich vor Ort geschlachtet und das Fleisch von der Krim aus verkauft. 1913 handelte es sich um insgesamt 52 000 Tiere – eine große Gefahr für das empfindliche Ökosystem der Hochebenen. Seit der Revolution stehen die Jajlas unter Naturschutz. Der ursprüngliche Zustand konnte aber nicht wieder hergestellt werden und seitdem heißt es unter den Ökologen: »Das Vieh hat die Hochebene gefressen…«

Nach Süden hin beginnt gleich hinter den Jajlas die Zone der Buchenwälder, auf die ein Streifen von Kiefernwald folgt, der sich die Steilhänge hinunter bis auf eine Höhe von etwa 300 m ü. NN zieht. Neben der gewöhnlichen Kiefer steht hier die Krim-Kiefer, zu erkennen an ihrer aschgrauen Rinde, den waagerechten Ästen, die eine weit ausladende Krone bilden, und den langen, festen Nadeln. Wegen ihres hohen Harzanteils und der geringen Anfälligkeit für Verrottung wurde die Krim-Kiefer schon in der Antike und im Mittelalter für den Schiffbau verwendet und in den Mittelmeerraum exportiert. Während des Zweiten Weltkriegs holzten die deutschen Besatzer einen großen Teil des sogenannten ›Schiffswaldes‹ an den Südhängen des Krimgebirges ab und transportierten die Stämme nach Kertsch, um eine schwimmende Brücke über die Meerenge zum Kaukasus zu bauen. Heute bedrohen besonders in trockenen Sommern Waldbrände den Bestand.

Unterhalb von 300 m ü. NN beginnt die Zone der Büsche und kleinwüchsigen Wacholderwälder auf den Schieferfelsen. Weinberge und die Zypresse als Wahrzeichen des Südens prägen die Landschaft. An der Südküste gibt es Parks und Gärten mit Pflanzen und Gewächsen aus allen Teilen der Welt.

Im Vergleich mit der Flora ist die Fauna der Krim nicht sehr reichhaltig. Viele der Arten, die an der übrigen Schwarzmeerküste vorkommen, treten auf der Krim nicht auf – dafür gibt es endemische Arten, die verwandt sind mit Tieren aus Kleinasien, vom Kaukasus und Balkan. Auf der Krim werden 10 000 Arten Insekten, 400 Arten Wirbeltiere, 30 Fischarten, 6 verschiedene Amphibien und mehr als 300 Vogelarten gezählt, außerdem 50 Arten Säugetiere. Im Steppengebiet wohnen Hase, Fuchs, Iltis und andere Nagetiere, Lerchen und Turmfalken. Auf den sogenannten Schwaneninseln an der Karkinitski-Bucht nisten Möwen, Wildenten, graue und weiße Reiher; bisweilen sieht man auch Flamingos. In den Bergbächen findet man die Bachforelle, Döbel, Barbe und Gründling, daneben hausen Frösche, Molche, Eidechsen, Blindschleichen und Nattern. Die einzige giftige Schlange der Krim, eine schwarze Viper, kommt nur im Steppengebiet vor. Reich ist die Vogelwelt des Berglandes – neben den bekannten Singvögeln gibt es verschiedene Adler- und Geierarten, Falken und den Milan. Die gefährlichsten Tiere des Krimgebirges sind Bergfuchs, Marder und Dachs; der Braunbär wurde schon im 17. Jh. ausgerottet, der letzte Wolf vor etwa 70 Jahren erlegt. An jagdbarem Wild gibt es Hirsche, Rehe, Wildschweine und das 1913 ausgesetzte europäische Mufflon. Die Fauna der Südküste hat große Ähnlichkeit mit der des Mittelmeergebiets. Sie weist Süßwasserkrabben, Skorpione und verschiedene Käferarten auf, wiederum Hase, Fuchs und Igel, 16 Fledermausarten, Singvögel (darunter die Nachtigall) sowie Möwen und Seeschwalben.

## Wirtschaft

Wirtschaftlich geht es der Krim nur wenig besser als der übrigen Ukraine. Seit der Abkopplung von der Rubelzone hat die ukrainische Übergangswährung, der Kupon, gegenüber dem Rubel um ein vielfaches an Wert verloren. Die Weltbank spricht von einer ›galoppierenden Inflation‹ und hat speziell für die Ukraine den Begriff ›Hyperdepression‹ geprägt. Kein Wunder also, daß Bestrebungen, die Krim vor allem auch wirtschaftlich an Rußland anzunähern, von großen Teilen der Bevölkerung unterstützt werden. Der Durchschnitts-Monatslohn auf der Krim beträgt umgerechnet etwa 100 DM, und russische Rubel gelten fast schon als harte Devisen. Andererseits sind

Typischer Obst- und Gemüseverkauf an den Hauptverkehrsstraßen

## Der Krimwein und die Prohibition

Die Halbinsel Krim, damals Tauris, ist seit der Antike für ihre guten Weine bekannt. Schon die griechischen Kolonisatoren nutzten das warme und sonnige, also für den Weinanbau ideale Klima zur Anlage umfangreicher Rebkulturen. Im Jahre 1804 wurden auf der Krim neben bulgarischen und griechischen auch westeuropäische Weinstöcke angepflanzt, darunter 3622 Reben vom Rhein, wahrscheinlich Riesling.

Heute beträgt die Weinanbaufläche auf der Krim etwa 325 000 ha, wobei die Lagen an der Südküste als die besten gelten. Hier werden die Sorten ›Muskat belyj‹ (weißer Muskat), ›Muskat rosovyj‹ (Rosé-Muskat), ›Pedro chimenes Krymskij‹ und ›Pinot gris‹ hergestellt, sowie aus den Tokajersorten ›Furmint‹ und ›Gars‹ die berühmten Dessertweine mit Natursüße. Bekannte Sortennamen sind ›Muskat Kastel‹ und ›Muskat Jushnobereshnyj‹ (Südküsten-Muskat). Andere Muskatweine werden durch Alkoholzusatz zu Portweinen und Madeira-Typenweinen verarbeitet. Auch gute Tischweine gibt es, u. a. ›Pinot noir‹,›Traminer‹ und ›Aligote‹. Sie werden im westlichen Gebirgsvorland angebaut.

Das Zentralinstitut für Weinbau und Weinbereitung in Magaratsch bei Jalta wurde bereits 1828 gegründet. Es verfügt über eine ausgedehnte Versuchsanstalt und die größte Sammlung verschiedener Rebsorten in der ehemaligen Sowjetunion. Als Krimweine bekannt sind vor allem die Erzeugnisse des führenden Weingutes Massandra, im wesentlichen Dessertweine. Der Massandra-Muskat ist voll und braun wie der Frontignan aus Südfrankreich. Zu den trockenen Weinen zäh-

gerade auf der Krim einige tatkräftige Unternehmer sehr schnell reich geworden. Leider beschränken sich ihre Aktivitäten auf das Dienstleistungsgewerbe, Banken, Handel und Tourismus.

Produziert wird auf der Krim sehr wenig; allenfalls den Bau von Hotels treibt man voran. Von den Betrieben, die noch aus der Sowjetzeit stammen – Lebensmittelindustrie, Maschinenbau, Chemische Industrie, Leichtindustrie – haben es bisher nur einige geschafft, sich den neuen Bedingungen des Marktes anzupassen. Dazu gehören vor allem die Hersteller und Vertreiber von Krimweinen und Krimsekt.

Mehr als 75 % des landwirtschaftlich nutzbaren Landes der Krim liegen – seitdem das Bewäs-

len die körperreichen Weißweine ›Kokur Nishnegorskij‹ und ›Silvaner Feodosijskij‹ sowie der ›Aluschta‹, ein sehr guter Rotwein. Der beste Krimsekt kommt aus Nowyj Swet bei Sudak, wo Fürst Golizyn 1878 eine Sektfabrik gründete.

Als im Jahre 1987 unter Michail Gorbatschow das Anti-Alkohol-Gesetz verkündet wurde, hatte das für den Weinanbau auf der Krim tragische Folgen. Was eigentlich als Instrument gegen den Wodkamißbrauch im Land gedacht war, richtete sich jetzt gegen eines der ältesten Elemente der Krim-Kultur. Die Anbaufläche wurde verringert, teilweise pflügte man die Weinstücke einfach unter, wodurch seltene Sorten verlorengingen. Der Direktor des Weinbauinstituts Magaratsch soll sich sogar aus Kummer darüber, daß sein Lebenswerk zerstört wurde, in seinem Büro erhängt haben! Heute sind die gröbsten Schäden, die von übereifrigen Parteifunktionären angerichtet wurden, behoben. Krimwein und Krimsekt sind das einzige Gut, das die Krim erfolgreich in alle Welt exportiert.

serungsproblem durch den Nord-Krim-Kanal gelöst wurde – in der nördlichen Ebene. Hier wachsen Weizen, an Gemüse Tomaten, Paprika und Auberginen und an Obst Äpfel, Birnen, Süß- und Sauerkirschen, Aprikosen, Pfirsiche und Melonen. In Simferopol, Bachtschissaraj, Aluschta und Sudak werden ätherische Öle (aus Rosen, Lavendel und Salbei) hergestellt; auch Tabak wird in diesen Gegenden angebaut. Sewastopol und Kertsch gelten als Zentren des Fischfangs und der Fischverarbeitung, doch der Ertrag ist bescheiden. Die Fangflotten fahren deshalb auch in den Atlantik und den Indischen Ozean. An Rohstoffen verfügt die Krim über Mineralsalze sowie über Eisenerzvorkommen und geringe Mengen an Erdgas.

# Tourismus

Noch bevor sich die Sowjetmacht auf der Krim endgültig etabliert hatte, legte Lenin mit seinem Dekret vom 21. 12. 1920 »Über die Verwendung der Krim zur Heilung der Werktätigen« den Grundstein zur weiteren Entwicklung der Halbinsel. Ein sowjetischer Reiseführer aus dem Jahre 1982 beschreibt diese so: »Aus einem abgelegenen Randgebiet, das von wohlhabenden Leuten im zaristischen Rußland für den Sommerurlaub am Meer benutzt wurde, verwandelte sich die Krim in ein ganzjährig arbeitendes Allunionssanatorium für Millionen von Werktätigen.«

Für 1980 gibt derselbe Reiseführer folgende Zahlen an: 115 Sanatorien und Pensionate mit Kureinrichtungen, 74 Erholungsheime, 18 Touristenlager und (sogenannte) Hotels, 150 Erholungslager. Hotels im eigentlichen Sinne, besonders solche mit international vergleichbarem Standard, gibt es auch heute noch nicht sehr viele – in Jalta die Intourist-Hotels ›Jalta‹ und ›Oreanda‹, das ehemalige ›Sanatorium Foros‹ in der Nähe von Gorbatschows Datscha, die Hotels ›Moskwa‹ und ›Ukraina‹ in Simferopol. Urlaub auf Sowjetisch, das bedeutete ein fast schon militärisches Regime in den Sanatorien und Erholungsheimen – genau einzuhaltende Essenszeiten, gemeinsame Morgengymnastik, festgelegte Ru-

Typische Sanatoriumsbauten an der Südküste

Badevergnügen am Strand von Jalta

hephasen, kurz: ein reglementierter Tagesablauf. Und für alles mußte man noch dankbar sein, denn die ›Putjovka‹ für die Reise auf die Krim war heiß begehrt. Schon in Sowjetzeiten fuhren aber auch viele Touristen privat auf die Krim und quartierten sich bei Verwandten und Bekannten ein; auch Camper und Rucksacktouristen gab es damals schon. In den Sommermonaten erhöhte sich die Zahl der Menschen auf der Krim von den üblichen 2,5 auf bis zu 8 Mio.!

Lenins Dekret förderte aber vor allem die Einrichtung von Heilstätten für Kranke und Genesende. Die Krim verfügt über Heilschlamm und Salzwasser aus den Salzseen, Mineralquellen und ein besonders gesundes Klima an der Südküste. Angewendet wurden und werden Freilufttherapien (Spaziergänge auf abgesteckten Routen, Schlaf im Freien, Luftbäder, Aromatherapie in den Parks), dosiertes Baden im Meer, Meerwasserduschen und -güsse, Inhalationen, Sandbäder gegen Rheumatismus und vieles mehr. Da fast jedes Fleckchen an der Südküste über ein besonderes Mikroklima verfügt, haben sich die einzelnen Orte spezialisiert, so z. B. Mischor und Simeis als die trockensten und wärmsten auf die Heilung von lungenkranken Kindern. Heute stecken die meisten Sanatorien und Erholungsheime in einer tiefen Krise, da staatliche Gelder nur spärlich fließen. Nur wenigen ist es schon gelungen, sich auf ein eher marktwirtschaftlicheres Denken umzustellen. Sie hoffen auf internationalen Kurbetrieb nach dem Vorbild ähnlicher Einrichtungen in Ungarn. Jalta ist zum bevorzugten Urlaubsort der russischen und z. T. auch ukrainischen ›Nouveau Riches‹ geworden. Große Westlimousinen bestimmen das Straßenbild, gesteuert von sonnenbebrillten und mit Goldketten behängten Sunnyboys. Wer hat, der hat – und zeigt es auch!

# Geschichte und Gesellschaft, Kunst und Kultur



Fenster zur Geschichte: Die antiken Säulen von Chersones

# Daten zur Geschichte

## Vor- und Frühgeschichte

| | |
|---|---|
| Urzeit | Vor ca. 150 000 Jahren leben Neandertaler auf der Krim. |
| 1. Jt. v. Chr. | Beginn des Zeitalters der Kimmerier, deren Name durch den griechischen Geschichtsschreiber Herodot überliefert ist. Im 8./7. Jh. v. Chr. schließen sich die wilden Stämme zusammen und unternehmen gemeinsam Kriegszüge nach Klein- und Mittelasien. |

## Antike und Mittelalter

| | |
|---|---|
| 8. Jh. v. Chr. –3. Jh. n. Chr. | Die Krim gehört zum Reich ›Skythien‹, wie antike Geographen einen großen Teil des nördlichen Ufers des Schwarzen Meeres bezeichnen; die Skythen, ein räuberisches Reitervolk, unternehmen Kriegszüge u. a. gegen die Assyrer und Ägypter (611 v. Chr.). Gleichzeitig mit den Skythen leben auch noch andere Volksstämme auf der Krim, vor allem die Taurier. Sie geben der Halbinsel ihren antiken Namen – Tauris. |
| 6.–5. Jh. v. Chr. | Auf der Krim entstehen erste griechische Kolonien. Die bedeutendsten sind: Pantikapej auf dem Gebiet des heutigen Kertsch, eine Tochtergründung des kleinasiatischen Milet, dessen Herrscher später über das sogenannte ›Bospor-Reich‹ gebieten, sowie Chersones (heute Sewastopol), das im letzten Viertel des 5. Jh. v. Chr. von Kolonisten aus Heraklea Pontica an der Südküste des Schwarzen Meeres gegründet wird. Um die Zeitenwende gehen die griechischen Kolonien dann ins Römische Imperium über. Chersones besteht als Teil des Oströmischen Reiches (Byzanz) bis ins 15. Jh. weiter. |
| 3.–5. Jh. n. Chr. | In der Mitte des 3. Jh. fallen die Ostgoten auf der Krim ein, 375 n. Chr. erreicht der Hunnensturm die Halbinsel. Das skythische Reich geht endgültig unter. Die Eroberten (Skythen, Sarmaten, Alanen und Goten) assimilieren sich zum Teil, einige ziehen sich in die schlecht zugänglichen Regionen des Krimgebirges zurück, wo sie den ethnischen Grundstock für die mittelalterliche Landbevölkerung der Krim bilden. Es entstehen die sogenannten Fels- oder Höhlenstädte. |
| 6.–7. Jh. | Kriegerische Goten, Verbündete der Byzantiner, bewohnen das Land Dorij (Doros) im Süden der Halbinsel Krim. |

Die ehemalige Höhlenstadt Mangup-Kale: Das Gefängnis

7.–11. Jh. Die Chasaren erobern die nördlichen Steppengebiete der Krim und stoßen ins Bergland und bis an die Südküste vor. Im 7. Jh. siedeln sich im Khanat der Chasaren Juden an, nachdem in Byzanz starke antijüdische Stimmungen aufgekommen sind.

988 Feldzug des Kiewer Fürsten Wladimir auf die Krim: Das Oberhaupt der Kiewer Rus', des ersten ostslawischen Staates, erobert Chersones und fordert vom byzantinischen Kaiser Wasilij dessen Schwester, die purpurgeborene Prinzessin Anna, zur Frau. Als Zugeständnis an den christlichen Kaiser läßt er sich an Ort und Stelle, in Chersones, taufen. Zurück in Kiew zerstört Wladimir die heidnischen Götzenbilder und zwingt das Volk zur Taufe – er wird später heiliggesprochen. Die Kiewer Rus' erhält durch die Heirat internationales Ansehen. Ende des 10. Jh. ist auf der Krim das Christentum vorherrschende Religion.

13.–15. Jh. Im Jahre 1223 tauchen zum ersten Mal Mongolo-Tataren auf der Taurischen Halbinsel auf. Diese wird Teil des Reiches der ›Goldenen Horde‹. Der Name ›Krim‹, ursprünglich ›Kyrym‹ (Festung, Fels) als Bezeichnung einer tatarischen Stadt, wird für die gesamte Halbinsel gebräuchlich. Mit Hilfe des litauischen Großfürsten Sigismund gelingt es Khan Hadschi-Girej 1433, die Krim endgültig vom Gebiet der Goldenen Horde zu lösen und ein vorerst unabhängiges Krim-Khanat zu schaffen. Aber nicht die gesamte Krim wird von den Tataren beherrscht:

# Die Geschichte der Krimtataren

Die Bezeichnung ›Mongolo-Tataren‹ als Sammelbegriff für die Angehörigen der Goldenen Horde, die Anfang des 13. Jh. zum ersten Mal die Krim erreichten, ist irreführend. Auf ihrem Weg aus den asiatischen Steppen hatten sich die Mongolen mit anderen Stämmen und Reitervölkern vermischt, so daß die Goldene Horde in der Hauptsache aus Angehörigen von Turkvölkern bestand. Zu Beginn ließen sich diese auf der Krim nicht im eigentlichen Wortsinne nieder, vielmehr besuchten sie die Halbinsel nur zum Überwintern und zogen sich von Frühjahr bis Herbst in die Steppengebiete des Festlands zurück. Mit der Zeit etablierten sie aber ihre Machtposition auf der Krim, was vor allem bedeutete, daß sie von der ansässigen Bevölkerung Abgaben verlangten. Nichts weist darauf hin, daß die Tataren bei der Festigung ihrer Stellung auf starken Widerstand gestoßen wären – im Gegenteil kämpften sie Seite an Seite mit der Bevölkerung gegen die mehrmals an der Ostküste angreifenden Seldschuken. Nachdem im 14. Jh. Litauen die Mongolo-Tataren im Westen empfindlich geschlagen hatte, wurde die ›Krimhorde‹ der Tataren unabhängig. Von nun an konnte sich eine eigenständige krimtatarische Kultur entwickeln.

Da die Bewohner der Städte an der Ostküste der Krim zu zwei Dritteln Nachkommen von Griechen und Italienern und den Invasoren kulturell in vielen Dingen überlegen waren, ist es nicht verwunderlich, daß sich gerade dort die Tataren mit der Zeit an die Eroberten assimilierten, teilweise sogar den christlichen Glauben annahmen. Die Angehörigen der Goldenen Horde waren Heiden gewesen, die Naturgötter anbeteten. Der Islam kam erst in der zweiten Hälfte des 13. Jh. auf die Krim. Danach scheinen auch Mischehen zwischen Christen und Mohammedanern keine Seltenheit gewesen zu sein.

Überhaupt zeigten die Krimtataren eine erstaunliche Toleranz in Glaubensfragen – und das zur Zeit der Kreuzzüge und des ›Heiligen Krieges‹! So ist z. B. bekannt, daß die Khane in unmittelbarer Nähe ihrer Residenz Bachtschissaraj das orthodoxe Mariä-Himmelfahrts-Kloster nicht nur duldeten, sondern auch mit Geldzuwendungen und durch Privilegien unterstützten. Diese Haltung stand in krassem Gegensatz zur forcierten Islamisierungspolitik in den nach 1475 direkt dem Osmanischen Reich unterstellten Orten an der Südküste.

Besonders im Bergland vermischten sich die Tataren mit der dort im Mittelalter ansässigen Bevölkerung, selbst schon ein Konglomerat der

Ein Mullah mit seiner Familie. Lithographie von 1862

unterschiedlichsten Ethnien. Mit der Zeit bildeten sich drei Gruppen heraus, nämlich die Steppentataren, die Bergtataren und die Südküstentataren. Während Berg- und Südküstentataren von Jagd und Fischfang, Landwirtschaft und Handel lebten und den Aufrufen ihres Khans zu Raubzügen nur selten Folge leisteten, waren es die Steppentataren, die mit Hilfe angeheuerter Reiterstämme vom Festland auf Beutezug gingen – häufig vor allem auf Sklavenfang. Die Städte Geslev (Jewpatorija) und Kaffa (Feodosija) waren Hauptumschlagsplätze der ›menschlichen Ware‹.

1475 errangen die Osmanen entscheidende Siege auf der Krim, nahmen Khan Mengli-Girej gefangen und setzten ihn nach einiger Zeit als ›ihr Geschöpf‹ wieder in Amt und Würden ein. Das Khanat der

Krimtataren geriet in Vasallenabhängigkeit zur Hohen Pforte in Stambul. Waren die Osmanen auch ursprünglich Eroberer gewesen – nach der Eingliederung der Krim in das Russische Reich 1783 kam es zur ersten großen Emigrationswelle der Krimtataren in die Türkei, vor allem deswegen, weil ihre Sitten und Bräuche von den neuen Herren nicht geachtet und sogar Versuche der Zwangschristianisierung unternommen wurden. Eine zweite Welle folgte 1860 nach Beendigung des Krimkrieges; obwohl die Tataren als loyale Untertanen des Zaren auf der Seite der Russen gegen die Türkei in den Krieg gezogen waren, fühlte sich nach dem Krieg fast die Hälfte nicht mehr wohl in ihrer Haut – die offizielle Statistik spricht von 141 667 Menschen, die über das Schwarze Meer die Krim verließen. So ähnelte die Emigration der Krimtataren eher einer Massenflucht – teilweise bestiegen die Tataren Boote, die überhaupt nicht seetauglich waren, und zeitgenössische Quellen berichten, täglich seien die Leichen von Ertrunkenen zurück an die Strände der Krim getrieben worden. 1873–90 kam es zur dritten Emigrationswelle, ausgelöst durch die Absicht der zaristischen Administration, die Krimtataren von nun an zur regulären russischen Armee einzuziehen statt wie bisher in spezielle tatarische Regimenter.

Die Sowjetherrschaft brachte den Tataren in den 20er Jahren unseres Jahrhunderts eine Autonome Krimtatarische Sowjetrepublik. Selbstverständlich kämpften Krimtataren in der Sowjetischen Armee und als Angehörige der Partisanenverbände gegen die deutschen Angreifer. Um so härter traf das Volk dann die Zwangsdeportation im Mai 1944, von der weder Alte noch Kinder noch Kriegsveteranen verschont blieben – innerhalb von drei mal 24 Stunden mußten alle Tataren die Krim verlassen. Sie wurden in Güterwaggons gesteckt und nach Mittelasien transportiert, wobei viele auf dem Transport starben. In Jewpatorija erinnert ein Gedenkstein an die Opfer von Deportation und Völkermord unter den Krimtataren.

Der Kampf der Krimtataren um Rehabilitation und das Recht zur Rückkehr war langwierig. Erst seit Gorbatschows Perestroika-Politik wagten sie es, für ihre Rechte zu demonstrieren. Die Rückkehr der Tataren in ihre angestammte Heimat wurde und wird von den Russen und Ukrainern auf der Krim meist mit Mißtrauen beobachtet, häufig auch mit Neid. Politisch hat sich der Medschliss als oberster Rat der Krimtataren formiert. Teilweise werden zwar extreme politische Positionen vertreten, etwa die Forderung nach einer rein tatarischen Krim erhoben – die Mehrzahl der Tataren aber wäre mit Gleichberechtigung bzw. wirksamen Minderheitengesetzen schon zufrieden.

Im Südwesten besteht das byzantinische (griechische) Fürstentum von Feodoro (später: Mangup). Auch die Italiener interessieren sich für die Krim: Nach sechsjährigem Krieg um die Vorherrschaft an der Südküste besiegen die Genueser die Venezianer und kontrollieren bis 1475 den Schwarzmeerhandel. Zentrum der genuesischen Besitzungen auf der Krim wird Kaffa (Feodosija). Die Genueser sind den tatarischen Emiren steuerpflichtig, ansonsten aber unabhängig. Sie handeln vor allem auch mit Sklaven.

1475–1774 Nach der Invasion osmanischer Truppen (1475) wird das Krim-Khanat zu einem Vasallenstaat des Osmanischen Reiches. Die Krimtataren ziehen gegen Russen und Ukrainer ins Feld: 1482 zerstört Khan Mengli-Girej Kiew, 1571 nimmt Khan Davlet-Girej Moskau ein.

## Die Krim als Teil des Zarenreiches

1774–1783 Eingliederung der Krim ins Russische Reich: Der russisch-türkische Krieg endet mit dem Frieden von Kütschük-Kainardschi, in der die Türkei die Unabhängigkeit des Krim-Khanats anerkennt (1774). 1778 wird auf Befehl der Zarin Katharina II. ein Großteil der auf der Krim ansässigen christlichen Bevölkerung ausgesiedelt. Da es sich dabei hauptsächlich um Bauern handelt, entzieht das dem Krim-Khanat die Existenzgrundlage. Fünf Jahre später wird Khan Schagin-Girej durch Versprechungen zur Abdankung bewegt. In ihrem Manifest vom 8. April 1783 erklärt Katharina II. die Auflösung des Krim-Khanats und den Anschluß der Krim ans Russische Reich. Die Stadt Sewastopol wird als Stützpunkt einer russischen Schwarzmeerflotte gegründet.

1787 Mit großem Gefolge, in dem inkognito auch Kaiser Joseph II. mitreist, besucht Katharina II. ›Neurußland‹ und damit auch die Krim, das zukünftige ›Gouvernement Taurien‹.

Ab 1787 Der Landbesitz der emigrierten Tataren sowie der des türkischen Sultans geht in Staatsbesitz über. Es bildet sich neuer – russischer – Großgrundbesitz. Auch erste russische und ukrainische Dörfer entstehen. Im Zuge der Neubesiedlung ruft Zarin Katharina deutsche Siedler ins Land. In mehreren Wellen kommen auch aus der Türkei emigrierende Bulgaren sowie – angelockt von der Möglichkeit, billiges Land zu erwerben – Esten auf die Krim.

Nach fast einjähriger Belagerung wird Sewastopol am 8. September 1855 von den Alliierten gestürmt. Zeitgenössische Lithographie

1853–1856 Die Krim wird Kriegsschauplatz, Sewastopol belagert und nach fast einem Jahr gestürmt (1855). Der Krimkrieg, mit dem die Alliierten Türkei, England und Frankreich das russische Großmachtstreben auf dem Balkan eindämmen wollen, endet mit einer Niederlage Rußlands.

Bis 1917 Der Wiederaufbau geht zuerst nur schleppend voran. 1875 aber erhält die Krim einen Eisenbahnanschluß, was die wirtschaftliche Entwicklung der Halbinsel stark vorantreibt. Langsam entwickelt sie sich auch zum Kur- und Urlaubsort. Anfang des 20. Jh. ist die Krim multinational: Russen und Ukrainer stellen etwa die Hälfte der Bevölkerung, Tataren ein Viertel. Insgesamt leben auf der Krim Angehörige von mehr als 70 Nationen.

## Revolution und Bürgerkrieg

März 1917 In Petrograd findet die russische Februarrevolution (12. März; nach alter Zeitrechnung: 27. Februar) statt. Auf der Krim bilden sich Arbeiter- und Bauernräte; auch die Krimtataren organisieren sich neu.

November 1917 Die telegrafische Nachricht, daß die Macht in Petrograd in die Hände der Bolschewiki übergegangen ist (7. November; nach alter Zeitrechnung: 25. Oktober), wird auf der Krim mit wenig Zustimmung aufgenommen; einzig die Flotte begrüßt die neuen Entwicklungen rückhaltlos – andere Organisationen lehnen sie ab. So stimmt der Zusammenschluß aller Räte der Krim mit 9 zu 7 Stimmen dafür, den Umsturz in Petrograd als ›verbrecherisches Abenteuer‹ zu verurteilen. Ende Dezember 1917 beginnt auf der Krim der Bürgerkrieg.

Januar 1918 Mit Gewalt kommen in Simferopol die Bolschewiki an die Macht – die Sowjetherrschaft wird errichtet (13.–15. Januar); es beginnen Repressionen gegen die Bevölkerung. Eine ›Taurische Sozialistische Sowjetrepublik‹ wird ausgerufen (März 1918), man beginnt mit der Verstaatlichung von Transport, Fabriken und Land.

April 1918 An der Südküste bricht ein Aufstand der Tataren aus. Entgegen der Vereinbarungen im Brester Frieden besetzen deutsche Truppen die Krim und erreichen am 1. Mai Sewastopol. Erst im November verlassen die Deutschen nach ausgiebigen Plünderungen die Krim und werden durch englische, französische und griechische Interventionstruppen ersetzt.

Juni 1918 Am 25. Juni wird die Eigenstaatlichkeit der Krim proklamiert.

April 1919 Die Rote Armee nimmt Simferopol ein (11. April). Die bürgerlich-demokratische Regierung, mittlerweile unter dem Politiker S. S. Krim, geht in die Emigration. Zum zweiten Mal wird auf dem Gebiet der Halbinsel eine Sowjetrepublik ausgerufen (23. April).

Juni 1919 Am 1. Juni wird die gesamte Krim von der ›weißen‹ Freiwilligenarmee unter Denikin erobert. Es bricht das denikinsche Schreckensregiment an. Neun Monate später, am 22. März 1920, wird Generalleutnant Baron Wrangel Oberkommandierender der Streitkräfte im Süden Rußlands und damit auch Oberhaupt der Militärregierung auf der Krim.

November 1920 Die Rote Armee durchbricht die Verteidigung an der Landenge Perekop (12. November). Ein Großteil der Wrangelschen Truppen sowie viele zivile Emigranten – im ganzen 145 693 Menschen – verlassen zu Schiff die Krim in Richtung Istanbul. Zum dritten Mal entsteht auf der Krim eine Sowjetrepublik.

20er/30er Jahre Alles in allem folgt die Entwicklung auf der Krim der in der übrigen Sowjetunion: Nach Ende der Leninschen NEP (Neuen

Ökonomischen Politik) kommt es zu Kulakenverfolgung (Bauernverfolgung), Zwangskollektivierung und Repressionen, von denen vor allem die nationalen Minderheiten, und da in erster Linie die Tataren, betroffen sind. Die angeblich autonome Sowjetrepublik Krim gerät dabei in immer stärkere Abhängigkeit von Moskau.

## Der Zweite Weltkrieg

1941 Am 22. Juni fallen die ersten deutschen Bomben auf Sewastopol und die Schwarzmeerflotte. Schon vier Monate später ist die gesamte Halbinsel, mit Ausnahme der Festungsstadt Sewastopol, von der Wehrmacht besetzt. Am 29. Oktober wird in Sewastopol der Belagerungszustand verkündet – es beginnt die zweite Verteidigung Sewastopols.

1942/43 Am 4. Juli 1942 geben die sowjetischen Truppen Sewastopol auf. Beinahe zwei Jahre bleibt die Krim nun von Hitlers Truppen und den verbündeten Rumänen besetzt. Mindestens 23 000 Zivilisten fallen dem Vernichtungswahn der Faschisten zum Opfer: Kommunisten, Juden, Zigeuner und andere. Bei den Krimtataren setzt man, wohl im Hinblick auf die befreundete Türkei, auf Kooperation. Nach der Niederlage der Sowjetarmee bilden sich Partisaneneinheiten, die, obwohl schlecht ausgerüstet, vom unzugänglichen Bergland aus gegen die Besatzer operieren.

1944 Die sowjetische Offensive zur Befreiung der Krim beginnt am 8. April. Einen Monat später, am 9. Mai 1944, erobert die Sowjetarmee Sewastopol zurück. Am 12. Mai verlassen die letzten deutschen Soldaten vom Kap Chersones aus die Krim oder werden gefangengenommen. Unter dem Vorwand, sie hätten mit den deutschen Besatzern kollaboriert, läßt Stalin innerhalb von nur drei Tagen, vom 18.–21. Mai, die gesamte krimtatarische Bevölkerung sowie Krimgriechen, Krimbulgaren und Krimarmenier nach Zentralasien, hauptsächlich nach Usbekistan, deportieren. Alte, Kranke, Kriegsveteranen – keiner wird verschont. An den Bestimmungsorten werden insgesamt 228 392 ›auf ewig Verbannte‹ gezählt, wobei eine große Anzahl von Menschen schon während des Transports ums Leben kam.

Februar 1945 Vom 4.–11. Februar findet im ehemaligen Zarenschloß von Liwadija bei Jalta die zweite Konferenz der Staatsoberhäupter

Konferenz von Jalta im Februar 1945. Gruppenbild, vorne von links nach rechts: Churchill, Roosevelt und Stalin vor dem Palast in Liwadija

bzw. Regierungschefs der Alliierten statt: die berühmte Konferenz von Jalta, auf der Roosevelt, Churchill und Stalin auch über das Schicksal Nachkriegsdeutschlands beraten.

## Nach dem Zweiten Weltkrieg

Februar 1954 Mit einer Anordnung des Präsidiums des Obersten Sowjets der UdSSR wird am 19. Februar der Grundstein zu vielen heutigen Problemen der Krim gelegt: Das ›Gebiet Krim‹, bisher Teil der Russischen Sozialistischen Föderativen Sowjetrepublik, gehört von nun an zur Ukrainischen Sozialistischen Sowjetrepublik.

1956/1967 Eine Anordnung des Präsidiums des Obersten Sowjets der UdSSR hebt 1956 den Status der Verbannung, der über die aus der Krim ausgesiedelten Völker verhängt wurde, auf; Artikel 2 allerdings verbietet es den Krimtataren, auf die Krim zu-

## Jurij Alexandrowitsch Meschkow

Jurij Alexandrowitsch Meschkow ist seit dem 31. Januar 1994 Präsident der Krim – der erste in der Geschichte der Halbinsel, wie er selbst gerne betont.

Der 48jährige Jurist, der über 70 Prozent der Wähler hinter sich weiß, hat es nicht leicht, sich innerhalb der alten Machtstrukturen durchzusetzen. Die Partei Jurij Meschkows ist die ›Partei der RDK‹, der Russischsprachigen Bewegung der Krim. Etwa zwei Drittel der Bevölkerung sind Russen, die die von Kiew geplante Ukrainisierung fürchten: Schon jetzt lernen die Kinder in der Schule über die russische Geschichte ebensoviel – oder ebensowenig – wie über die westeuropäische, die amerikanische oder die afrikanische. Ukrainisch soll Unterrichtssprache, Russisch als erste Fremdsprache fünf Stunden in der Woche gelehrt werden. Das alles will Jurij Meschkow verhindern oder ändern. Begonnen hat er mit der Uhrzeit: Auf der Krim gilt seit Frühjahr 1994 Moskauer Zeit, d. h. es ist immer eine Stunde später als in der übrigen Ukraine. Vor allem aber ist es die wirtschaftliche Lage der Ukraine, die vielen einen Wiederanschluß an Rußland sinnvoll erscheinen läßt. Seit seiner Einführung hat der ukrainische Kupon dem Rubel gegenüber um das zwanzigfache an Wert verloren. Die Energieversorgung ist katastrophal und die Waren in den Geschäften sind entweder unbezahlbar oder knapp. Monatelang zahlte die Universität Simferopol keine Gehälter. Kein Wunder also, daß Rußland von hier aus erscheint wie das Gelobte Land ...

Doch Präsident Meschkow ist nicht für eine Angliederung um jeden Preis. Im Moment betrachtet er seine Republik als »gleichberechtigtes Mitglied der Gemeinschaft Unabhängiger Staaten (GUS)«, obwohl die Krim offiziell allenfalls Autonomiestatus innerhalb der Ukraine besitzt.

Russischsprachig und unabhängig, so sähe Präsident Meschkow die Halbinsel Krim am allerliebsten. Denn natürlich weiß er, über welch Schatzkästlein er regiert. Sein Wirtschaftsprogramm ist deshalb in er-

rückzukehren. Elf Jahre später werden sie auch politisch rehabilitiert, dürfen aber weiterhin nicht auf der Krim leben.

Ab 1987 Die Krimtataren fordern massiv die Erlaubnis, auf die Krim zurückkehren zu dürfen. Es kommt zu Demonstrationen auf dem Roten Platz in Moskau (Zeltlager) und in Simferopol. Die ›wilde‹ Rückkehr der Tataren beginnt; einige besetzen Land und

ster Linie auf den Ausbau der touristischen Infrastruktur ausgerichtet. Dabei hofft er natürlich auf Hilfe aus dem Westen: »Wir setzen alles daran, Investitionen zu fördern. Und je nachdem, wie vorteilhaft uns die Angebote erscheinen, können wir auch von unserem Prinzip, kein Land an Ausländer zu verkaufen, ablassen.« Er warnt eindringlich: »Je mehr die Menschen verarmen, desto größer wird der Rückhalt, den kommunistische Ideen innerhalb der Bevölkerung finden. Es ist unbedingt nötig, endlich einmal ein positives Beispiel für den Übergang zur Marktwirtschaft zu geben. Das ist weder in Rußland noch in der Ukraine möglich – auf der Krim ließe es sich mit Hilfe des Westens schaffen.«

Jurij Meschkow hat wirtschaftlichen Aufschwung dringend nötig, um seine eigene Position zu festigen. Denn wenn auch eine große Mehrheit der Bevölkerung der Krim für ihn als Präsidenten gestimmt hat – ohne baldige Erfolge, ohne eine greifbare Verbesserung der persönlichen Lebenssituation des einzelnen wird er dieses Vertrauen kaum halten können. Eine bedeutende Bevölkerungsgruppe, die Krimtataren nämlich, betrachten ihn schon jetzt mit Mißtrauen: Zu laut klingen seine pro-russischen Parolen, zu wenig hat er ihnen zu bieten – nichts außer unverbindlichen »Treffen und Gesprächen«, außer »Schutz der allgemeinen Menschenrechte und des Bürgerrechts in vollem Umfang«. Die unter dem Parlamentspräsidenten Bogrow eingeführte nationale Quote, eine garantierte Anzahl tatarischer Abgeordneter im Obersten Sowjet, bezeichnet Jurij Meschkow gar als »ungesetzlich«. Dennoch glaubt er an die Möglichkeit, sich mit den Tataren zu verständigen.

Insgesamt gibt sich Präsident Meschkow optimistisch. Besonders die Wahl Leonid Kutschmas zum Präsidenten der Ukraine stimmt ihn positiv. »Ich habe Hoffnungen: auf eine Stabilisierung der politischen Lage, auf wirtschaftlichen Aufschwung und darauf, daß die Krim als Urlaubsland nicht nur für die Bürger Rußlands, der Ukraine und Kasachstans interessant wird – sondern auch für Touristen aus dem westlichen Ausland.«

trotzen dort in Erdhütten sogar den Bulldozern der Regierung. Mit der Zeit werden Regelungen geschaffen, einen Teil der Landbesetzungen nachträglich zu legalisieren.

Januar 1989 Volkszählung: Auf der Krim leben 2 430 495 Menschen, davon 67 % Russen, 25,8 % Ukrainer, 2 % Weißrussen, 1,2 % Krimtataren, 0,7 % Juden, 3,3 % andere Nationalitäten.

Januar 1991 In einem Referendum spricht sich die Mehrheit der Wähler für die Schaffung einer autonomen Republik Krim innerhalb der Sowjetunion aus (20. Januar).

Juni 1991 Die Krimtataren auf der Krim organisieren sich politisch. Gewählt wird der Medschliss als bevollmächtigtes Organ des Volkes der Krimtataren.

Februar 1992 Der ›demokratische Staat Krim‹ soll von nun an ›Republik Krim‹ heißen.

Mai 1992 Am 6. Mai verabschieden die Abgeordneten des Parlaments in Simferopol eine ›Verfassung der Republik Krim‹, die allerdings nach Protesten des Ukrainischen Parlaments der ukrainischen Gesetzgebung angepaßt wird. Die Krim verfügt jetzt über ein eigenes Wappen und eine Flagge.

Januar 1994 Nach einem harten und teils blutigen Wahlkampf wird der Russe Jurij Meschkow, der die Annäherung der Krim an Rußland propagiert, zum Präsidenten der Krim gewählt (30. Januar). Im zweiten Wahlgang erhält er 72,2 % der Stimmen. Im Sommer 1994 kommt es zu Machtkämpfen zwischen Parlament und Präsident. Die Ukraine bleibt hart: Wiederholt fordert die Rada (Ukrainisches Parlament) in Kiew die Unterordnung der Gesetzgebung auf der Krim unter ukrainisches Recht und droht mit dem Verlust des Autonomiestatus.

Plattenbausiedlung in Jalta

# Bevölkerung und Sozialleben

Auf der Krim leben etwa 2,5 Mio. Menschen – ein Drittel davon in den Städten. Bei der Volkszählung im Jahre 1989 bezeichneten sich 67 % als Russen, 25,8 % als Ukrainer und 1,2 % als Krimtataren. Da damals die Rückkehr der Krimtataren aus den zentralasiatischen Republiken erst begonnen hatte, liegt der Anteil der Krimtataren heute sicherlich höher. Aber selbst, wenn alle 1944 Deportierten und ihre Familienangehörigen zurückkämen, könnten die Tataren nie mehr als 15, höchsten 20 % der Gesamtbevölkerung stellen. Die Forderung nach einem krimtatarischen Staat ist deshalb genauso übertrieben wie die Angst der Russen und Ukrainer vor einer ›Überfremdung‹.

Die Krim war bis zu den Säuberungsaktionen Stalins in den 30er und 40er Jahren multinational und multikulturell. Ein Kriegsveteran z. B. erzählt, wie eintönig und leer ihm die Krim vorgekommen sei, als er 1945 zurückkehrte: Keine Tataren in ihren farbigen Trachten mehr, die von Deutschen besiedelten Dörfer ausgestorben, auch Griechen und Armenier deportiert. Über die Traditionen und Bräuche der einzelnen Völker kann man sich heute – wenn überhaupt – nur noch im Museum informieren. Allerdings ist in letzter Zeit eine verstärkte Rückbesinnung zu beobachten und der Versuch, durch Trachten, typische Küche, Feste und Religion die Spezifik der eigenen Kultur wiederaufleben zu lassen. Dabei sind die Tataren und die Karaimen besonders rührig.

Auch, was das Alltagsleben der Bevölkerung betrifft, läßt sich die Krim mit der übrigen ehemaligen Sowjetunion vergleichen. Und das heißt: Den meisten Menschen geht es schlecht, schlechter als unter der bolschewikischen Diktatur. Vor allem die Älteren können ohne Zusatzverdienst oder Hilfe ihrer Familie kaum überleben. Andererseits werden viele junge Familien noch von ihren Eltern unterstützt. Ein besonderes Problem stellt der Wohnraum dar. Drei Generationen in einer Zweizimmerwohnung sind keine Seltenheit.

Die Hauptlast der zu leistenden Arbeit tragen die Frauen. Die Mehrzahl ist berufstätig, wobei auch Schwerstarbeiten von Frauen erledigt werden. Kaum eine aber hat das Glück, einen Mann zu haben, der im Haushalt und bei der Kindererziehung hilft. Zwei Drittel der Ehen werden geschieden, wobei wirksame Instrumente zur Durchsetzung von Unterhaltszahlungen fehlen. Alles in allem ist es um die von der offiziellen Sowjetpropaganda lauthals ausgerufenen Emanzipation nicht gut bestellt.

Das Warenangebot in den Geschäften ist, zumindest für Menschen mit ›normalem Geldbeutel‹ – und der enthält hauptsächlich Kupons –, immer noch nicht sehr reichhaltig. Das Schlangestehen

beim Einkauf wurde mit dem Ende der Sowjetunion längst nicht überwunden. So müssen viele entweder zwei Arbeitsstellen annehmen, um mehr zu verdienen, oder selbst Obst und Gemüse für den Eigenbedarf anbauen. Probleme gibt es auch mit den öffentlichen Verkehrsmitteln: Die Stadtbusse in Simferopol z. B. sind meist hoff-

## Studenten auf der Krim

Wer im Juli über die Uliza Jaltinskaja die Hauptstadt Simferopol verläßt und dabei die Universität passiert, sieht nicht selten eine riesige Menschentraube, die den Haupteingang fast schon blockiert. Es ist die Zeit der Aufnahmeprüfungen, zu denen die zukünftigen Studenten meist nicht alleine und selbständig anreisen, sondern mit Eltern und/oder Großeltern. Das Gebäude selbst dürfen diese nicht betreten, und so versammeln sie sich vor den Türen und warten. Konzentrieren sich auf die Prüflinge und versuchen wohl, ihnen via Telepathie so viel Energie wie möglich zukommen zu lassen. Dozenten und Professoren werden gemustert, und alles in allem herrscht mehrere Tage lang eine gespannte, fast bedrohliche Atmosphäre rund um die Universität.

Schüler in der ehemaligen Sowjetunion gehen zehn, höchstens elf Jahre zur Schule. Eine Allgemeine Hochschulreife gibt es nicht, und so verlangen die einzelnen Hochschulen das Bestehen einer Aufnahmeprüfung. Diese Prüfung kann man an mehreren Hochschulen parallel und auch mehrmals hintereinander ablegen. Zu Studienbeginn sind die jungen Mädchen etwa 17 Jahre alt, die männlichen Studenten, falls sie schon ihren Wehrdienst abgeleistet haben, 19 oder 20.

Ist die Aufnahmeprüfung glücklich bestanden, müssen sich diejenigen, die nicht aus Simferopol selbst kommen, um eine Unterkunft bemühen. Eine eigene Wohnung kann sich ein normaler Student nicht leisten, und so bleibt – falls man nicht bei Verwandten unterkommt – das Studentenwohnheim. ›Studentenstadt‹ heißt die nächste Haltestelle hinter der Universität. Hier gruppieren sich sechs Hochhäuser um einen Innenhof, es gibt eine Kantine und einen Arzt. Einzelzimmer sind nicht üblich, meist teilen sich zwischen zwei und fünf Studenten ein Zimmer. Auf jedem Gang gibt es eine Gemeinschaftsküche. Auch wenn in jedem Haus an einer Art Rezeption der ›Wachtjor‹ über Sitten und Moral wacht – von den jungen Leuten liebevoll als ›babuschka‹ (Großmütterchen) oder ›deduschka‹ (Großväterchen) bezeichnet – geht es die meiste Zeit recht lustig zu. Nur kurz vor den alljährlich stattfin-

nungslos überfüllt. Vielleicht ist es bei all dem kein Wunder, daß die Kriminalität in den größeren Städten erschreckend zugenommen hat.

Dem mit Wohlstand verwöhnten Westler scheint es schier unglaublich, daß die Menschen ihren Lebenswillen und Optimismus nicht völlig eingebüßt haben. Man ver-

denden Prüfungen verwandelt sich die Studentenstadt in eine Festung, wo angespannte Studierende mit konzentrierten Gesichtern allenfalls einmal schnell über die Straße ins Geschäft huschen und die öffentliche Ruhe strikt eingehalten wird. Dafür gleichen die Wohnheime am Abend nach den Examen einem Tollhaus: Jetzt wird gefeiert, daß die Wände wackeln!

Beginn des Studienjahres wie auch des Schuljahres ist der 1. September, der ›Tag des Wissens‹. Den früher üblichen Ernteeinsatz müssen die Erstsemester heute nicht mehr absolvieren und können sich also gleich der Wissenschaft widmen. Fünf Studienjahre stehen ihnen bevor. Die Stundenpläne sind relativ starr und festgelegt, die Prüfungen am Ende jedes Jahres obligatorisch. Jeder Student hat zwei Stunden Sport in der Woche und, unabhängig vom Studienfach, Unterricht in einer Fremdsprache. Da die Universität aus einem Pädagogischen Institut hervorgegangen ist, widmen sich die acht Fakultäten (Geschichte, Physik, Mathematik, Russistik, Germanistik, Romanistik, Anglistik, Sport) hauptsächlich der Lehrerausbildung. Lehrer werden – womöglich auf einem Dorf in der ukrainischen Provinz – ist aber das Ziel der allerwenigsten, die hier studieren. Dazu haben die Schulen einen zu schlechten Ruf, sind die Lehrpläne zu starr, ist nicht zuletzt das staatliche Gehalt viel zu niedrig. Zur Zeit erfreuen sich besonders Fremdsprachen großer Beliebtheit; nach dem Studium, so hoffen viele, läßt sich dann wohl eine Stelle in einem privaten Unternehmen finden, oder gar ein Studienplatz im westlichen Ausland.

Kontakte vor allem nach Deutschland und in die USA hat die Simferopoler Universität seit langem. Schon 22 Jahre lang veranstaltet der deutsche ›Bundesverband der Lehrkräfte der russische Sprache‹ einmonatige Sommerkurse in Simferopol, und seit 1990 studieren regelmäßig deutsche und US-amerikanische Studenten für fünf oder zehn Monate auf der Krim. Der Lehrstuhl für ›Russisch als Fremdsprache‹ ist der am besten ausgestattetste der gesamten Universität. Leider finden solche Auslandspraktika auf Devisenbasis statt und nicht als Austausch, der Simferopoler Studenten die Möglichkeit zu einem ›Gegenbesuch‹ in Deutschland geben würde.

sucht eben, irgendwie durchzuhalten und hofft – wenn auch mit ironischem Augenzwinkern – auf die ›lichte Zukunft‹. Viele sehnen sich aber auch nach der Vergangenheit zurück, wobei sie all die Restriktionen, die Unterdrückung, die Unfreiheit vergessen und sich nur der sozialen Sicherheit und Geborgenheit erinnern, die es in Sowjetzeiten für all jene gab, die nicht aufmuckten. Andere versuchen, sich ihre Zukunft selbst aufzubauen: Junge, dynamische Menschen haben Firmen und Banken eröffnet, teilweise mit westlicher Unterstützung. Wo Bedarf an fast allem besteht, kommt leicht Gründerzeit-Stimmung auf. Doch gehört viel Mut dazu, sich auf der Krim selbständig zu machen, denn einerseits fehlen die notwendigen grundlegenden Gesetze – vor allem eines, das Privatbesitz von Land erlauben würde –, und die Behörden handeln willkürlich oder sind durch und durch korrupt. Andererseits ist durch den Wegfall des autoritären Systems ein Machtvakuum entstanden, in dem die Mafia agieren kann. Und für den frischgebackenen Geschäftsmann stellt sich nicht die Frage, ob, sondern nur, inwieweit er sich mit ihr einläßt.

Die russische – ukrainische, tatarische! – Gastfreundschaft ist sprichwörtlich, und so werden Fremde herzlich aufgenommen. Ob im großen Intourist-Hotel, bei Familien oder am Lagerfeuer mitten im Wald: Man freut sich über Besuch und tut alles Menschenmögliche, Gäste gut zu versorgen und zu betreuen. Daß dabei letztendlich auch Geld eine Rolle spielt, weisen die Einheimischen von sich: Für die meisten ist es eine Beleidigung, Gefühle und Kommerz miteinander in Verbindung zu bringen.

## Literatur

Die Krim regte Fantasie und Schaffensdrang vieler russischer Schriftsteller und Dichter an. Hier, im »zauberhaften Landstrich«, weilten u. a. Alexander Puschkin, Leo Tolstoi (s. S. 144), Anton Tschechow (s. S. 98), Anna Achmatowa, Marina Zwetajewa, Maxim Gorki, Wladimir Majakowski und Ilja Selwinskij. Kaum ein Berg, eine Bucht oder Stadt, die sie nicht beschrieben oder besungen haben. Anhand ihrer Werke kann man die Halbinsel bereisen. Sogar einen entsprechenden Reiseführer gibt es: ›Poetitscheskij Atlas Krima‹ (Poetischer Atlas der Krim).

»Als ich den Norden endlich verlassen hatte/Alle Festgelage hinter mir/Besuchte ich Bachtschissaraj/Den in Vergessenheit schlummernden Hof ...« So beginnt Alexander Puschkin sein romantisches Poem ›Der Brunnen von Bachtschissaraj‹, dem der Palast der Khane ein Gutteil seiner Popularität verdankt (s. S. 168). Aber nicht nur, wer die ehemalige Hauptstadt der

Alexander Puschkin

sie gewohnt oder auch nur geweilt haben.

Für Leo Tolstoi war die Krim in den Jahren 1854/55 mit schrecklichen Erlebnissen verbunden. Er kämpfte im Krimkrieg und schrieb seine ›Sewastopoler Erzählungen‹ direkt vor Ort nieder. Anton Tschechow wohnte während der letzten Jahre seines Lebens in Jalta, weil er tuberkulosekrank war. Seinen Zwangsaufenthalt fern der kulturellen Zentren Moskau und Sankt Petersburg empfand er eher als Verbannung. Und so beschreibt er das Jaltaer Straßenbild in seiner Erzählung ›Die Dame mit dem Hündchen‹ recht salopp und bissig wie

Krimtataren besucht, hört von Puschkin. Der große russische Dichter fuhr auch mit dem Schiff die Krimküste entlang, hatte eine Lieblingszeder im Park von Gursuf und kletterte, von einem Esel gezogen, aufs Gebirge. Und da er Landschaft und Atmosphäre der Krim in Gedichten verherrlichte, wird er überall gerne zitiert. Ob das allerdings auch in einer Tropfsteinhöhle geschehen muß, die Puschkin ganz sicher nie besucht hat (sie wurde erst 1987 entdeckt), bleibt dahingestellt – auch, wenn einer der Stalagmiten entfernte Ähnlichkeit mit dem Tränenbrunnen haben mag. Aber man liebt eben die Literatur, die Dichter und Schriftsteller und setzt ihnen Denkmäler, wo immer

Leo Tolstoi

folgt: »Die älteren Damen waren angezogen wie junge, und es gab viele Generäle.«

Maximilian Woloschin dagegen, Dichter und Maler, liebte die Krim und vor allem ihren Ostteil. Und auch Alexander Grin ließ sich durch die lebendige Atmosphäre der Hafenstadt Feodosija zu seinen fantasievoll-romantischen Romanen und Erzählungen inspirieren. In neuester Zeit erregte ein Roman des Emigranten Wassilij Aksjonow Aufmerksamkeit: ›Ostrow Krim‹ (Insel Krim). Der Autor beschreibt die Krim als kapitalistisches, von der Sowjetunion bedrohtes Überbleibsel des alten Rußland und stellt die Entwicklungen in diesem »russischen Taiwan« sehr realistisch dar: die modernen Hochhäuser Simferopols, die mehrspurigen Autobahnen, eine Welt alter Aristokraten und urbaner Yuppies. Ein findiger Geschäftsmann veranstaltet übrigens seit 1992 jährlich eine Auto-Rallye nach dem Vorbild des Rennens, das in ›Insel Krim‹ beschrieben wird.

## Malerei

Die Landschaft der Krim scheint dafür geschaffen zu sein, daß man sie malt: Meer, Felsküste und Berge sind gleichzeitig typisch und vielseitig, streng und hochromantisch. Mindestens zwei große Künstler haben ihre Meisterschaft auf der Krim entwickelt: der romantische Landschaftsmaler Iwan Ajwasowskij (s. S. 200) und Maximilian Woloschin (s. S. 208), dessen eher nüchterne, in gedämpften Farben gehaltene Aquarelle Stimmung und Atmosphäre der östlichen Krim wiedergeben.

Aber nicht nur Genies haben das Recht zu malen, und so sieht man, wenn man die Krim bereist, allenthalben Menschen, die dabei sind, die Landschaft auf Papier oder Leinwand zu bannen: einen Künstler auf dem Berg Mangup, der in den frühen Morgenstunden mit Staffelei und Ölfarben heraufgestiegen ist, um den Sonnenaufgang zu malen; junge Studenten, die das Portal des Woronzow-Palastes in Alupka zeichnen; Aquarellisten an unberührten Küstenabschnitten. Bevorzugte Motive sind einsame Kiefern an steilen Felsen am Meer, bizarre Berggipfel über Pinien und Zypressen, der Bärenberg Aju-Dag oder die schlanken Minarette von Bachtschissaraj. Jede Stadt und jedes Museum verfügt über einen ›Kunst-Salon‹, ein Geschäft, wo neben anderen Souvenirs auch solche Bilder verkauft werden. Und unzählige Künstler stellen ihre Werke an der Uferpromenade von Jalta aus.

Wenn man von Sonnenuntergängen in Neonfarben einmal absieht, kann man hier durchaus schöne Reiseandenken erstehen – und ein Aquarell von der Krim ist sicher typischer, als ein russischer Samowar oder eine Matrjoschka!

Woronzow-Palast in Alupka: Gemäldegalerie mit Werken von Iwan Ajwasowskij

## Architektur

Für die russischen Adligen, die Ende des 18. und Anfang des 19. Jh. auf der Krim zu Landbesitz kamen, war die Halbinsel im Schwarzen Meer vor allem Urlaubs- und Erholungsort. Zwar zogen sie Gewinn aus ihren Gütern, aber ihre eigenen Schlösser und Paläste hatten die Funktionen von Ferienhäusern, waren kleiner und verspielter als das Palais in Sankt Petersburg oder Moskau. Bei den Entwürfen und der Ausführung konnten Bauherren und Architekten ihrer Fantasie freien Lauf lassen.

Die damals aktuellen Strömungen des Historismus und der Romantik taten ein übriges, und so verwandelte sich die Krim in eine Art Märchenland für großstadt- und kältegeplagte Blaublütler. Paradebeispiel ist der Woronzow-Palast in Alupka, der die unterschiedlichsten Elemente orientalischer und westeuropäischer Architektur zu einem harmonischen Ganzen verbindet. Vor allem der orientalische Stil hatte die Russen begeistert, die mittelalterlichen Moscheen etwa und ganz besonders der Khan-Palast. Unzählige Tränenbrunnen gab und gibt es auf der Krim, mehr oder weniger gelungene Kopien des Selsebil-Brunnens in Bachtschissaraj. Vom Westen hat sich dagegen der Bauherr des berühmten Schwalbennestes inspirieren lassen: Das Schlößchen auf dem Felsen Aj-

Palast der Khane in Bachtschissaraj: Blick auf das Haremsgebäude

Todor ist der verkleinerte Nachbau einer der Ritterburgen im romantischen Rheintal zwischen Bingen und Koblenz.

Eine gewisse Fortsetzung hat diese Bauweise im sogenannten ›Zuckerbäckerstil‹ gefunden, in dem z. B. die Stadt Sewastopol nach der fast völligen Zerstörung im Zweiten Weltkrieg wieder aufgebaut wurde. Es sind vor allem neo-klassizistische Elemente, die die Fassaden auszeichnen: Ein besonders gutes Beispiel ist der Palast der Pioniere an der Ostseite der Artilleriebucht. Bei einigen der nach 1945 gebauten Sanatorien an der Südküste hat man dagegen versucht, der orientalischen Tradition mit dem Einfügen von Türmchen und Kuppeldächern Rechnung zu tragen.

# Orte und Reiserouten

Simferopol und die Westküste

Von Simferopol nach Jalta

Jalta und Umgebung

Die Südküste zwischen Jalta und Foros

Sewastopol und Umgebung

Das Bergland im Südwesten

Der Osten der Krim

РЕМОНТ

# Simferopol und die Westküste

Simferopol – ›Tor zum Kurort‹

Die Hafenstadt Jewpatorija

Tarchankut – Buchten, Strände und Höhlen

Simferopol: Auch vor den Toren des ›Zentralnyj Rynok‹ herrscht reges Treiben

# Simferopol und die Westküste

Spaziergang durch die Hauptstadt der Krim, durch Parks und Straßen, vorbei an klassizistischen und modernen Gebäuden, an Kirchen und Moscheen; Einkaufen auf den reich bestückten Kolchos-Märkten • Fahrt an die Westküste in das Kur- und Hafenstädtchen Jewpatorija • Ausflug zum wildromantischen Kap Tarchankut

## Simferopol

Simferopol (СИМФЕРОПОЛЬ) ist Verwaltungszentrum und Hauptstadt der Krim, mit seinen 350 000 Einwohnern aber nur die zweitgrößte Stadt der Halbinsel nach Sewastopol. Sie liegt am Rand der Steppe zwischen der mittleren Bergkette und der äußeren Hügelkette des Krimgebirges, auf einer Höhe von etwa 225–300 m ü. NN. Wegen der kalten Steppenwinde kommt es im Winter zu Frösten und Schneeinbrüchen, während die Sommer heiß und trocken sind.

**Geschichte:** Schon im 3. Jh. v. Chr. gründeten die Skythen hier am Salgir eine Stadt, der man später den griechischen Namen Neapol gab. Neapol war Hauptstadt des spätskythischen Staates, der unter dem Fürsten Skilur und seinem Sohn Palak im 2. Jh. v. Chr. seine Blütezeit erlebte. Von hier aus unternahmen die Skythen siegreiche Kriegszüge auch nach Chersones. Das Neapol der Skythen nahm eine Fläche von etwa 20 ha ein und war gut befestigt. Wenn sie nicht gerade Krieg führten, trieben die Bewohner Handel oder arbeiteten als Handwerker. Im 3. Jh. n. Chr. litten sie unter den Einfällen der Goten und Alanen und 100 Jahre später ging das skythische Neapol im Hunnensturm unter. Die Ausgrabungen auf dem Gelände des ehemaligen Neapol der Skythen kann man heute am südlichen Stadtrand von Simferopol besichtigen; als Orientierung dient das Touristenlager ›Tawrida‹.

Als Gründungsdatum der modernen Stadt Simferopol wird meist der 7. (18.) Februar 1784 genannt, als Fürst Potemkin der Zarin Katharina II. das Projekt ›Über den administrativen Aufbau des Gouvernements Taurien‹ vortrug. Am folgenden Tag gab Katharina einen Erlaß heraus und beauftragte Potemkin, das ›Gebietszentrum Simferopol‹ zu bauen. Als Standort wählte man zuerst das heutige Staryj Krim aus, entschied sich aber im Juli 1784 für das tatarische Städtchen Ak-Metschet. Ak-Metschet, was so viel heißt wie ›weiße Moschee‹, war im 15. Jh. entstanden und während des Khanats der Krimtataren Sitz des Kalgi-Sultan, des ersten Stellvertreters des Khans, gewesen. 1783 gab es in Ak-Metschet 308 Häuser.

Das neue russische Gebietszentrum erhielt den Namen Simferopol, also ›Stadt an der Kreuzung‹ oder ›Sammlerstadt‹, angesichts seiner heutigen Funktion als Verkehrsknotenpunkt sehr passend. Eine andere Übersetzung von Simferopol lautet ›Stadt des Nutzens‹, und ihr zufolge zeigt das Stadtwappen eine Biene auf einer Honigwabe.

Simferopol ist eines der Industriezentren der Krim. Hergestellt werden vor allem Werkzeugmaschinen und Konsumgüter (Fernseher, Möbel usw.). Die Lebensmittelindustrie hat traditionell einen

**Simferopol** 1 Hotel ›Moskwa‹ 2 Kino ›Simferopol‹ 3 Fakultät für romanische und germanische Sprachen 4 Pizzeria 5 Kaufhaus 6 Kirche der Hl. Dreieinigkeit 7 Peter-Pauls-Kathedrale 8 Moschee Nebir-Dshami 9 Lenin-Platz 10 Ukrainisches Theater 11 Rathaus 12 Buchladen ›Bibliophil‹ 13 Heimatmuseum 14 Haus der Kunst 15 Skwer Pobedy 16 Dolgorukow-Obelisk 17 Gebäude des Obersten Sowjet der Krim 18 Hauptpost 19 Markt ›Kujbischewskij Rynok‹ 20 Markt ›Zentralnyj Rynok‹ 21 Universität 22 Ehemaliges Landhaus des Grafen Michail S. Woronzow

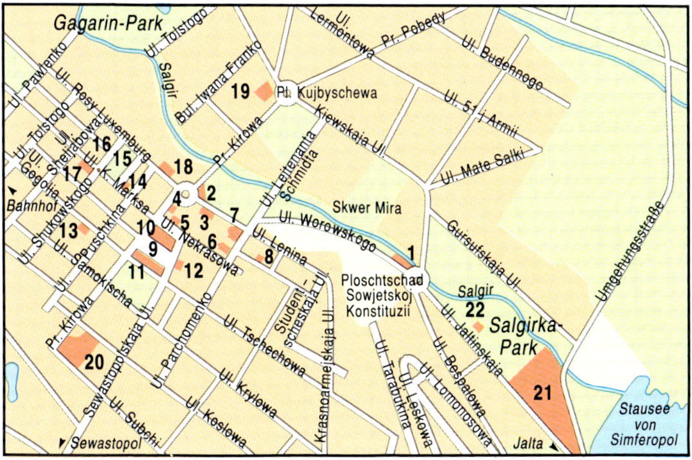

hohen Stellenwert. In der Stadt gibt es eine Hochschule, die Staatliche Frunse-Universität mit sechs Fakultäten und etwa 8000 Studenten, sowie Fachhochschulen und Institute, darunter das Medizinische Institut, das Landwirtschaftsinstitut und eine Abteilung des Instituts für Bauingenieurwesen Dnjepropetrowsk. Simferopol ist als Hauptstadt auch Sitz des Obersten Sowjets, d. h. des Parlaments, und des Präsidenten der Republik Krim.

›Tor zum Kurort‹ wird die Stadt häufig genannt: 95 % aller Urlauber erreichen ihr Ziel auf der Krim über Simferopol. Der **Flughafen** war früher einer der bedeutendsten der gesamten UdSSR, von dem aus man fast jede Stadt des Landes direkt anfliegen konnte. In der Hauptsaison gab es alle drei Minuten einen Start oder eine Landung. Seit dem Ende der Sowjetunion, und seitdem die Zugehörigkeit der Krim einen mehr oder weniger ernsten Konfliktstoff zwischen der Ukraine und Rußland darstellt, gibt es bedeutend weniger ›Inlandsflüge‹ – dafür eine Menge internationaler Routen. Am **Bahnhof** sind so interessante Züge wie ›Simferopol-Wladiwostok‹ oder ›Simferopol-Murmansk‹ angeschlagen. Mehrere Züge täglich fahren nach Kiew, Moskau und Sankt Petersburg. Trotzdem sind Fahrkarten schwer zu ergattern – und Zugfahrten wegen des mangelnden Komforts nur Liebhabern zu empfehlen. Das Bahnhofsgebäude im Stadtzentrum von Simferopol ist mit seinem spitzenbewehrten Uhrturm und dem riesigen Rundbogen, durch den man auf die Bahnsteige blickt, architektonisch nicht uninteressant. Es wurde nach dem Zweiten Weltkrieg nach einem Entwurf des Architekten Duschkin unter anderem von deutschen Kriegsgefangenen gebaut. Am Bahnhof herrscht immer reges Treiben: Ankommende mit großem Gepäck suchen sich ihren Weg zur Haltestelle der Oberleitungs-Busse, die von hier aus bis nach Jalta fahren, und zwar im 3-Minuten-Takt. Diejenigen Reisenden, die die Krim schon wieder verlassen, tragen in Kisten und Körben Obst und Gemüse bei sich, um sich zumindest den Geschmack des Sommers noch ein bißchen zu bewahren.

**Stadtrundgang:** Unser Stadtrundgang beginnt am **Hotel ›Moskwa‹** (1; ГОСТИНИЦА ›МОСКВА‹), einem der zwei Intourist-Hotels der Stadt. Das Hotel liegt direkt an der **Uferpromenade** des Salgir, die sich neun Kilometer durch die Stadt zieht. Rechts und links des Flußbettes sind Wege mit schmiedeeisernen Geländern angelegt, kleine Brückchen verbinden die Ufer miteinander, und lauschige Bänke laden zum Ausruhen ein. Die Uferpromenade ist vor allem im Sommer bevorzugter Treffpunkt der Jugend von Simferopol, für die die Stadt ansonsten wenig zu bieten hat: Cafés, Kneipen oder Diskotheken gibt es kaum; wenn aber vorhanden, dann sind die Etablisse-

Brücke über den Salgir

ments teuer – und oft von zweifelhaftem Ruf.

Am Ufer des Salgir gelangt man, vorbei am Kino ›Mir‹, dem örtlichen Schachclub und der Philharmonie, zum **Kino ›Simferopol‹** (2) und somit ins Stadtzentrum. Die klassizistischen Gebäude hier stammen aus dem 19. Jh., als Simferopol ein typisches russisches Provinzstädtchen war – leider sind ihre Fassaden schlecht erhalten. In dem blauen Haus gegenüber dem Kino Simferopol, an der Uliza Lenina (УЛ. ЛЕНИНА), befindet sich die **Fakultät für romanische und germanische Sprachen der Universität** (3). Daneben eine Bauruine: Hier plante eine polnische Firma ein Hotel. Die schon fertiggestellten Teile zeigen, daß man die örtliche Architektur mit ins Konzept einbezogen hatte – Türmchen und Rundbögen sind zu erkennen. Leider ging den Polen das Geld aus, und der Rohbau steht schon seit mehreren Jahren unberührt.

Wir wenden uns nun am Kreisverkehr links und folgen dem Prospekt Kirowa (ПРОСПЕКТ КИРОВА) in Richtung Lenin-Platz (П ЛОЩАДЬ ЛЕНИНА). Auf der linken Seite sieht man ein Haus, dessen Fassade mit Holzschnitzereien und Steinmetzarbeiten reich verziert ist – die **Pizzeria** (4), in der echt russische Pizzas im Stehverkauf angeboten werden. Wer sich über das Angebot an Konsumgütern informieren möchte, betritt danach das **Kaufhaus** (5), wo auf zwei Etagen vom Werkzeug über Elektrogeräte,

Haushalts- und Schreibwaren bis hin zu Schuhen, Kleidern und Hüten alles angeboten wird, was das Herz begehrt – im Prinzip! Auch der Untergang der Sowjetunion hat nämlich noch zu keiner grundlegenden Verbesserung des Angebotes geführt. Westliche Waren werden entweder in speziellen Devisengeschäften verkauft, oder in den unzähligen ›Lawkas‹, den Kiosken, die Straßen und Plätze säumen. Hinter dem Kaufhaus stehen zwei Kirchen, deren Kuppeln bzw. Türmchen schon vom Salgir aus zu sehen waren. Die **Kirche der Hl. Dreieinigkeit** (6) ist ein achteckiger Bau im byzantinischen Stil. Ihr goldenes Kreuz thront auf einer türkisfarbenen großen Kuppel; diese und ihr kleineres Pendant sind über und über mit goldenen Sternen übersät. Die 1792 erbaute Kirche ist frisch renoviert. Im Inneren kann man farbenfrohe Fresken und eine vergoldete Ikonostase bewundern.

In unmittelbarer Nähe erhebt sich die **Peter-Pauls-Kathedrale** (7), die sowohl über einen spitzen Turm als auch über typisch russische Zwiebeltürmchen verfügt. Ihr Dach ist schwarz gedeckt, und auch die Fresken sind, im Vergleich zum Interieur der Kirche der Hl. Dreieinigkeit, in verhaltenen Farben gemalt. Die Peter-Pauls-Kathedrale wurde 1870 anstelle einer Holzkirche erbaut, die man einst an genau dem Platz errichtet hat, wo 1777 das Zelt des russischen Heerführers Suworow gestanden hatte.

Nur wenige Gehminuten entfernt, in der Uliza Kurtschatowa (УЛ. КУРЧАТОВА) 4, steht das älteste Gebäude der Stadt, die **Moschee Nebir-Dshami** (8). Sie wurde im Jahre 1508 im damaligen Ak-Metschet errichtet, 1740 umgebaut und vor kurzem renoviert. Das Dach des steinernen Minaretts und die Kuppel sind mit glänzendem Kupfer überzogen, die Fensterrahmen frisch lackiert, die Wände geweißt. Besonders freitags herrscht um die Moschee reges orientalisches Leben.

Zurück auf dem Prospekt Kirowa gelangen wir zum **Lenin-Platz** (9), der auf der einen Seite vom modernen Gebäude des 1955 gegründeten **Ukrainischen Theaters** (10), auf der anderen von der klassizistischen Fassade des **Rathauses** (11) begrenzt wird. Hinter dem Lenin-Denkmal befindet sich der **Buchladen ›Bibliophil‹** (12), ein Antiquariat mit traditionell reicher Auswahl auch an deutschen Büchern. Die Straßen Uliza Gogolja (УЛ. ГОГОЛЯ), Uliza Gorkogo (УЛ. ГОРЬКОГО), Uliza Puschkina (УЛ. ПУШКИНА) und Uliza Karla Marksa (УЛ. КАРЛА МАРКСА) bilden den historischen Stadtkern. Hier sind auch die meisten Geschäfte sowie einige Cafés, z. B. das ›Astoria‹, Ecke Uliza Gogolja und Prospekt Kirowa. Zu empfehlen ist ein Besuch im **›Krymskij Karawaj‹** auf dem Pro-

Kuppeln der Kirche der Hl. Dreieinigkeit

## Frauen in Hosen haben keinen Zutritt

Daß es das Christentum – wie die Religionen überhaupt – in der Sowjetunion schwer hatte, ist bekannt. Die meisten Kirchen waren geschlossen, zweckentfremdet, allenfalls als kunsthistorische Denkmäler zugänglich. Taufen konnten nur heimlich stattfinden, und eine religiöse Erziehung gab es nicht. Im Gegenteil, ›Atheismus‹ in der Schule und ›wissenschaftlicher Atheismus‹ an der Universität waren Lehr- und Prüfungsfächer. Über 70 Jahre Bolschewismus hatten die Religion aus dem Leben der meisten Menschen vollkommen ausgelöscht.

»Taufe täglich außer Montag um 10 Uhr. Interessenten schreiben sich bitte eine halbe Stunde vorher ein«, heißt es auf einem Schild in der Kirche. Die Taufe findet nach dem Gottesdienst im Baptisterium, einem kleinen Nebenraum, statt. Kinder sieht man wenige – meist sind es Menschen um die Vierzig, die sich jetzt noch taufen lassen. Unter den strengen Blicken des Priesters wischen sich einige Frauen schnell den Lippenstift und die grellste Schminke ab, dann kann die Zeremonie beginnen. Sie dauert etwa eine dreiviertel Stunde – keine religiöse Erziehung, kaum eine Einweisung in die Religion hat hier stattgefunden.

In einer Zeit, in der alles um sie herum zusammenbricht, suchen viele Bürger der ehemaligen Sowjetunion nach einer neuen Orientierung, nach etwas, das ihnen Halt geben kann. Auf der Krim hat aus historischen Gründen die russisch-orthodoxe Kirche großen Zulauf, aber auch protestantische Gruppen, Sekten wie die Mormonen und Zeugen

spekt Kirowa – es gibt frisches Hefegebäck, dazu heißen, süßen Tee oder warme Milch aus riesigen Samowaren. Das Stadtzentrum ist verkehrsberuhigte Zone. In der Uliza Puschkina 18 befindet sich das **Heimatmuseum** (13), dessen ausgedehnte naturkundliche Ausstellung über Relief, Klima, Vegetation und Tierwelt der Krim informiert. Eine völkerkundliche Ausstellung ist in Vorbereitung. Das Heimatmuseum verfügt über eine große Bibliothek, die mehr als 2500 Bücher über die Krim enthält, darunter auch sehr seltene Dokumente (geöffnet Do–Mo 10–18 Uhr, Mi 11–19 Uhr).

Über die Uliza Puschkina und Uliza Karla Marksa erreicht man, vorbei am Ausstellungssaal des örtlichen ›**Hauses der Kunst**‹ (14), den **Skwer Pobedy** (15; СКВЕР ПОБЕДЫ), den Platz des Sieges, eine grü-

Jehovas sowie Priester im Stile amerikanischer Fernsehprediger ›missionieren‹ die Bevölkerung. Glaube und Aberglaube liegen eng beisammen: Die Auftritte von Wunderheilern auf Tournee sind meist ausverkauft. Und eine promovierte Dozentin der Universität z. B. ist davon überzeugt, daß in ihrer Wohnung ein Hausgeist lebt. »Ich habe mich an die alten Frauen in der Kirche gewandt, und die sagten mir, das hänge mit der chinesischen Teerose zusammen, die wir im Wohnzimmer stehen haben!«

Besonders Frauen sind es, die sich in den neuen orthodoxen Kirchengemeinden engagieren. Obwohl es einer sowjetischen Frau, die im täglichen Leben, bei der Arbeit auf dem Feld oder einer Baustelle immer schon ›ihren Mann stehen‹ mußte, sicher nicht leicht fällt, in der Kirche zwar zu dienen, aber nicht mitreden zu dürfen, zeigen sie den Priestern gegenüber eine unverbrüchliche Loyalität. Die Kleiderordnung ist übrigens streng. Daß kurze Hosen und ›Badekleidung‹ verpönt sind, kennt und versteht man. Was aber soll man von einem Schild halten, auf dem es heißt: »Betreten der Kirche in ... Hosen (für Frauen!) verboten«? »Das ist nicht die richtige Kleidung zum Beten«, klärt mich ein alter Kirchendiener auf und mustert dabei abfällig meine Jeans. Kurz darauf lächelt er zwei Mädchen an, die, ihr Haar mit einem Tuch bedeckt, auf hohen Absätzen in die Kirche stöckeln. Neidisch sehe ich ihnen nach: Beide tragen Miniröcke, die nur wenige Millimeter unterhalb des Pos enden.

Was Sünde ist und was nicht, darüber klären in der Kirche diverse Schilder auf. Auch über die Sünden, die nur dann vergeben werden können, wenn man täglich Buße tut und mehrere Stunden lang betet. Fernsehschauen gehört, wenn ich richtig verstanden habe, auch dazu!

ne Oase im Stadtzentrum. Bei dem Panzer, der in der Mitte des kleinen Parks auf einem Sockel steht, handelt es sich um den ersten sowjetischen Panzer, der am 13. 4. 1944 in die Stadt rollte, um Simferopol von der deutschen Okkupation zu befreien. Auf der anderen Seite der Grünfläche steht der **Dolgorukow-Obelisk** (16), errichtet an der Stelle, wo sich 1771 während des russisch-türkischen Krieges das Hauptquartier des Oberkommandierenden der russischen Streitkräfte, Dolgorukow, befand. Dieses Denkmal stammt aus dem Jahre 1842. Das **Gebäude des Obersten Sowjet der Krim** (17), auch Sitz des Präsidenten, steht etwas nach hinten versetzt an einer der Querseiten des Platzes. Die eindrucksvolle Glasfront des Beton-Bauwerks war schon mehrmals Ziel von Pflastersteinen, die bei Krawallen und gewaltsamen Protesten tatarischer Bürgerrechtler geworfen wurden.

Vorbei an der **Hauptpost** (18; Glavpotschtamt) und dem **Kleinen Haus des Russischen Gorki-Theaters** gelangt man zurück zum Kino Simferopol. Hier besteigen wir einen beliebigen O-Bus in Richtung Ploschtschad Kujbischewa (ПЛОЩАДЬ КУЙБЫШЕВА), wo sich einer der zwei großen Märkte Simferopols befindet: der **›Kujbischewskij Rynok‹** (19). Unter dem Kuppeldach der großen Markthalle bieten täglich außer montags von 8–18 Uhr Kolchos- und private Bauern ihre Waren feil: Obst und Gemüse je nach Jahreszeit, eingelegte Gurken, marinierte gefüllte Auberginen, scharfen Krautsalat; hausgemachten Quark, frische Milch und Sahne; Fleisch, Wurst und Käse; Honig der verschiedensten Sorten. Vor dem Kauf sollte man unbedingt probieren, das ist durchaus üblich. Es empfiehlt sich, sich vor einem Besuch des Marktes mit ausreichend Tüten einzudecken, da kaum eine Marktfrau über etwas verfügt, in das sie ihre Ware verpacken kann.

Der **›Zentralnyj Rynok‹** (20), der Zentralmarkt, befindet sich am Ende des Kirowa-Prospektes und ist z. B. mit den O-Bussen Nr. 3, 10 und 11 zu erreichen. Ein Besuch lohnt sich hier besonders samstags, wenn alle Stände besetzt sind. Vor den großen Eingangstoren findet dann auch ein Tiermarkt statt, wo junge Hunde und Katzen, aber auch Hühner und Ziegen verkauft werden. Im hinteren Teil gibt es einen kleinen Basar.

Vom Ploschtschad Kujbischewa aus nimmt man den O-Bus Nr. 1, 2 oder 4 in Richtung Hotel ›Moskwa‹. Wer noch Zeit und Lust hat, fährt drei Haltestellen weiter bis zum modernen weißen Gebäude der **Universität** (21) und spaziert

Melonenverkäufer auf dem ›Zentralnyj Rynok‹

von hier im **Salgirka-Park** zurück zum Hotel. Im Park steht das frühere **Landhaus des Grafen Michail S. Woronzow** (22), das sich der Generalgouverneur Neurußlands hier in den 20er Jahren des 19. Jh. errichten ließ. Neben dem palastähnlichen Gebäude gibt es einen Küchentrakt, der im Stile des Khans-Palastes von Bachtschissaraj gehalten ist.

**Auskünfte:** Touristische Auskünfte erteilt die Firma ›Krimtur‹, Ul. Schmidta (УЛ. ШМИДТА) 9, ✆ 27 26 40 u. 25 70 90.

**Unterkunft:** Hotel ›Moskwa‹, Ul. Kiewskaja (УЛ. КИЕВСКАЯ) 2, ✆ 23 21 13; Hotel ›Ukraina‹, Ul. R. Ljuksemburg (УЛ. Р. ЛЮКСЕМБУРГ) 9, ✆ 27 55 73.

**Restaurants:** Ketschkemet, Ul. Gagarina (УЛ. ГАГАРИНА) 22, ✆ 22 03 57; Okean, Pr. Kirowa (ПР. КИРОВА) 27, ✆ 29 56 64.

**Verkehr: Flüge:** Charterflüge des Deutschen Reisebü-

Simferopol und die Westküste

ros (DER) einmal wöchentlich von Frankfurt, im Frühjahr und Herbst auch von Hannover, Stuttgart, Nürnberg und München. **Zug:** Gute Zugverbindung von Kiew aus – die Fahrt im Schlafwagen dauert 22 Std.

## Jewpatorija (Eupatorija)

Das Kurstädtchen Jewpatorija (ЕВПАТОРИЯ) liegt an der Westküste der Krim, an der Kalamitski-Bucht. Man erreicht es von Simferopol mit dem Vorortzug (1,5 Std.) und mit dem Überlandbus oder mit dem Auto auf einer gut ausgebauten Straße (64 km). Hinter Saki verlaufen Straße und Eisenbahnlinie auf einer schmalen Landzunge zwischen dem Salzsee Sasyk-Siwasch zur Rechten und dem Meer zur Linken. Entlang der Trasse ziehen sich Strände (Sand und feine Kiesel) sowie Zeltplätze für die Urlauber. Am Ende der Bucht zeichnet sich die Silhouette Jewpatorijas ab – die üblichen Plattenbauten, aber am Meer ein grüner Park mit den zwei schlanken Minaretten der Moschee. In Jewpatorija leben ca. 100 000 Menschen. Bekannt wurde es in Sowjetzeiten als Kinderkurort. Dem Klima – einer Mischung aus See- und Steppenklima – werden große Heilerfolge zugeschrieben. Außerdem gibt es in den umliegenden Salzseen ausreichend Heilschlamm. Seit der Katastrophe von Tschernobyl erholen sich hier regelmäßig strahlengeschädigte Kinder aus Kiew und Minsk. Für den westlichen Besucher ist Jewpatorija vor allem ein Hafenstädtchen mit netter Atmosphäre. Es geht gemütlicher und geruhsamer zu als im mondänen Jalta. Beim Stadtrundgang lassen sich eine große Anzahl historischer Gebäude entdecken. Und wenn diese auch nicht immer im besten Zustand

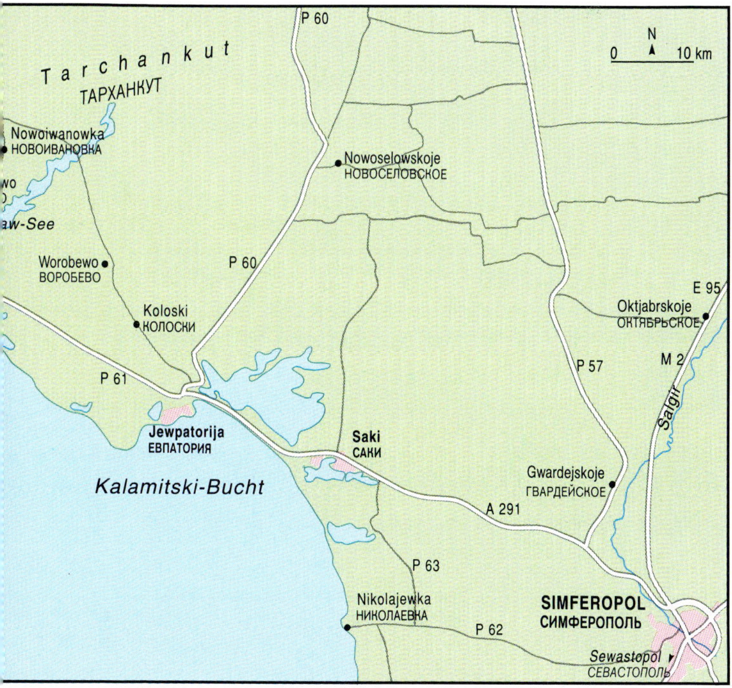


sind – mit etwas Fantasie gelingt es, die Geschichte des Städtchens wiederaufleben zu lassen: von der Antike über das Mittelalter und die frühe Neuzeit bis hin zur ›Epoche der sowjetischen Provinz‹.

**Geschichte:** Zu Beginn des 5. Jh. v. Chr. entstand auf dem Gebiet des heutigen Jewpatorija die griechische Handelssiedlung Kerkinitida, die schon Herodot erwähnte. Kerkinitida geriet bald in Abhängigkeit der griechischen Polis Chersones, wurde im 2. Jh. v. Chr. dann von den Skythen erobert und von den Goten im 3. Jh. n. Chr. endgültig zerstört. Ende des 15. Jh. – der krimtatarische Staat unterstand mittlerweile dem Osmanischen Reich – bauten Türken und Tataren auf dem Gebiet des antiken Kerkinitida die befestigte Stadt Geslev, die zum Zentrum des Sklavenhandels auf der Krim wurde. Bald nach der Eroberung der Krim im 18. Jh. benannten die Russen die Stadt in Jewpatorija um. Während des Krimkrieges wurde Jewpatorija von den alliierten englischen, französischen und türkischen Truppen im Sturm genommen (1./2. September 1854). Mehr als zehn Jahre dauerte es nach Beendigung des Krieges, bis sich die Stadt von den erlittenen Schäden zu erholen begann. Man entdeckte die günstigen Voraussetzungen Jewpatorijas für einen Kurort, und Ende des 19. Jh. entstanden mondäne Hotels und Pensionen. Nach der Revolution wurde besonders der Bau von Sanatorien für Kinder vorangetrieben. Vom 31. Oktober 1941 bis zum 13. April 1944 war Jewpatorija von deutschen Truppen besetzt.

**Stadtrundgang:** Bemerkenswert am Stadtbild Jewpatorijas sind, von der Uferpromenade aus betrachtet, zwei sich äußerlich ähnliche Gebäude: Die russisch-orthodoxe Kirche des hl. Nikolaj und die Moschee ›Dshuma-Dshami‹ oder ›Khan-Dshami‹, deren Minarette schon bei der Anfahrt auf Jewpato-

**Jewpatorija** 1 Kirche des hl. Nikolaj 2 Moschee Khan-Dshami 3 Türkisches Bad 4 Standort der ehemaligen mittelalterlichen Stadttore 5 Raum der Derwische, Kaffeehaus und Moschee 6 Ploschtschad Metallistow 7 Haus Nr. 43 mit den Kuppeln des ehemaligen türkischen Bades 8 Ehemalige Synagoge 9 Pavillon 10 Karaimische Kenassen und ehemalige karaimische Schule 11 Ehemalige deutsche Kirche

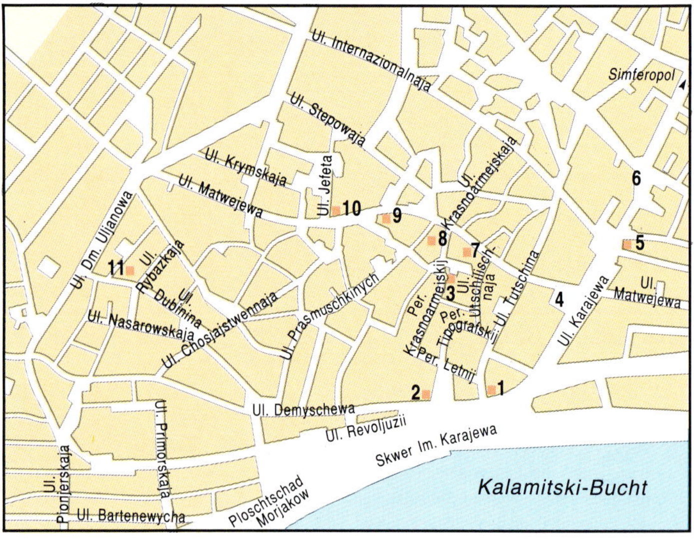

Blick auf die Kirche des hl. Nikolaj

rija zu sehen waren. Beide Gotteshäuser liegen nur etwa 100 m voneinander entfernt am östlichen Ende der Uferpromenade. Hier beginnt unser Spaziergang durch die Stadt.

Die **Kirche des hl. Nikolaj** (1) wurde im Jahre 1899 geweiht. Sie ist im Stil früher griechischer Basiliken gehalten und war daher ursprünglich nur sehr spärlich bemalt. Bei der Restaurierung in den 80er Jahren wurde dieses Stilelement nicht beachtet, so daß die Fresken, besonders die Bemalung der Kuppel (Christus der Erlöser, vom Himmel herabblickend), heute in kräftigen Farben leuchten. Die Ikonostase im Zentrum des runden Kirchenraums ist prächtig mit Gold verziert. Seit der Perestroika-Zeit gibt es in der Kirche des hl. Nikolaj in Jewpatorija wieder eine sehr aktive Kirchengemeinde. An den Wänden im Eingangsbereich hängen handgemalte Plakate mit Belehrungen über die Todsünden, das Sakrament der Beichte und die wichtigsten Gebete. Daneben auch eine Warnung: »Vorsicht! Protestanten!«, worunter Baptisten mit Mormonen, Zeugen Jehova und andere Sekten aufgezählt sind.

Vom Platz vor der Kirche aus sieht man rechter Hand ein altes Haus mit einer schön verzierten Fassade, in der sich Elemente aus Jugendstil und Klassizistik verbinden. Das Gebäude gehörte um die Jahrhundertwende dem Stadtoberhaupt S. W. Duwan, auf dessen Initiative hin das Theater, die Biblio-

Gebet in der Moschee Khan-Dshami

thek sowie die Straßenbahnlinie gebaut wurden. Vom Duwan-Haus wenden wir uns der **Moschee Khan-Dshami** (2) zu. Diese wurde 1522–70 von Hadschi Sinan, dem Palastarchitekten des osmanischen Sultans, erbaut. Ihr Name bedeutet ›Moschee der Khane‹ – zwölf der Krim-Herrscher präsentierten sich hier zum ersten Male ihrem Volke. Im 20. Jh. wurde die Moschee restauriert, die Minarette wieder aufgebaut und im Innenraum ein Museum eingerichtet. Erst 1991 ging das Gebäude in den Besitz der mohammedanischen Gemeinde über; heute ist an die Moschee eine Koranschule angeschlossen, und an Freitagen und hohen Festen erklingt der Ruf des Muezzin von einem der Minarette. Auf dem kleinen Platz westlich des Eingangs wurde ein Gedenkstein aufgestellt mit der Inschrift: »Den Opfern des Völkermordes und der Deportation des krimtatarischen Volkes.«

Durch die Straßen Pereulok Letnij (ПЕРЕУЛОК ЛЕТНИЙ), Pereulok Tipografskij (ПЕР. ТИПОГРАФСКИЙ), Pereulok Utschilischnij (ПЕР. УЧИЛИЩНИЙ) und Uliza Krasnoarmeijskaja (УЛ. КРАСНОАРМЕЙСКАЯ) gelangt man zum **Türkischen Bad** (3), das sich in einem Innenhof befindet. Die Gebäude stammen aus dem 16. Jh. Wir verlassen den Hof durch das gegenüberliegende Tor, wenden uns nach links und auf der Uliza Matwejewa (УЛ. МАТВЕЕВА) wieder nach rechts. Hier standen bis in die 1960er Jahre die mittelalterlichen Stadttore (4). Etwas weiter liegen hinter geschlossenen Gittertoren ein türkisches Kaffeehaus, eine Moschee aus dem 19. Jh. und die ›Tekie‹, im 16./17. Jh. als Ruhe- und Meditationsraum der Derwische erbaut (5). Leider werden alle drei Gebäude schon seit längerem restauriert und sind nicht zu besichtigen. Der Uliza Karajewa (УЛ. КАРАЕВА) folgend, gelangt man zum **Ploschtschad Metallistow** (6; ПЛОЩАДЬ МЕТАЛЛИСТОВ). Auf diesem Platz befand sich einst der Basar der Stadt Geselev, der Katyk-Basar, wo man vor allem mit Sklaven handelte. In der Mitte stand eine Säule, an der die lebende Ware ausgestellt wurde. Wahrscheinlich haben nicht wenige russische Kriegsgefangene von hier aus ihren Weg in die Sklaverei angetreten.

Doch kehren wir auf die Uliza Matwejewna zurück, dorthin, wo sich im Mittelalter das Stadtzentrum befand. Am Haus Nr. 43 lassen sich zwei erhaltene Kuppeln entdecken – hier war ein weiteres türkisches Bad (7). In der Höhe der Häuser Nr. 47–49 befindet sich die **ehemalige Synagoge** (8), die ebenfalls wieder ihrer ursprünglichen Bestimmung übergeben werden soll. Im Hof des Hauses Nr. 55 hat sich ein für die Krim typisches Gebäude erhalten, ein hölzerner **Pavillon** (9) im kleinasiatischen Stil. Das Haus Uliza Matwejewna 68 ist ebenfalls ein Gotteshaus – hinter den Toren befinden sich zwei **karaimische Kenassen** und das Gebäude der **ehemaligen karaimischen Schule** (10). Bis zur Revolution 1917 galt Jewpatorija als das Weltzentrum des Karaimentums. Ende des 19. Jh. waren von den etwa 17 000 Einwohnern 2630 Karaimen. Diese stellten damit nach Russen und Tataren den größten Bevölkerungsanteil.

Von den Kenassen aus in Richtung Süden gelangt man über die Uliza Jefeta (УЛ. ЕФЕТА) bis zur Uliza Wolodarskogo (УЛ. ВОЛОДАРСКОГО), und biegt links in die Uliza Komsomolskaja (УЛ. КОМСОМОЛСКАЯ) ein. Haus Nr. 24 war einmal eine **deutsche Kirche** (11); den Innenhof kann man von Osten her betreten. Über die Straßen Uliza Komsomolskaja und Uliza Pionerskaja (УЛ. ПИОНЕРСКАЯ) gelangt man zum Rathausplatz, der sich als eine sehr eigenwilligen Verbindung aus sowjetischen Plattenbauten und alten Jugendstilhäusern mit verfallenen Fassaden präsentiert. Von hier folgt man den Straßenbahnschienen der Linie 1 – eine andere Linie gibt es auch gar nicht – zurück zur Uferpromenade und damit zum Ausgangspunkt des Stadtrundgangs. Die Straßenbahn in Jewpatorija ist übrigens die einzige auf der Krim. Wer Glück hat, entdeckt unter den Wagen, die über die Schienen auf der Uliza Revoljuzii (УЛ. РЕВОЛЮЦИИ) rattern, einen alten Berliner Straßenbahnwaggon aus der Vorkriegszeit, der wahrscheinlich als Reparation auf die Krim gelangte.

**Unterkunft:** Hotel ›Krim‹, Ul. Revoljuzii (УЛ. РЕВОЛЮЦИИ) 46, ✆ 3 13 44; Hotel ›Ukraina‹, Prospekt Lenina (ПРОСПЕКТ ЛЕНИА) 42/19, ✆ 3 02 90; Hotel ›Jewpatorija‹, Ul. Moskowskaja (УЛ. МОСКОВСКАЯ) 29, ✆ 5 49 01.

**Museen:** Heimatmuseum, Uliza Dubanowskaja (УЛ. ДУБАНОВСКАЯ) – zu erkennen an den beiden Kanonen, die den Eingang flankieren; Ausstellungen zu Flora und Fauna der Krim, antiker, mittelalterlicher und neuer Geschichte der Stadt. Auf dem Gelände des gegenüberliegenden Sanatoriums befinden sich die Ausgrabungen der griechischen Stadt Kerkinitida.

**Verkehr:** Vom Bahnhof in Simferopol fahren mehrmals täglich **Busse** und **Züge** nach Jewpatorija; Fahrzeit ca. 1,5 Std. Mit dem **Auto** fährt man von Simferopol aus in nordwestlicher Richtung, den Wegweisern Saki (САКИ) – Jewpatorija (ЕВПАТОРИЯ) folgend.

## Tarchankut

Die nördlich von Jewpatorija gelegene Halbinsel Tarchankut wurde lange Zeit ›Kamtschatka der Krim‹ genannt, weil sie kaum bebaut und besiedelt war. Auch heute noch verfügt das Gebiet über keine gute Infrastruktur. Um zu den interessanten Sehenswürdigkeiten und landschaftlich reizvollsten Punkten zu gelangen, ist man auf ein Auto angewiesen und muß schlechte Straßen und auch mal Feldwege in Kauf nehmen. Von Jewpatorija aus geht es nach Nordwesten in Richtung Koloski (КОЛОСКИ), Worobewo (ВОРОБЕВО), Tschernomorskoje (ЧЕРНОМОРСКОЕ). Die Halbinsel Tarchankut liegt hinter dem Donuslaw-See, der sich 9 km in nordöstlicher Richtung von der Küste ins Land zieht. In seinem südlichen Teil ist das Wasser salzig, im Landesinneren handelt es sich um beinahe reines Süßwasser. Da der See im Unterschied zu den sonstigen in Meeresnähe gelegenen Seen auf der Krim recht tief ist, wird er schon seit der Antike auch als Schutzhafen genutzt. Die auf manchen Autokarten eingezeichnete Straße über den Damm am Meer entlang endet kurz nach dem Örtchen Mirnyj (МИРНЫЙ) vor den Toren einer militärischen Anlage. Der einzige Weg von Süden her führt über die schon erwähnte Route. Fast am Ende des Sees überquert man eine Brücke und befindet sich auf Tarchankut.

Wir wollen die Halbinsel von Süden her umrunden und biegen deshalb an der nächsten Kreuzung in Richtung Nowoiwanowka (НОВОИВАНОВКА) – Medwedewo (МЕДВЕДЕВО) – Gromowo (ГРОМОВО) ab. Die Straße führt durch eine weite Steppenlandschaft und winzige Dörfer, in denen die Zeit scheinbar stehengeblieben ist: Kleine Jungen auf Pferden hüten Rinderherden, Gänse wackeln über die Straße, Pferdefuhrwerke transportieren Heu, Mist oder Kartoffeln. Von Gromowo aus verläuft die Straße in westlicher Richtung vorbei an Weinreben, Mais- und Kornfeldern, die sich bis zum Meer erstrecken. Hier gibt es viele kleine Buchten mit Muschelsand, die zum Baden einladen. Außerdem befinden wir uns auf historischem Boden: An der Küste zwischen Gromowo und Marino (МАРИНО) wurden nicht weniger als **13 antike**

**und mittelalterliche Siedlungen** ausgegraben. Bei Okunewka kann man die Überreste von Mauern, Vorratsgruben und Gräbern entdecken. Südlich von Marino beginnt die Steilküste, die für Kletterer und Taucher gleichermaßen interessant ist. Diese bis zu 40 m tief abfallende **Küste am Großen und Kleinen Atlesch** (Bolschoj i Malyj Atlesch) erstreckt sich über 4 km und ist auf ihrer ganzen Länge von Höhlen und Grotten durchzogen. Am Kleinen Atlesch gibt es einen mehr als 100 m langen Wassertunnel, in dem sogar kleinere Segelschiffe Platz haben. Am Großen Atlesch wurde ein riesiger Bogen ausgewaschen; Unbekannte schlugen eine Treppe in den Fels – wahrscheinlich suchten in der höher gelegenen Höhle Fischer Zuflucht vor den Unbilden des Wetters. Decken und Wände der Grotten und Höhlen sind mit kleinen Tropfsteinen bedeckt und funkeln mit dem Wasser um die Wette, wenn durch eine der vielen Öffnungen Sonnenlicht einfällt. Auch in diesem Küstenabschnitt gibt es verschwiegene Buchten und einsame Strände, die man allerdings nur zu Fuß und nach einigem Klettern erreicht.

Westlichster Punkt der Krim ist der **Leuchtturm** auf dem **Kap Tarchankut,** nahe des Örtchens Olenewka (ОЛЕНЕВКА; 4 km vom Großen Atlesch entfernt). Von hier empfiehlt sich ein Spaziergang an die nördlich gelegene **Dshangul-Küste,** eines der interessantesten Teile des Krim-Steppengebietes in bezug auf Flora, Vogelwelt und vor allem Geologie. Entlang der Steilküste ziehen sich durch Erdrutsche entstandene Stufen, stehen erodierte Kalksäulen und -pyramiden. Die Dshangul-Küste ist Naturschutzgebiet und darf nur zu Fuß erkundet werden. Von Olenewka aus hält man sich nordwestlich, bis man nach Durchqueren der Pribojnowskij-Schlucht, das Meer erreicht.

Zurück in Olenewka wird es Zeit für den Heimweg. Über Krasnoselskoje (КРАСНОСЕЛЬСКОЕ) erreicht man die Stadt Tschernomorskoje, wo die Straße nach Jewpatorija und weiter nach Simferopol beginnt.

53
Алушта
7710

# Von Simferopol nach Jalta

Die Marmorhöhle

Rund um den Angar-Paß

Über den Demerdshi

Zwischen Aluschta und Jalta

Das Jaltaer Naturschutzgebiet

Die altertümlichen O-Busse fahren auch heute noch von Simferopol nach Jalta

# Von Simferopol nach Jalta

Auf der längsten O-Bus-Strecke der Welt durch das Gebirge an die subtropische Südküste • Abstecher zu den faszinierenden Marmor-Tropfsteinhöhlen • Wanderung über den Berg Demerdshi, vom ›Kopf der Katharina‹ durch das ›Tal der Geister‹ zur gotischen Festung Funa • Gursuf, romantisches Städtchen im Schatten des Bärenbergs • Fahrt über den ›Romanow-Weg‹ durch das Jagdgebiet der Zaren und Generalsekretäre

Am Bahnhof Simferopol beginnt die wohl längste O-Bus-Linie der Welt: 80 km ziehen sich die Stromleitungen über die Trasse, 80 km zockeln die altertümlichen Busse mit den langen Fühlern durch Dörfer und Siedlungen. Langsam steigt die Straße an, führt durch tiefen Wald bis auf den 752 m hohen Paß, den Angarskij Perewal. Dahinter beginnt die Zone der Zypressen und Zedern, der Weinberge, tief unten grüßt das Meer – die subtropische Südküste ist erreicht! Und zweieinhalb Stunden nach der Abfahrt in Simferopol auch das Ziel der Reise: Jalta.

Die Fahrt mit dem Oberleitungsbus, dem ›Trolley-Bus‹, wie er hier genannt wird, ist eine interessante Art, die Strecke von Simferopol nach Jalta zurückzulegen. Im Sommer empfiehlt es sich allerdings, die Fahrkarten rechtzeitig zu kaufen (Schalter am Bahnhof rechts vom Uhrturm), da immer nur so viele Passagiere mitgenommen werden, wie Sitzplätze vorhanden sind. Aus demselben Grund kann es auch problematisch sein, unterwegs zuzusteigen. Und die Taxifahrer, die am Bahnhof und am Flughafen ihre Dienste anbieten, erkennen zahlungskräftige Ausländer sofort und nehmen entsprechende Preise. Die Straße Simferopol-Jalta ist gut ausgebaut und zwischenzeitlich zweispurig, so daß die langsamen Busse zwar kleine Verzögerungen, aber keine tatsächlichen Verkehrshindernisse bedeuten. Da es sich um eine ehemalige Intourist-Straße handelt, sind die wichtigen Hinweisschilder auch in lateinischen Buchstaben geschrieben.

Der O-Bus verläßt Simferopol über die Uliza Jaltinskaja, vorbei an der Universität an der linken und der ›Studentenstadt‹ an der rechten Seite der Straße. Nach dem Ortsausgang Simferopol passiert die Straße den Stausee von Simferopol, der zwischen 1951 und 1954 im tiefen Tal des Salgir angelegt wurde. Er soll die Wasserversorgung der Hauptstadt sichern, in Jahren mit wenig Niederschlägen aber trocknet er fast zur Hälfte aus. Auf der anderen Straßenseite befindet sich eine der typischen Datschensiedlungen, wo die Simferopoler nicht nur ihr Wochenende verbringen, um sich zu entspannen, sondern wo sie Kartoffeln und Tomaten, aber auch anderes Gemüse und Obst anbauen, um vom teuren Markt und den Preisschwankungen in den staatlichen Geschäften unabhängig zu sein. An der gut ausgebauten Straße bieten Bauern und Gartenbesitzer ihre Produkte feil: Erdbeeren im Mai und Juni, dann Himbeeren, Johannisbeeren und Aprikosen, später Äpfel und Birnen, auch Blumen je nach Jahreszeit. Über die Wegstrecke bis zum Paß erzählt man sich folgende Geschichte: Zum Staatsbesuch Präsident Nixons versah man die an die Straße angrenzenden Grundstücke mit einem einheitlichen, grünen Holzzaun. Als Generalsekretär Breschnew mit seinem hohen Gast vom Flughafen aus in Richtung Südküste fuhr, erläuterte er, bei den niedrigen Holzhäusern dahinter handle es sich um Kuhställe. Worauf der Amerikaner antwortete, das sowjetische Volk habe es ja wirklich weit gebracht, wenn sogar die Kühe durch die Antennen auf ihren Ställen Fernsehen empfangen könnten . . . Den einheitlichen Zaun kann man heute noch an manchen Stellen sehen, grün noch immer, nur etwas abgeblättert.

Von Simferopol nach Jalta

## Die Marmorhöhle

Aus dem Dorf Saretschnoje (ЗАРЕЧНОЕ) geht es rechts ab nach Mramornoje (МРАМОРНОЕ) und

In der Marmorhöhle

von dort führt ein 8 km langer, schmaler Schotterweg hinauf auf das Nordplateau des Tschatyr-Dag, wo sich in 918 m Höhe die Marmorhöhle befindet.

Die Marmorhöhle auf der Krim wurde als eine der fünf schönsten Höhlen der Welt ins internationale Höhlenbuch aufgenommen, und man sollte sich den Besuch nicht entgehen lassen. Wer kein Auto zur Verfügung hat, kann in Simferopol, Aluschta oder Jalta einen Ausflug buchen (Firma Onix-Tour, Simferopol, ✆ 25 63 48; Intourist im Hotel Jalta veranstaltet auch Hubschrauberflüge zur Höhle). Die Marmorhöhle ist im Sommer täglich zwischen 9 und 18 Uhr geöffnet; außerhalb der Saison je nach Wetterlage.

Insgesamt sind auf der Krim mehr als 880 Höhlen bekannt. Die Marmorhöhle wurde vergleichsweise spät, nämlich erst im Jahre 1987, entdeckt, und ihre Tropfsteine sind noch völlig unberührt erhalten. Die Höhle ist insgesamt 2,5 km lang, ihr größter Saal hat eine Ausdehnung von 175 m × 42 m und eine Höhe von 25 m. Diese Zahlen an sich sind nichts Besonderes – die Marmorhöhle beeindruckt nicht durch ihre Ausmaße, sondern durch die fantastischen Formen und Farben der bis zu 6 Mio. Jahre alten Stalaktiten und Stalagmiten. Unter der Erde herrscht hier eine konstante Temperatur von 9° C und eine Luftfeuchtigkeit von 98 %. Es empfiehlt sich also, warme Kleidung mitzunehmen. Gegen Gebühr können Jacken aber auch ausgeliehen werden.

Der geführte Rundgang, er dauert ungefähr eineinhalb Stunden, beginnt in der **Galerie der Märchen,** bewacht vom ›Herrn der Höhle‹, einem etwa 4 m hohen Stalagmiten mit ausdrucksvollem ›Gesicht‹. Obwohl hier zwischen Höhlendecke und Erdoberfläche 14 m liegen, haben sich die Wurzeln von Steineichen bis hinunter gegraben und wachsen nun wie ein dünnes Fell von der Decke. Die Höhlenforscher haben all den Figurenensembles Namen gegeben, doch bleibt es der Fantasie jedes einzelnen überlassen, was oder wen er erkennt, wenn der Führer per Fernbedienung nach und nach die einzelnen Szenen beleuchtet: Was für die einen wie ein Mammut aussieht, ist für die anderen ein wilder Eber; Trolle und Feen, Märchenschlösser, Wasserkaskaden, badende Nymphen . . . Und ›Don Quichote‹ reitet auf seiner dürren Mähre, als sei er gerade Picassos Leinwand entsprungen. Auf verschlungenen Wegen geht es in einen zweiten Raum, der durch eine Tür vom ersten getrennt ist, da dort ein eigenes Mikroklima herrscht. Die **Tigerhöhle** erhielt ihren Namen, weil man die in einem Schacht gefundenen uralten Knochen für die Überreste eines Säbelzahntigers hielt. In Wirklichkeit handelt es sich um einen urzeitlichen Höhlenbären, ein riesenhaftes Tier, das bis zu 3 m Höhe erreichte und vor etwa 1 Mio. Jahren lebte. In diesem Teil der Höhle gruppieren sich die Tropfsteine zu kleinen Landschaften – Salzseen, Wüsten, Kaktusfeldern. Etwas ganz Seltenes sind die wie Kristalle an den Wänden wachsenden Tropfsteine, die nicht senkrecht, sondern horizontal ausgerichtet sind.

## Rund um den Angar-Paß

Zurück auf der Straße Simferopol–Jalte liegt auf der gegenüberliegenden Seite des Tals, in Fahrtrichtung links, die **Kisil-Koba-Höhle,** auch ›Rote Höhle‹ genannt, die größte Höhle der Krim. Das System unterirdischer Räume ist 13,1 km lang und erstreckt sich über sechs Etagen. Einzelne Stalaktiten messen zwischen 5 und 8 m; auch einen unterirdischen Fluß gibt es.

Die Straße steigt nun aufwärts und verläuft im Wald zwischen den Massiven des Tschatyr-Dag (Vierkantberg) und des Demerdshi. Bei Kilometer 27 steht links von der Trasse ein Denkmal für die Partisanen des Zweiten Weltkriegs, die sich in den umliegenden Bergen versteckt hielten und von da aus operierten. An der markierten Stelle überquerte einer ihrer ›geheimen Pfade‹ die Straße.

Vom **Angar-Paß** windet sich die Straße in Serpentinen hinunter an die Südküste, nach Aluschta. Häufig ist hier die Wetterscheide: Selbst

## Die Partisanenbewegung auf der Krim

Als die Sowjetarmee die Krim im November 1941 räumte, bildeten sich sofort nach Abzug der offiziellen Truppen Partisaneneinheiten, die sich in die tiefen Wälder und Schluchten des Gebirges zurückzogen und von dort aus operierten. Schon Ende 1941 gab es mehr als 28 Partisaneneinheiten auf der Krim. Insgesamt kämpften, so die sowjetischen Angaben, über 12 000 Menschen, darunter auch viele Frauen und Jugendliche, auf diese Weise gegen die deutsche Besatzung. Teilweise schlossen sich ganze Dörfer der Bewegung an. Befehlshaber der Partisanenstreitkräfte war Alexej Wassilewitsch Mokrousow, ein Mann mit einschlägiger Erfahrung: Schon im Bürgerkrieg hatte er die ›roten Partisanen‹ gegen die weiße Armee geführt.

Die Partisanen lagerten im Gebirge zwischen Balaklawa im Westen und Staryj Krim im Osten – ihre Hauptstützpunkte waren der dichte Wald hinter dem Demerdshi und an den Oberläufen der Flüsse Alma und Katscha, im Jaltaer Naturschutzgebiet. Sie lebten oft unter extremen Bedingungen – viele von ihnen verhungerten oder erfroren. An Weg- und Straßenrändern sind unzählige Gedenksteine zur Erinnerung an die Partisanen aufgestellt. Die Partisanen auf der Krim führten Sabotageakte und Überfälle auf Armeeinheiten durch, eroberten oder zerstörten Waffen. Die Wehrmacht konnte der Untergrundbewegung schwer Herr werden, obwohl der Kampf mit allen Mitteln geführt wurde: Gleich zu Beginn der Okkupation forderte man die Bevölkerung in Flugblättern dazu auf, Partisanen auszuliefern – auf den Kopf eines ›gewöhnlichen‹ waren 5000 Reichsmark, auf den eines Partisanenführers sogar 10 000 Reichsmark ausgesetzt. Im Juni und Dezember 1942 und Ende 1943 kam es zu wahren Großangriffen an der ›Waldfront‹; viele Partisanen starben, doch die Bewegung bestand weiter bis zur Befreiung der Krim (April/Mai 1944).

wenn es in Simferopol regnet und auf der Strecke neblig ist, lichten sich nach dem Paß die Wolken. Bei Kilometer 38 befindet sich rechts an der Straße der **Kutusow-Brunnen,** zur Erinnerung an eine Schlacht der russischen Truppen gegen die Türken im Jahre 1774. Der damalige Oberstleutnant M. I. Kutusow, später Generalissimus und Oberkommandierender im ›Vaterländischen Krieg‹ gegen Napoleon im Jahre 1812, verdiente sich hier erste militärische Meriten. Dabei wurde er schwer verwundet. Während des Kampfes traf ihn eine Kugel in die Schläfe; bei der deshalb notwendigen Operation verlor Kutusow ein Auge. Vom Kutusow-Brunnen aus hat man einen guten Blick auf das **Bergmassiv des Demerdshi** in Fahrtrichtung links. Der nördliche und der südliche Demerdshi bestehen nicht, wie das übrige Jajla-Gebirge, aus Jurakalk, sondern aus einem Konglomerat aus Kalk- und vulkanischem Gestein. Erdbeben sowie Wind- und Wassererosion haben das Tal der Geister (s. S. 79) geschaffen, eine Ansammlung grotesker hoher Felsen, die an Pyramiden, Türme, Pilze, Riesen und Kobolde erinnern. Am südlichen Rand des Berggipfels befindet sich ein Stein, der aus der Ferne wie der Kopf der Kaiserin Katharina (mit der charakteristischen Nase und zum Dutt aufgesteckten Haaren) aussieht (s. S. 79).

## Wanderung über den Demerdshi nach Lutschistoje

Diese Tageswanderung berührt die schönsten Punkte des Bergmassivs Demerdshi. Wir beginnen sie am Angar-Paß in 752 m Höhe. Links vom Polizeiposten (GAI, ГАИ) führt ein Weg durch Buchenwald aufwärts und dann entlang des Bergrückens, der die Massive des Tschatyr-Dag und des Demerdshi miteinander verbindet. Nach etwa 10 Min. gelangt man in eine Senke, wo ein steinerner Obelisk steht. Hier verlief noch im 19. Jh. die Straße Simferopol – Aluschta, und das Denkmal erinnert an die Soldaten des 34., 36. und 40. Jägerregiments, die sie erbauten. Nachdem wir einen baumlosen Hügel – genannt der ›kahle Iwan‹ – überquert haben, führt der Pfad ohne größere Höhenunterschiede direkt nach

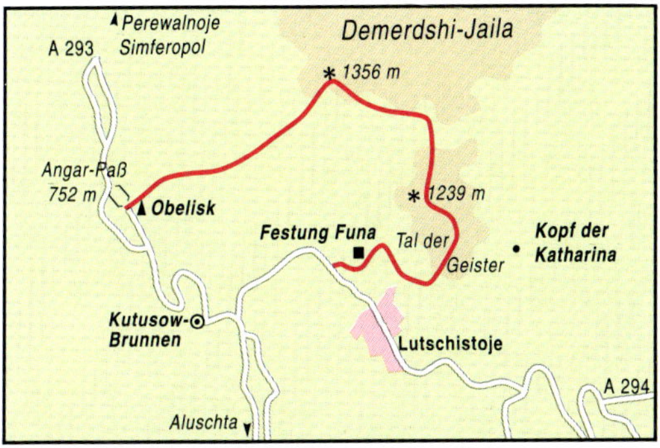


Wanderkarte: Über den Demerdshi nach Lutschistoje

Osten und trifft bald auf einen breiteren Feldweg, der von rechts kommt. Nach etwa 50 Min. sieht man das Massiv und die beiden Gipfel des Demerdshi vor sich. Vom Feldweg führt ein Pfad rechts ab und dann steil den Hang aufwärts zum Gipfel des nördlichen Demerdshi (1356 m). Der höchste Punkt ist mit einem geographischen Zeichen markiert. Von hier eröffnet sich ein grandioser Rundblick.

Am oberen Rand des Steilhangs geht es nun relativ eben auf einem schmalen Fußweg in Richtung Süden und durch den Sattel zwischen dem nördlichen und dem südlichen Demerdshi hinüber zum zweiten Gipfel des Berges (1239 m), der nach einer weiteren Stunde erreicht ist. Auf dem südlichen Demerdshi stehen schon einige der rundbäuchigen, erodierten Felsen, die weiter unten das **Tal der Geister** bilden. Vor dem Abstieg aber sollte man auch hier den Blick genießen, der jetzt auch Aluschta, die Küste und das Meer umfaßt. Der Pfad ins ›Tal der Geister‹ ist markiert. Er beginnt an der Ostseite und führt, am **Kopf der Katharina** vorbei (dieser ähnelt aus der Nähe betrachtet allerdings eher einem alten Indianer!) um den Gipfel herum nicht allzu steil abwärts. Nach einer Wiese – wegen der Felsen ›Feld der drei Fettwänste‹ genannt

Felsenformation am südlichen Dermedshi

– tritt der Weg nun in den Wald ein und stößt, nachdem er die Schlucht, das eigentliche ›Tal der Geister‹, durchquert hat, auf einen Feldweg oberhalb einer Pfirsichplantage, der am Fuße des Demerdshi entlangführt. Links geht es ins Dorf Lutschistoje (ЛУЧИСТОЕ), rechts vorbei an großen Felsbrocken zu einer Quelle und weiter zur **Festung Funa,** einer kleinen Burganlage, die im 14./15. Jh. äußerster befestigter Punkt des Fürstentums Feodoro war. Von der Festung kann man in etwa 10 Minuten zur asphaltierten Straße absteigen, die von Lutschistoje kommt, auf ihr gelangt man in 20 Minuten zum Kutusow-Brunnen an der Trasse Simferopol-Aluschta.

Blick vom Dermedshi auf Aluschta

## Die Südküste zwischen Aluschta und Jalta

Bald ist das Tal von Aluschta erreicht. **Aluschta** (АЛУШТА) ist die zweitgrößte Stadt an der Südküste nach Jalta. Die ungewöhnliche Weite des Tales – die Berggipfel sind hier 10 km vom Meer entfernt – und die relativ niedrigen Pässe Angarskij Perewal (752 m) und Kebetskij Perewal (596 m) verursachen ein Klima, das um einiges feuchter und kühler ist als das der übrigen Südküste. Der Name Aluschta stammt aus dem Mittelalter. Hier stand im 6. Jh. die byzantinische Festung Aluston (oder Alusta). Im 14./15. Jh. verwandelten die Genueser Aluston in einen befestigten Hafen. Ruinen der Festungsanlagen sind erhalten geblieben und im Stadtzentrum nahe des O-Bus-Bahnhofs (Endstation der Line 51) zu entdecken. Wenn auch weniger attraktiv als Jalta, ist Aluschta doch ein beliebter Ferienort. Die Kiesstrände sind, wie überall an der Südküste, mit Betonbuhnen geschützt, um Abspülung durch das Meer zu verhindern. Vom Hafen aus fahren Ausflugsschiffe in Richtung Jalta. Westlich von Aluschta liegt die eigentliche Südküste mit ihrer mediterranen Landschaft und Vegetation, östlich blickt man über eine weite Bucht auf die kahleren Berge der Ostkrim. In Aluschta befindet sich das Museum der ›Staatlichen Wald- und Jagdwirtschaft‹, des Jaltaer Naturschutzgebietes. Von hier aus führt eine Straße über die Hochebene nach Jalta, auch Romanow-Weg genannt (s. S. 85). Der O-Bus aber fährt von der Haltestelle am Kreisverkehr vor Aluschta (der Wartesaal gleicht übrigens einem Treibhaus mit riesenhaften Palmen) nun die Südküstenchaussee entlang in Richtung Jalta. Rechts der höchste Abschnitt des Krimgebirges, das Massiv Babugan-Jajla mit den Gipfeln Tschatyr-Dag und Roman-Kosch. Es ist die Strecke der »nicht gelungenen Vulkane«, Erhebungen aus Magmagestein, die bis an die Küste – oder sogar darüber hinaus – reichen. Der erste ist der Kastell-Berg (439 m), an dessen Südostabhang ein Wäldchen kleinfrüchtiger Erdbeerbäume, eines Reliktgewächses der Krim, steht. Das Meer ist nun zur Linken immer sichtbar, und bald schon erscheint die Silhouette des **Aju-Dag,** des Bärenberges, die an einen riesigen, aus dem Meer trinkenden Bären erinnert. Der Aju-Dag ist mit seinen 565 m Höhe einer der größten ›nicht gelungenen Vulkane‹ der Südküste. Wie eine kleine Halbinsel ragt er ins Meer; sein Rücken ist mit Wald bedeckt, an den steil abfallenden Flanken ziehen sich Geröllmoränen hinab. Auf dem Aju-Dag wurden Überreste eines frühmittelalterlichen Heiligtums gefunden. Zu Fuß sollte man den Berg, der Landschaftsschutzgebiet ist, nur mit einem Wanderführer erkunden. Sehr lohnend ist eine Umrundung zu Wasser – entweder auf der Route Aluschta–Jalta mit dem Linienschiff, oder mit einem privaten Boot von Frunsenskoje oder Gursuf aus.

Die besondere Form des Aju-Dag hat die Fantasie der Krimbewohner angeregt. Eine Legende erzählt von einem Mädchen, das als einzige Überlebende eines Schiffsbruchs ans Ufer gespült wurde in einer Zeit, als die Krim noch von riesigen Bären bewohnt war. Die Tiere nahmen sich des Kindes an und zogen es auf. Eines Tages aber erschien ein schöner Jüngling an der Küste. Die beiden Menschenkinder beschlossen, gemeinsam zu fliehen. Als ihr Floß schon ein gutes Stück vom Ufer entfernt war, wurden sie entdeckt. Einer der Bären stürzte sich ins Wasser und begann in rasendem Schmerz, das Meer auszutrinken – da fing das Mädchen zu singen an, und der Bär versteinerte.

Am Fuße des Aju-Dag liegt das **Internationale Pionierlager Artek** (АРТЕК) – ehemals Traumziel vieler Kinder und Jugendlicher aus den sozialistischen Ländern. Die Einrichtung kann bis zu 4500 Kinder gleichzeitig aufnehmen. Früher herrschte in Artek ein strenges, militärisches Regime, die linientreuen jungen Pioniere mußten schließlich ›allzeit bereit‹ sein, für den Kommunismus und das Sowjetregime einzutreten. Auch heute noch machen Kinder- und Jugendgruppen aus der gesamten ehemaligen Sowjetunion hier Ferien.

An der östlichen Seite des Aju-Dag entstand nach dem Krieg Frunsenskoje, eine moderne Feriensiedlung mit gigantischen Sanatoriumsanlagen. Im Westen des Bären liegt das Fischerdorf Gursuf. Hier beginnt die Region Groß-Jalta, und

Die Altstadt von Gursuf

eine halbe Stunde später fährt der Bus auch schon in die Stadt selbst ein. Vorher aber eröffnet sich schon das Panorama der Bucht von Jalta, erblickt man den Hafen mit seinen Schiffen, die Uferpromenade und die Häuser, klein wie Spielzeug.

Wer die Strecke Simferopol – Jalta mit dem Auto zurücklegt, sollte sich einige lohnende Ausflugsziele abseits der Trasse nicht entgehen lassen. Ansonsten empfiehlt es sich, von Jalta Tagesausflüge nach Gursuf und in das Jaltaer Naturschutzgebiet zu unternehmen und die Marmorhöhlen und den Demerdshi von Simferopol aus anzufahren.

## Gursuf

Die Abfahrt nach Gursuf (ГУРЗУФ) liegt vor der Bogenbrücke, auf der die Chaussee das tief eingeschnittene Tal des Flüßchens Awunda überquert. Das Dorf besteht aus drei Teilen. Der alte Siedlungskern befindet sich zwischen dem Genueser Felsen und dem Fluß, wo sich am steilen Abhang ein- bis zweistöckige buntbemalte Holzhäuser drängen. Sie sind durch steile Gassen und Treppen miteinander verbunden und bieten vor allem vom Meer aus einen malerischen Anblick. Weiter oben stehen moderne Wohnhäuser und westlich vom Ortskern liegt die Urlaubszone mit Sanatorien und ausgedehnten immergrünen Parks.

Gursuf war im 6. Jh. eine byzantinische Festung, die mehrmals zer-

Der Strand von Gursuf, im Hintergrund der Aju-Dag mit den Zwillingsfelsen davor

stört und wiederaufgebaut wurde. Im 12. Jh. beschreibt der arabische Geograph Al-Idrisi ›Garsun‹ (Gursuf) als »blühende Stadt«. Sie ging später in den Besitz der Genueser und dann der Türken über, wurde zerstört und existierte bis weit ins 19. Jh. bloß als unbedeutendes Dörfchen weiter. Dann begannen russische Adlige, hier ihre Ferienhäuser zu bauen. In den 80er Jahren errichtete der Händler und Unternehmer Gubonin sieben Hotels, und Gursuf verwandelte sich in einen modischen Kurort, den der Baedeker von 1904 als »für einen längeren Aufenthalt zu empfehlen« einstuft. Gubonin ließ den **Kurpark** mit einigen Brunnen im Stil des Neobarock schmücken; unter anderem findet sich hier eine Kopie des Wiener Brunnens ›Die Nacht‹.

Im Jahre 1900 kaufte sich Anton Tschechow ein kleines Grundstück auf einem vorspringenden Felsen direkt am Meer und baute sich ein Häuschen darauf. Hierher zog er sich von Jalta aus zurück, wenn er ungestört arbeiten wollte – z. B. am Drama ›Die drei Schwestern‹. Das Haus, eine **Abteilung des Jaltaer Tschechow-Museums,** wird bis 1995 von Grund auf renoviert und soll dann so wiederhergestellt sein wie zu Lebzeiten des Schriftstellers. Es befindet sich am Ende eines Fußwegs oberhalb des Strandes, in der Uliza Tschechowa (УЛ. ЧЕХОВА) 22. Von der Terrasse aus eröffnet sich ein schöner Blick auf die Bucht von Gursuf, wo im Wasser zwischen Aju-Dag und dem Ufer dicht nebeneinander zwei Felsen stehen, die 35 und 48 m hohen **Zwillingsfelsen** oder Adelaren. Zu ihnen und rund um den Aju-Dag kann man auf kleinen Panorama-Booten am Strand Ausflugsfahrten buchen. Einer Legende zufolge handelt es sich bei den Adelaren um zwei Brüder, die der Fürst der Meere aus Zorn über ihren Ungehorsam in Stein verwandelte.

Den Strand mit kleinen Bars und Cafés erreicht man vom Busbahnhof im Zentrum Gursufs über eine steile, sehr ausgetretene und deshalb rutschige Treppe. Eines der Cafés befindet sich übrigens in einem Tragflügelboot, das stillgelegt und am Strand aufgestellt wurde. Rechts von der Uferpromenade liegt der schon 1808 begonnene Park (heute Park des Sanatoriums Puschkino), ehemals Besitz des Grafen Richelieu, dann der Familie Rajewskij. Im August 1820 war Alexander Puschkin zu Gast bei der Familie des Generals Rajewskij, und die drei Wochen in Gursuf sollte er später »die glücklichsten Minuten meines Lebens« nennen. Hier begann er sein Poem ›Der Gefangene im Kaukasus‹. Täglich besuchte Puschkin im Park eine junge Zypresse – der Baum existiert und wird auch heute noch in Ehren gehalten! Während der deutschen Okkupation, so erzählt man sich, habe man ihn abholzen wollen; ein pfiffiger Gärtner aber versetzte einfach das entsprechende Schild, so daß eine andere, vollkommen unbedeutende Zypresse der Axt zum Opfer fiel. Heute stehen zwischen den alten Bäumen Skulpturen und Büsten berühmter Schriftsteller. In dem ehemaligen Wohnhaus aus dem 19. Jh., im hinteren Teil des Parkes, befindet sich das **Puschkin-Museum** (geöffnet Mi–So 10–17 Uhr). Von der Terrasse blickt man durch die uralten Bäume auf die Bucht, die Zwillingsfelsen und die Westflanke des Aju-Dag.

## Das Jaltaer Naturschutzgebiet

Ein zweiter, sehr reizvoller Weg von Aluschta nach Jalta führt durch das Jaltaer Naturschutzgebiet, die ›Staatliche Jagd- und Forstwirtschaft der Krim‹, über das Gebirge. Da die Straße ursprünglich für den russischen Zaren angelegt wurde, heißt sie auch **›Romanow-Weg‹.** Das Naturschutzgebiet kann von Juni bis September durchfahren werden, allerdings benötigt man eine Genehmigung. Diese erhält man im Museum des Naturschutzgebietes von Aluschta und über die Firmen Priroda (Sewastopol, ✆ 52 44 64) und TourEthno (Sewastopol, ✆ 52 53 51). Die Exkursionsbüros in Aluschta und Jalta bieten auch organisierte Bustouren an.

Um zum Museum zu gelangen, folgt man vom Busbahnhof Aluschta der Uliza Simferopolskaja und biegt links in das breite Tal des

Ulu-Usen ab (Uliza Partisanskaja, УЛ. ПАРТИЗАНСКАЯ). Nach etwa 150 m führt eine Treppe hinauf zu den Verwaltungsgebäuden des Naturschutzgebiets. Im Erdgeschoß befindet sich das naturkundliche Museum. Gezeigt werden die Tier- und Pflanzenarten, die im Naturschutzgebiet vorkommen, darunter Adler und Weißkopfgeier, das Goldhähnchen – zweitkleinster Vogel nach dem Kolibri – und das endemische Krim-Edelweiß. Auch über die Schwaneninseln im Norden der Krim, ebenfalls unter Naturschutz, kann man sich informieren. Beachten Sie den fetten Eber, der ausgestopft zwischen Rehen und Hirschen steht: Ihn hat Generalsekretär Breschnew persönlich erlegt. Denn in Sowjetzeiten war die ›Staatliche Jagd- und Forstwirtschaft der Krim‹ nicht in erster Linie Naturschutzgebiet, sondern Ferienziel von Chruschtschow, Breschnew, Andropow und anderen Parteibonzen, die hier ihrer Jagdleidenschaft frönten und nicht selten auch hohe Staatsgäste zur Teilnahme einluden.

Vom Museum aus führt die Straße oberhalb des Stausees von Aluschta hinauf auf den Kibit-Kobas-Paß und durch ein mit vielen Geweihen geschmücktes Tor ins eigentliche Naturschutzgebiet. Die Straße ist schmal, aber durchgehend asphaltiert. Sie wurde im 19. Jh. von Nachkommen deutscher Einwanderer gebaut. Es handelte sich um Mennoniten, denen von Katharina II. zugesichert worden war, sie müßten keinen Kriegsdienst leisten, da das mit ihrer religiösen Überzeugung nicht zu vereinbaren wäre. Alexander II. hob diese Vergünstigung auf; nach heftigen Protesten der Betroffenen und einer Intervention Otto von Bismarcks, der den Zaren aufforderte, doch nicht die weisen Entschlüsse seiner ›großen Vorfahrin‹ zu unterlaufen, wurde für die Mennoniten die Möglichkeit zum Wehrersatzdienst geschaffen. Sie mußten eben die Straße bauen, die noch heute von Aluschta über das Gebirge nach Jalta führt. Dabei kamen nicht wenige bei Sprengarbeiten ums Leben.

Nach dem Kibit-Kobas-Paß führt die Straße ins Tal des Flusses Alma. Erster Haltepunkt auf der Route ist die **Forellenwirtschaft,** eine ausgedehnte Anlage von Teichen, in denen Forellen verschiedener Größe schwimmen. Besonders beeindrukkend sind die riesigen Regenbogenforellen. Früher waren die Fische den hohen Herren des Sowjetregimes vorbehalten – heute kann man sie, nach vorheriger Bestellung, käuflich erwerben.

Die Straße folgt dem Fluß Alma und gelangt vorbei an einer Lichtung, die als Lieblingsplatz Andropows galt, zum ehemaligen **Kloster der hl. Kosmo und Demian.** Im 19. Jh. lebten hier zwischen 30 und 40 Mönche, aber »wegen Unzucht und Völlerei« wurde das Kloster Ende des Jahrhunderts in ein Frauenkloster umgewandelt. Nach der Revolution geschlossen, diente es zu Beginn des Zweiten Weltkriegs den Partisanen als Treffpunkt und Versammlungsstätte. Ende 1941 wurden die Gebäude deshalb von der Wehrmacht gesprengt. Bis heute erhalten hat sich nur eine kleine **Brunnenkapelle** über der Quelle, aus der ›heiliges Wasser‹ fließt – aufgrund dessen das Kloster überhaupt erst gegründet worden war. Früher unternahmen die Menschen Wallfahrten hierher, und auch heute noch ist das Wasser aus dem Kosmo-und-Demian-Kloster unter Eingeweihten sehr beliebt. Einmal in der Woche kommt sogar ein Tankwagen und zapft die Quelle an, um das Wasser in Jalta zu verkaufen. Geschichten von Heilung und Linderung durch dieses Wasser sind viele im Umlauf. Fest steht, daß es außerordentlich silberhaltig ist und sein Genuß sich positiv auf die Stoffwechselvorgänge des Körpers auswirkt.

Schon im Jahre 1870 ließ sich Zar Alexander II. oberhalb des Klosters ein Jagdhaus bauen – an derselben Stelle steht heute ein Forsthaus, das von einem der Mitarbeiter des Naturschutzgebietes und seiner Familie bewohnt wird. Durch Buchenwald geht es immer weiter aufwärts. Kurz bevor der Wald sich lichtet, passieren wir die sogenannten ›Zarentore‹, eine schmale Durchfahrt im Fels. 1913, zum 300jährigen Thronjubiläum der Familie Romanow, sollte die Straße von Jalta nach Aluschta über die Jajla und durch das Jagdgebiet des Herrschers fertiggestellt sein. Als Nikolaus II. sie befahren wollte, fehlte noch ein winziges Zwischenstück, das blockiert wurde von eben diesem Felsen. Was taten die schlauen Baumeister? Kurz vor dem Felsen ließen sie anhalten und luden den Zaren zu einem Spaziergang ein. Inzwischen stand auf der anderen Seite des Hindernisses schon ein Wagen derselben Bauart bereit; auf Umwegen führten sie Nikolaus dorthin und ließen ihn einsteigen. Er soll nichts bemerkt haben. Später gelang es dann, den Durchgang freizusprengen und die beiden Straßenabschnitte zu verbinden.

Der Paß **Tschutschelskij Perewal** ist 1157 m hoch. Biegt man am Partisanendenkmal nach rechts ab, hat man bald einen wunderbaren Ausblick auf das gesamte Bergland im Südwesten der Krim. Dicht bewachsene Höhen, tiefe Täler und Schluchten und in der Ferne die Plateaus der Tafelberge, so weit das Auge reicht. Links oben grüßt, ganz nah, der kahle Gipfel des Roman-Kosch, des höchsten Berges der Krim: Er mißt 1545 m. Oben haust schon seit einigen Jahren ein Adlerpärchen, so daß Touristen gebeten werden, gerade diese Höhe nicht zu besteigen. Die Abzweigung, die wir genommen haben, um das Panorama zu bewundern, führt zum **Schweizer Dorf,** einer Feriensiedlung aus Fachwerkhäusern, ehemals für hohe Parteifunktionäre bestimmt und jetzt leerstehend. Etwas weiter steht die **Datscha Chruschtschows** in einem großen, eingezäunten und von Hunden bewachten Park.

Zurück auf dem eigentlichen Weg geht es vom Paß aus sanft abwärts bis direkt unterhalb des Roman-Kosch. Von hier lohnt sich ein kurzer Spaziergang vorbei am Haus eines Försters und hinauf zu einem kleinen Holzverschlag, der **Jagdhütte Breschnews.** Sie steht auf einer Anhöhe und bietet in ihrem Inneren gerade Platz für eine Person. Hier saß der Generalsekretär mit der Büchse im Anschlag, während das Wild durch die Senke vor seinen Augen vorbeigetrieben wurde. Um ganz sicher zu gehen, wurden zwei seiner Leibwächter rechts und links von dem Hüttchen hinter zwei Holzpalisaden postiert. Ihre Aufgabe war es, möglichst gleichzeitig mit Breschnew zu schießen und so den Erfolg der Jagd zu garantieren.

Jetzt öffnet sich der Wald, und die Straße führt auf die offene Fläche der Hochebene. In der Senke zwischen den Bergmassiven Babugan-Jajla und Nikitskaja-Jajla, 1000 m über dem Dorf Gursuf, wurden die Überreste eines Gebäudes gefunden, das wohl einmal ein heidnischer Tempel, dann eine christliche Kirche gewesen war. Diesem Ort, den man ebenfalls nur zu Fuß auf einem steinigen Feldweg erreicht, haben Hellseher, Wunderheiler und Geisterbeschwörer eine besondere Verbindung zum Weltall bescheinigt. Etwas weiter, schon auf der Nikitskaja-Jajla, steht in

Die ehemalige Jagdhütte Breschnews im Jaltaer Naturschutzgebiet

Im Jaltaer Naturschutzgebiet

1450 m Höhe der 1957 erbaute **Pavillon der Winde,** ein weißes Säulenrund am Rand des Abgrunds. Von hier aus kann man, bei sehr klarem Wetter im Frühjahr oder Herbst, die Bergspitzen des gegenüberliegenden türkischen Gebirges sehen! Aber auch ein Blick hinunter auf die Südküste der Krim lohnt sich. Majestätisch liegt der Aju-Dag, der Bärenberg, unter uns, die Häuser von Gursuf schmiegen sich in die Bucht, Ausflugsschiffe und Segelboote ziehen winzigklein über das Wasser, Autos und Lastwagen kriechen die Straße entlang – oben aber hört man nur den Wind, der über die Gräser der Hochebene streicht. Hinter dem Pavillon befindet sich eine tiefe Spalte im Karst, in der es das ganze Jahr über Schnee gibt.

Über die Hochebene führt die Straße, vorbei an zwei kleinen Seen, bis zum ehemaligen Restaurant ›Krasnyj Kamen‹ (roter Stein). Der Förster hier verkauft frische Milch, die man sich auf keinen Fall entgehen lassen sollte! Vom Aussichtspunkt blickt man hinunter auf Jalta und hinüber zum Aj-Petri. Jetzt fällt die Straße in Serpentinen steil ab. Etwa nach einem Drittel der Strecke abwärts lohnt sich ein kurzer Stop an der Schlucht zwischen den beiden Bergmassiven, die hier achtungsgebietend, ja fast bedrohlich wirkt. Die steilen Hänge sind von Krim-, Stankewitsch- und gewöhnlichen Kiefern bestanden. Am sogenannten ›Birnbaumhain‹ (Gruschewaja Poljana) verlassen wir das Naturschutzgebiet und gelangen kurz vor Jalta auf die Südküstenchaussee zurück. Insgesamt haben wir in den etwa fünf Stunden unseres Ausflugs 60 km zurückgelegt.

ЛЕНИН

# Jalta und Umgebung

Bummel durch das Zentrum

Darsan-Hügel, Tschechow-Haus und Märchenwiese

Palast von Massandra und Botanischer Garten

Der Zarenpalast von Liwadija

Der Lenin-Platz in Jalta

# Jalta und Umgebung

Spaziergang durch den bekanntesten Kurort der Krim: Bummel über die palmenbestandene Uferpromenade; Besuch im Tschechow-Haus, dem letzten Domizil des Schriftstellers • Begegnung mit dem Ritter Iwan auf der Märchenwiese und Entspannung im Botanischen Garten • Besichtigung des Zarenpalastes von Liwadija, dem Tagungsort der Konferenz von Jalta

Das Kurstädtchen Jalta (ЯЛТА) mit seinen 88 800 Einwohnern ist wohl der international bekannteste Ferienort auf der Krim. Es liegt malerisch im weiten ›Jaltaer Amphitheater‹, das von den Massiven des Aj-Petri einerseits und der Nikitskaja-Jajla andererseits gebildet wird und im Westen bis zum Berg Mogabi (810 m) reicht, an dem das Zarenschloß Liwadija liegt. In Jalta herrscht das für die gesamte Südküste der Krim typische mediterrane Klima. Die Stadt verfügt über zwei große Intourist-Hotels, den 2000-Betten-Komplex Hotel ›Jalta‹ und das reizvollere, dafür aber auch teure Hotel ›Oreanda‹ im Stadtzentrum. Jalta ist über die 80 km lange Oberleitungs-Bus-Strecke mit der Hauptstadt Simferopol verbunden, außerdem verkehren von hier aus Busse in Richtung Sewastopol. Im Hafen von Jalta liegt die ›Weiße Flotte‹, Ausflugsschiffchen, mit denen man jeden Punkt der Südküste zwischen Aluschta und Alupka erreichen kann – sofern genügend Treibstoff vorhanden ist! Am selben Problem scheitern häufig die fahrplanmäßigen Fahrten nach Odessa. Internationale Kreuzfahrtschiffe laufen im Sommer Jalta und die Krim an. Jalta ist das Verwaltungszentrum der Region ›Groß-Jalta‹, die von Gursuf bis Foros reicht.

## Geschichte

Erste Bewohner der Bucht waren die Griechen. Mit ihrer Ankunft und der Gründung Jaltas ist eine Legende verknüpft: Mehrere Tage war einst ein Schiff mit griechischer Besatzung im tiefen Nebel bei absoluter Flaute vor der Küste der Krim umhergetrieben. Eines Morgens aber erhob sich ein frischer Wind, die Nebelschwaden lichteten sich, und nicht weit entfernt zeichnete sich das ersehnte

Ufer ab. »Jalos, Jalos!« riefen die Geretteten, was so viel heißt wie ›Ufer‹. Dort, wo die Griechen an Land gingen, gründeten sie eine Siedlung, die sie zur Erinnerung an ihr Erlebnis Jalita nannten.

Mit den Besitzern bzw. Einwohnern – Jalta gehörte später zum Fürstentum Feodoro, wurde von Tataren, Genuesern und Türken bewohnt – änderten sich die Namen: Dschalita, Ealita ... Nach dem Anschluß der Krim an das Russische Reich bestimmte man den Ort zum Zentrum der Südküste, wegen der günstig gelegenen Bucht und den damals in ausreichender Menge vorhandenen Trinkwasservorräten. 1838 erhielt Jalta das Stadtrecht.

Ein Kreuzfahrtschiff verläßt den Hafen

Damals war die Straße nach Simferopol schon fertiggestellt, die Chaussee Jalta-Sewastopol befand sich im Bau. Mit der Zeit verwandelte sich das verschlafene Nest in einen mondänen Kurort: Villen, Hotels und Geschäfte wurden gebaut, und besonders nachdem sich die Zarenfamilie im Vorort Liwadija angesiedelt hatte, gehörte es zum guten Ton, mindestens einmal im Jahr in Jalta zu kuren.

Die Preise stiegen, und weniger Betuchte konnten sich allenfalls ein Grundstück in einem der Vororte leisten. Der lungenkranke Schriftsteller Anton Tschechow z. B. ließ sich seine ›weiße Villa‹ nahe des tatarischen Dörfchens Autka außerhalb der damaligen Stadtgrenzen bauen. Auf das gesunde Klima in Jalta hatten Ärzte schon seit Ende des 18. Jh. hingewiesen. Es

entstanden einzelne Heilstätten für Tuberkulosekranke, aber erst nach der Revolution wurde der Bau von Sanatorien für die Allgemeinheit vorangetrieben. Das heutige Jalta möchte sich gerne auf seine mondäne Vergangenheit zurückbesinnen, aber gleichzeitig auch die Bedürfnisse des Massen- und Kur-Tourismus befriedigen.

## Stadtrundgang

Wir beginnen unseren Rundgang am **Hotel ›Jalta‹** (1), das in dem 40 ha großen **Park von Massandra** liegt. Im unteren Teil des Parkes verläuft eine Rosenallee, die auf der einen Seite von Pinien und Zypressen begrenzt wird. Weiter oben hat der Park den Charakter eines natürlich gewachsenen Waldes. Vom Hotel ›Jalta‹ aus gelangt man auf der für den Autoverkehr gesperrten Uliza Drashinskogo (УЛ. ДРАЖИНСКОГО), auf Parkwegen (immer parallel zum Meer halten) oder direkt am Strand entlang zum **Hafengebäude** (2). Dort, wo die Uliza Drashinskogo auf die von oben kommende Uliza Swerdlowa (УЛ. СВЕРДЛОВА) trifft, führt eine breite Steintreppe hinunter ans Wasser; folgt man hier der schmalen Gasse aufwärts, so erreicht man den Polikurow-Hügel, den ältesten Siedlungskern Jaltas. Von der **Johannes-Kirche** (3) ist heute nur noch der Glockenturm erhalten,

Morgendliches Angeln im Hafen

dessen goldene Kuppel weithin sichtbar ist. In Sowjetzeiten wurden in ihm Feuerwehrschläuche zum Trocknen aufgehängt.

Der **Hafen von Jalta** ist einer der wenigen an der Südküste der Krim, die ausreichend Schutz vor Stürmen bieten. Die Mole wurde zwischen 1889 und 1892 gebaut. Heute können hier mehrere Kreuzfahrtschiffe gleichzeitig liegen – der Frachthafen befindet sich östlich des Zentrums, unterhalb von Massandra. Vorbei am Gebäude des ›Morskoj Woksal‹, des ›Meeresbahnhofes‹, führt die Roosevelt-Straße (Uliza Ruswelta, УЛ. РУЗВЕЛЬТА) zum Lenin-Platz (ПЛОЩАДЬ

ЛЕНИНА). Sie endet an der ersten Brücke über den Fluß Bystraja, der hier ins Meer fließt. Rechts ab geht es in ein Gewirr alter Gassen und zur **Markthalle** (4), wo früher der Kolchos-Markt stattfand. Heute wird der Markt eher seinem umgangssprachlichen Namen gerecht – der lautet nämlich ›Basar‹. Von Süßigkeiten über importierte Kleidung, Werkzeug und Uhren bis hin zu Souvenirs kann man auf den Ständen, zwischen denen sich die Menschenmassen drängen, alles finden, was das Herz begehrt. Im Gewühle sollte man allerdings gut auf seinen Geldbeutel aufpassen! Der **Kolchos-Markt** (5) mit seinem zumindest im Sommer reichhaltigen Angebot an Obst und Gemüse liegt etwa einen Kilometer flußaufwärts an der Bystraja, zwischen Uferpromenade und Busbahnhof (Uliza Kiewskaja, УЛ. КИЕВСКАЯ). Wir aber folgen der Uliza Moskowskaja (УЛ. МОСКОВСКАЯ) nur bis zur dritten Brücke, überqueren diese und befinden uns auf dem **Sowjet-Platz** (6; Ploschtschad Sowjetskaja, ПЛОЩАДЬ СОВЕТСКАЯ), der von Gebäuden aus den 70er und 80er Jahren begrenzt wird. Hier befinden sich die Jaltaer Stadtverwaltung, ein Kino sowie das Kaufhaus. Durch eine Unterführung gelangen wir zurück ans Meer und weiter zum **Lenin-Platz** (7), wo die Uferpromenade beginnt. Das Lenin-Denkmal steht bisher unangetastet vor dem erhabenen Panorama des ›Jaltaer Amphitheaters‹.

Ein Spalier von Palmen, immergrünen Bäumen und Sträuchern trennt den Hafenbereich von der eigentlichen **Uferpromenade** (Nabereshnaja Lenina, НАБЕРЕЖНАЯ ЛЕНИНА). Cafés, Restaurants und Geschäfte reihen sich aneinander, und eine Menge buntgekleideter Menschen in Urlaubsstimmung flaniert auf der Promenade. Noch ist es ein etwas morbider Charme, den die nur teilweise renovierten Gebäude ausstrahlen, doch von Jahr zu Jahr verwandelt sich Jalta mehr und mehr in einen Urlaubsort mit internationalem Flair. Haus Nr. 13 der Uferpromenade ist das ehemalige Hotel ›Tawrida‹, 1875 als erstes Hotel der Stadt erbaut. Etwas weiter, in dem Gebäude, das jetzt das Geschäft ›Souvenir‹ beherbergt, war vor der Revolution ein weiteres Hotel, das **›Marino‹** (8). Hier wohnten unter anderem Anton Tschechow und Maxim Gorki. Gegenüber befinden sich die Anlegestellen der Weißen Flotte (9). Karten für die Ausflugsfahrten entlang der Südküste erhält man an den Schaltern direkt am Kai. Jetzt beginnt der zweite Abschnitt der Uferpromenade – sie führt nun direkt am Meer entlang. In den Parkanlagen bieten Künstler ihre Aquarelle an, werden Souvenirs verkauft und Portraits gezeichnet. Im **Stadtpark** (10) befinden sich eine **Freilichtbühne** und das **Tschechow-Theater**, wo das Moskauer Künstlertheater im Jahre 1900 dem kranken Autor seine Stücke vorspielte. Gegenüber dem Theater, im Haus Uliza Litkensa (УЛ. ЛИТКЕНСА) 8, wohnte die ukrainische Schriftstellerin Lesja Ukrainka; in ihrer Wohnung wurde ein kleines Literaturmuseum eingerichtet.

Zurück an der Uferpromenade gelangt man zur **Hispaniola** (11); das Segelschiff erhebt sich majestätisch auf einem Podest direkt am Ufer und beherbergt ein Restaurant. Ursprünglich diente es als Filmkulisse für eine sowjetische Produktion nach Stevensons ›Schatzinsel‹.

Überhaupt wurden auf der Krim unzählige sowjetische Filme gedreht, was einerseits mit der vielfältigen Landschaft und dem schönen Wetter zusammenhängt – andererseits damit, daß Regisseure und Schauspieler eben gerne ihre Sommer auf der Krim verbrachten. Die Jaltaer Kinostudios drehten zwar wenig eigene Filme, betreuten in Sowjetzeiten aber mehr als zehn Produktionen jährlich. Bekannt wurden vor allem die Komödie ›Die Gefangene im Kaukasus‹ sowie der Perestroika-Film ›Assa‹, der zauberhafte Bilder von Jalta im Schnee zeigt.

Blick auf die Uferpromenade

Die Fassade des **Hotels ›Oreanda** (12) mit ihren schmiedeeisernen Balkonen und bauchigen Markisen erinnert an die Zeit um die Jahrhundertwende. Das von einer finnischen Firma renovierte Hotel ist das teuerste am Platze. Dahinter beginnt der Gagarin-Park mit Denkmälern der Schriftsteller Gorki und Tschechow sowie dem Obelisken, der 1950 zum 30. Jahrestag von Lenins Dekret »Über die Nutzung der Krim als Allunionssanatorium ...« aufgestellt wurde. Der Text des Dekrets ist mit Goldlettern in ein marmornes Buch eingraviert.

Auf dem Rückweg lohnt sich ein Blick in die frisch restaurierte **Alexander-Newskij-Kathedrale** (13) an der Uliza Sadowaja (УЛ. САДОВАЯ). Sie ist im russischen Stil gehalten und innen wie außen reich verziert. An der zur Straße gelegenen Außenwand befindet sich ein Mosaik des hl. Alexander Newskij, vor dem ein kleiner Altar aufgebaut ist.

Einen schönen Rundblick über Jalta hat man vom Darsan-Hügel (14), wegen des Denkmal-Ensembles zu Ehren der sowjetischen Kämpfer im Zweiten Weltkrieg auch Hügel des Ruhms genannt. Auf den Darsan-Hügel gelangt man mit einer kleinen Gondelbahn, deren Talstation sich hinter dem Hotel ›Tawrida‹ befindet. Weiter geht es auf einer breiten Treppe zu den Denkmälern, die heute aber schon halb verfallen sind.

In der Uliza Orechowaja (УЛ. ОРЕХОВАЯ) befindet sich die **Armenische Kirche** (15), erbaut zwischen 1909 und 1917. Sie wurde lange Zeit als Ausstellungsraum des Historischen Museums genutzt, dann der armenischen Gemeinde zurückgegeben und 1985 restauriert. Bei dem Gotteshaus handelt es sich um eine Kopie der Kirche der hl. Hripsimé in Etschmiadsin in der Nähe von Eriwan, einem Denkmal armenischer Baukunst aus dem 7. Jh. Die Kirche auf kreuzförmigem Grundriß ist aus grauem Stein und außen reich mit Steinmetzarbeiten verziert. Im Inneren begeistert vor allem die mit orientalischen Mustern in verschiedenen Blautönen ausgemalte Kuppel.

Altar in der Armenischen Kirche

# Anton Tschechow

Anton Pawlowitsch Tschechow wurde am 29. Januar 1860 im Provinznest Taganrog am Asowschen Meer geboren. Er wuchs in einer Kleinbürgerfamilie auf. Sein Vater führte mehr schlecht als recht einen Kolonialwarenladen, in dem die Söhne neben der Schule mithelfen mußten. Mit seinem sechzehnten Lebensjahr wurde Anton der Ernährer der Familie. Der Vater war bankrott gegangen und nach Moskau gezogen, wo er versuchte, sich mit Gelegenheitsarbeiten durchzuschlagen. Anton Tschechow finanzierte sich den Besuch des Gymnasiums in Taganrog mit Privatstunden und schickte so viel Geld wie möglich an die Familie. Dann begann er, in Moskau Medizin zu studieren.

Um sich selbst, seine Eltern und Geschwister auch weiterhin versorgen zu können, schrieb Anton Tschechow Kurzgeschichten für humoristische Zeitschriften. Die Anzahl der Worte, aus denen eine Geschichte bestehen durfte, war streng begrenzt. Hier liegen wohl die Wurzeln von Tschechows knappem Stil, der Kunst, mit wenigen, unpathetischen Worten viel auszudrücken. Später einmal sagte er, den schönsten Satz, den er kenne, habe er im Schulaufsatz eines Zweitklässlers gefunden: »Das Meer ist groß.«

Als Arzt und Schriftsteller lebte Anton Tschechow in Moskau und auf seinem Landgut Melichowo, schon früh von der Tuberkulose gezeichnet, die er nicht wahrhaben wollte. Im Jahre 1890 unternahm er eine Reise auf die Sträflingsinsel Sachalin, wo er mehr als 10 000 Sträflinge und Verbannte ärztlich untersuchte. Die Ergebnisse, später als Buch ›Insel Sachalin‹ veröffentlicht, gaben wesentliche Impulse für die Verbesserung der Zustände im russischen Strafvollzug.

»Die Medizin ist meine Frau, die Literatur meine Geliebte« – beiden blieb Anton Tschechow bis zu seinem Tod treu. In Melichowo und auch in Jalta klopften hilfesuchende Kranke nie vergebens an seine Tür. Doch nahm das Schreiben in seinem Leben immer größeren Raum ein. Den knappen, gedrängten Stil aus der Zeit der Humoresken behielt er bei, doch bekam seine Prosa immer mehr psychologische Elemente. Häufiges Thema der Tschechowschen Erzählungen ist die ›poschlost‹, die Leere, die Sinn- und Mutlosigkeit im Leben. Sein Augenmerk richtete er dabei immer auf die kleinen, auf den ersten Blick unbedeutenden Menschen – etwa in der Erzählung ›Gram‹, wo ein Droschkenkutscher keinen anderen Zuhörer findet als sein Pferd, dem er dann vom Tod seines Sohnes erzählt.

Weltruhm erlangte Anton Tschechow vor allem als Dramatiker. Die Stücke ›Die Möwe‹, ›Onkel Wanja‹, ›Drei Schwestern‹ und ›Der Kirschgarten‹ stehen heute noch auf den Spielplänen auch der deutschen Bühnen. Im Tschechowschen Drama fehlt der eigentliche dramatische Konflikt. Wichtig sind die Beziehungen der Menschen untereinander, geprägt von Desillusionierung und der Abwesenheit von Liebe. Das Moskauer Künstlertheater unter Stanislawskij machte die Tschechow-Stücke zu Erfolgen und galt lange als ›das‹ Tschechow-Theater überhaupt. Im Kreise der Schauspieler lernte Tschechow übrigens Olga Knipper kennen, die er im Jahre 1901 heiratete.

In den 90er Jahren reiste Anton Tschechow mehrmals zu Kuraufenthalten nach Jalta, und hier schrieb er die bekannte Erzählung ›Die Dame mit dem Hündchen‹. Ab 1898 lebte er dauernd auf der Krim, in seiner ›weißen Villa‹ oberhalb der eigentlichen Stadt. Die Entfernung von den kulturellen Zentren Petersburg und Moskau empfand er als schmerzlich – ein kleiner Trost waren ihm die Tourneen, die Stanislawskij mit seiner Truppe unternahm, um Tschechow seine Stücke vorzuspielen. Im Mai 1904 begab sich Anton Tschechow mit seiner Frau Olga auf eine Reise nach Deutschland, wo er am 15. 7. 1904 in Badenweiler im Schwarzwald starb.

# Ausflüge in und um Jalta

## Anton-Tschechow-Wohnhaus-Museum

Nicht versäumen sollte man einen Besuch des Anton-Tschechow-Wohnhaus-Museums, das sich außerhalb des Zentrums in der Uliza Kirowa (УЛ. КИРОВА) Nr. 112 befindet (Autobus Nr. 4 oder Nr. 8; geöffnet Mi–So 10–17 Uhr). Der tuberkulosekranke Schriftsteller siedelte sich hier im Jahre 1898 an und verbrachte seine letzten Lebensjahre in der ›weißen Villa‹. Kurz vor seinem Tod allerdings reiste er mit seiner Frau Olga Knipper nach Deutschland, in den Schwarzwald, wovon er sich eine Besserung seines Gesundheitszustandes versprach. Er starb am 15. Juli 1904 in Badenweiler.

Daß im Haus heute noch alles so erhalten ist, wie es der Schriftsteller bei seiner Abreise zurückließ, ist Antons Schwester Maria Pawlowna Tschechowa zu verdanken. Auf ihre Initiative hin entstand das Museum, dem sie bis zu ihrem Tod im Jahre 1957 als Direktorin vorstand. Im Wohn- und Speisezimmer ist der Tisch gedeckt, die Wanduhr zeigt ein Uhr mittags – da setzte sich die Familie Tschechow zu Tisch. Meist war sie nicht allein, Anton Tschechow liebte Gäste und hatte für sie ein eigenes Zimmer reserviert. Fotografien an den Wänden zeigen den Schriftsteller u. a. mit seinen Kollegen Tolstoi, Bunin und Gorki und im Kreise der Schauspieler des Moskauer Künstlertheaters. Auch der Maler Levitan und der Komponist Tschaikowsky waren bei ihm zu Gast.

Tschechows Arbeitszimmer, sein Schlafzimmer sowie die Räume seiner Schwester und seiner Mutter atmen noch immer die Atmosphäre, die hier um die Jahrhundertwende geherrscht haben mag. Auch der Garten ist so erhalten, wie ihn Anton Tschechow selbst anlegte. Er pflanzte die verschiedensten exotischen und einheimischen Gewächse, so daß es hier zu jeder Jahreszeit blüht. Besonders aber liebte der Schriftsteller die Birke im zentralen Teil des Gartens. Im Verwaltungsgebäude des Museums erzählt eine umfangreiche Fotoausstellung vom Leben Anton Tschechows, von seinem Medizinstudium, das er sich mit dem Schreiben humoristischer Geschichtchen verdienen mußte, von seiner Reise auf die Insel Sachalin, von seinem Leben in Moskau, auf dem Gut Melichowo und schließlich in Jalta.

## Poljana Skasok

Ein Museum ganz anderer Art ist die Märchenwiese (Poljana Skasok, geöffnet täglich 9–19 Uhr, im Winter 9–17 Uhr) am westlichen Stadtrand, im Tal unterhalb des Felsens Stawri-Kaja. Von der Südküsten-Chaussee folgt man den Wegweisern rechts ab. Unter offenem Him-

Der Palast von Massandra

mel geben sich hier russische, ukrainische und ›internationale‹ Märchenfiguren ein Stelldichein: Iwan-Zarewitsch und der Graue Wolf, die Baba-Jaga in ihrem Häuschen auf Entenfüßen, Zwerge und Riesen, Räuber und Recken – alle kunstvoll aus Wurzeln, Ästen und Baumstämmen geschnitzt. Nicht nur Kinder treten durch das große hölzerne Tor, das von bewehrten Kriegern bewacht wird, in eine andere Welt ein!

## Palast von Massandra

Den Palast Alexanders III. in Massandra erreicht man mit dem O-Bus Nr. 2. Von der Haltestelle ›Werchnij Massandrowskij Park‹ aus folgt man den Wegweisern, und nach etwa 20 Minuten Fußmarsch taucht hinter den Bäumen des regelmäßig angelegten Parks das Dach des Palastes auf. Mit seinen Türmchen, Balkons und Terrassen, mit den grotesken Figuren und wasserspeienden Chimären erinnert der Bau an ein Schloß aus der französischen Renaissance und könnte auf den ersten Blick auch an der Loire stehen. 1878 hatte Fürst Semjon Michailowitsch Woronzow den Palast in Auftrag gegeben, doch wurde er bis zu seinem Tod nicht fertiggestellt. 1889 erwarb die russische Herrscherfamilie das Anwesen, und Alexander III. ließ das Schloß fertigstellen und einen terrassenförmigen Park im Renaissance-Stil anlegen. Die Räume des Schlosses sind prachtvoll ausgestattet, u. a. mit Kaminen aus Marmor, wertvollen Spiegeln und Gobelins. Gewohnt hat hier allerdings keiner der Zaren, denn Alexanders Sohn Nikolaus II. und seine Familie bauten ihr eigenes Schloß in Liwadija, auf der anderen Seite von Jalta. In Sowjetzeiten wurde der Palast als Staatsdatscha genutzt, auch Erich Honecker soll hier empfangen worden sein. 1993 fand im Palast von Massandra das historische Treffen zwischen den Präsidenten Rußlands und der Ukraine, Boris Jelzin und Leonid Krawtschuk, statt, nachdem die beiden, etwas angeschlagen von der zu zweit durchzechten Nacht, vor die laufenden Fernsehkameras traten und ankündigten, die Ukraine werde ihren Teil der Schwarzmeerflotte an Rußland verkaufen. Da die Entscheidung aber ohne Beisein politischer Berater getroffen worden war, blieb sie folgenlos.

## Botanischer Garten

Der Botanische Garten (Nikitskij Botanitscheskij Sad) liegt acht Kilometer von Jalta entfernt an der Südküstenchaussee in Richtung Gursuf. Die Abzweigung, an der sich auch die O-Bus-Haltestelle ›Nikitskoje‹ (НИКИТСКОЕ) befindet, ist durch ein Säulen-Halbrund mit der Aufschrift ›Nikitskij Botanitscheskij Sad‹ gekennzeichnet. Der Botanische Garten ist von Jalta aus auch mit dem Schiff zu erreichen (erster Stopp in Richtung Gursuf-Aluschta). In diesem Falle beginnt man die Besichtigung im unteren Teil des Gartens.

Der Botanische Garten bei Jalta

Der Garten, der heute über 18 000 verschiedene Gewächse aus allen fünf Erdteilen beherbergt, wurde 1812 unter C. Steeven begonnen. Er nimmt eine Gesamtfläche von 272 ha ein und teilt sich in den ›Oberen Park‹, den ›Unteren Park‹ und den ›Uferpark‹. Durch den **Haupteingang** betritt man den Oberen Park, wo sich die Verwaltungsgebäude, Laboratorien und eine Freilichtbühne befinden. Nicht weit vom Eingang des Verwaltungsgebäudes, am unvermeidlichen **Lenin-Denkmal**, beginnt eine Allee aus Steineichen, die zu einem dichten **Bambusgehölz** führt. Durch eine weitere Allee, sie wird nun von pyramidenförmigen Zypressen gebildet, erreicht man ein rundes Wasserbecken mit seltenen Seerosen und südlich davon den Rosengarten. Vorher aber stehen, rechts des Weges, zwei kalifornische **Mammutbäume,** deren Samen 1840 aus der ehemaligen russischen Kolonie ›Ross‹ in Kalifornien nach Jalta geschickt wurden.

Der **Rosengarten** enthält mehr als 2000 Arten und ist im Juni, Juli und August schon allein für sich einen Besuch wert. Neben international bekannten Rosen gibt es hier einzigartige Eigenzüchtungen. Von besonderer Schönheit und lieblichstem Duft sind ›Klimentina‹, ›Feuer von Jalta‹, ›Russische Schönheit‹ und ›Sternenschwester‹ – letztere so getauft zu Ehren der ersten sowjetischen Astronautin Valentina Tereschkowa. Unterhalb des Rosengartens ist eine andere Eigenzüchtung des Nikitskij-Gartens zu sehen, eine ›trauernde Atlas-Zeder‹. Auf der anderen Seite des Weges befindet sich ein Wäldchen von Himalaya-Zedern.

Vom **Aussichtspunkt** steigt man eine Treppe hinunter in den Unteren Park, den ältesten Teil des Botanischen Gartens. Der Weg führt durch Haine mit Libanon-Zedern, Himalaya-Zypressen, Wacholder und Steineichen zu dem hölzernen Pavillon, der 1912 zum 100jährigen Jubiläum des Parks erbaut wurde. In dessen Nähe befinden sich Magnolienbäume und ein asiatischer **Ginkgo-Baum,** einer Art, die in China und Japan seit 150 Mio. Jahren wächst. Unterwegs ist auch ein Reliktgewächs der Krim zu sehen, der kleinfrüchtige Erdbeerbaum. Seinen Namen bekam er wegen der wie Erdbeeren geformten Früchte, vielleicht aber auch, weil sein Stamm von erdbeerroter Farbe ist. Einmal im Jahr ›häutet‹ sich der Erdbeerbaum und erneuert so seine Rinde. Vom Pavillon führt eine breite Allee zum **Kaskaden-Brunnen** und von dort durch eine Palmenallee, vorbei am sogenannten ›Kaktusberg‹, zu einem Seerosenbecken. Am Ausgang steht eine Trauerweide; von hier aus gelangt man durch eine Allee aus Erdbeerbäumen zum Uferpark, der sich auf drei Ebenen bis zum Meer erstreckt.

## Der Weiße Palast von Liwadija

Der Vorort Liwadija (ЛИВАДИЯ) liegt 3 km westlich von Jalta am Berg Mogabi. Hier werden Wein, Obst und Tabak angebaut, und die örtliche Sowchose gehört zu den reichsten der Krim – vor allem auch, weil sie über große Flächen wertvollen Landes an der Südküste verfügt. Hauptsehenswürdigkeit von Liwadija ist der Weiße Palast, der Sommersitz des letzten russischen Zaren Nikolaus II. (geöffnet Do–Di 10–19 Uhr im Sommer, 10–18 Uhr im Winter).

Das Wort Liwadija kommt aus dem Griechischen und bedeutet so viel wie ›Wiese‹. Das Gelände war ursprünglich im Besitz der Familie Potocki, wurde aber 1860 vom russischen Zaren erworben. 1862–66 entstand der erste Zarenpalast von Liwadija unter Leitung des Architekten I. Moniguetti. Von diesem Ensemble ist allerdings nur noch die im georgisch-byzantinischen Stil des 12.–14. Jh. erbaute Kreuzerhöhungskirche erhalten. Beim Abriß der alten Gebäude wurde sie ausgespart und als Palastkirche in den Neubau integriert, der in nur 17 Monaten entstand und am 14. September 1911 fertiggestellt war. Der Architekt Krasnow aus Jalta verband unterschiedliche Baustile miteinander; so weist z. B. die Fassade Elemente der italienischen und französischen Renaissance, der Gotik und des Empire auf.

Der Palast von Liwadija wurde zum bevorzugten Aufenthaltsort Nikolaus II. und seiner Familie. Nach seiner Abdankung 1917 soll der letzte russische Zar sogar darum gebeten haben, sich als Privatmann hierher zurückziehen zu dürfen. Aber es kam anders, und

Der Weiße Palast von Liwadija

1925 richtete man im ehemaligen Zarenpalast das ›erste Bauernsanatorium der Welt‹ ein. Wobei niemand darauf achtete, das Interieur pfleglich zu behandeln. Zwanzig Jahre später tagte in Liwadija die Konferenz von Jalta, auf der Roosevelt, Churchill und Stalin über das Schicksal Europas berieten. Da Präsident Roosevelt schon sehr krank war, durfte er, entgegen des sonst bei Konferenzen üblichen Protokolls, am Ort der Plenarsitzungen selbst Quartier nehmen (während Churchill im Schloß von Alupka und Stalin im Jussupow-Palast residierten). Nach dem Krieg wurde das Gebäude wiederum als Sanatorium genutzt und erst 1974, als der amerikanische Präsident Nixon nicht nur seinen Besuch auf der Krim ankündigte, sondern auch

Der Weiße Saal im Weißen Palast

den Wunsch aussprach, den Tagungsort der Jaltaer Konferenz zu besichtigen, richtete man ein Museum ein. Heute besteht die Ausstellung aus zwei Teilen: Im Erdgeschoß ist sie den Ereignissen von 1945 gewidmet, im ersten Stock den Erbauern des Palastes, Nikolaus II. und seiner Familie.

Wir nähern uns dem Palast vom Parkplatz aus durch den Park. Am südlichen Ende der Ostfassade führt eine Treppe hinauf zum ersten Stock, zu den Räumen der Zarin. Neben der Treppe steht ein dekorativer Brunnen, auf den von der Brüstung herab ein Fabelwesen, eine phantastische Chimäre starrt. An der Westseite, gegenüber der schon erwähnten Palastkirche, befindet sich das älteste Bauelement des Palastes von Liwadija, ein **schmiedeeisernes Tor**. Es stammt aus Italien und wurde im 18. Jh. in Verona hergestellt. Durch das kunstvoll geschwungene Gitterwerk blickt man in den **italienischen Innenhof**, der mit seinen Marmorarkaden und Marmorbänken als Kulisse vieler sowjetischer Romeo-und-Julia-Filme diente. Hier entstand aber auch das berühmte Foto, das Churchill, Roosevelt und Stalin nach Abschluß der Konferenz nebeneinandersitzend zeigt.

Der **Paradeeingang** zum Palast von Liwadija befindet sich an der Nordseite und ist im Stil der Renaissance gehalten. Drei halbrunde Bögen auf korinthischen Säulen überspannen den Eingang, der von marmornen Löwen bewacht wird.

An der Fassade sind Medaillons mit den Initialen der Zarenfamilie eingelassen. Die ebenfalls marmornen Bänke dienen heute den Besuchern des Palastes dazu, die unförmigen Filzlatschen überzustreifen, ohne die ein Besuch des Palastes von Liwadija nicht erlaubt ist. Sein Inneres war früher reich geschmückt mit farbigem Marmor, Majolika-Arbeiten, Mosaiken, Schnitzereien aus Edelhölzern, Stuckornamenten, Lüstern und Spiegeln. Davon ist heute leider nicht mehr viel erhalten. Durch eine hohe Holztür gelangt man ins Paradevestibül und von da vorbei an Marmorsäulen in den **Weißen Saal**, den größten Raum im gesamten Palast. Er nimmt eine Fläche von 218 $m^2$ ein, seine Wände bis zur stuckverzierten Decke sind 7,5 m hoch. Hinter den Konsolen verstecken sich elektrische Lämpchen, die den Raum indirekt beleuchten. Ursprünglich handelte es sich um den Speisesaal des Zaren, in dem bei festlichen Anlässen über 100 geladene Gäste verpflegt wurden. Während der Konferenz von Jalta fanden hier die Plenarsitzungen statt – die Teilnehmer der Konferenz saßen an einem ebensolchen Tisch, auf ebensolchen Stühlen, wie sie heute im hinteren Teil des Saales stehen. Leider handelt es sich nicht um die Originalmöbel. Drei Fähnchen auf dem Tisch weisen auf die Plätze der Delegationsleiter aus den USA, Großbritannien und der Sowjetunion hin – Roosevelt saß, eben wegen seines schlechten Gesundheitszustandes, nahe am Kamin. Für ihn wurden im Februar 1945 zum ersten und einzigen Male die offenen Kamine des Palastes entzündet: Der Zar hatte sich mit der Wärme, die die von Anfang an eingebaute Zentralheizung spendete, zufriedengegeben. In den Vitrinen erzählen Fotos und Dokumente, vor allem Zeitungsberichte, von der Konferenz. Eine Karte mit dem Verlauf der Front im Februar 1945 ist im Vestibül aufgestellt; hier sieht man auch Fotos von der Ankunft Roosevelts und Churchills auf dem Militärflughafen von Saki. Dort nahm sie Molotow in Empfang – Stalin selbst war verstimmt, weil sich der Engländer und der Amerikaner zuvor schon ohne ihn auf der Insel Malta getroffen hatten.

Neben dem Parade-Vestibül liegt das ehemalige Arbeitszimmer Roosevelts. Die Nußbaumtäfelung und der Lüster aus venezianischem Glas stammen noch aus vorrevolutionärer Zeit. Ein Foto zeigt Stalin und Roosevelt im Gespräch – hier entschied sich unter absoluter Geheimhaltung die Frage nach der Beteiligung der Sowjetunion an dem Krieg gegen Japan. Die Ausstellung im nächsten Raum ist der Gründung der Vereinten Nationen, der UNO, gewidmet. Daran angrenzend sehen wir einen Raum im englischen Tudor-Stil mit filzbespannten Wänden und einer Dekke, die begabte Handwerker aus Pappmaché herstellten. Hier fand am 11. Februar 1945 ein festliches Frühstück statt, in dessen Rahmen

# Eine schrecklich nette Familie

## Die letzten russischen Zaren

Alix Victoria Helene Luise Beatrix von Hessen-Darmstadt, Tochter Großherzog Ludwigs von Hessen-Darmstadt und Enkelin der britischen Königin und Kaiserin von Indien Victoria, lernte ihren zukünftigen Mann auf einer Familienfeier in Coburg kennen. Im April 1894 verlobte sie sich mit Zarewitsch Nikolaus, dem russischen Thronfolger, in Darmstadt. Danach ging alles sehr schnell: In der Palastkirche von Liwadija mußte die künftige Frau des Thronfolgers und Zaren am 21. 10. 1894, wie schon manche deutsche Prinzessin vor ihr, zum orthodoxen Glauben übertreten – aus Alix wurde Alexandra Fjodorowna. Dann starb überraschend Nikolaus' Vater Alexander III., und noch vor der offiziellen Inthronisierung seines Sohnes fand am 14. 11. 1894 die Hochzeit des künftigen Zarenpaares in Sankt Petersburg statt. »Meine Hochzeit glich einem Leichenzug«, schrieb die enttäuschte Alix.

Doch war es eine Liebesheirat. Alix gebar ihrem Nikolaus fünf Kinder: Olga, Tatjana, Maria, Anastasija und dann endlich einen Thronfolger, Alexej. Der aber war das Sorgenkind der Familie, hatte er doch durch seine Mutter ›Victorias Fluch‹ geerbt, die Bluterkrankheit. Ängstlich behütet wuchs er auf, und seine Krankheit ist wohl mit ein Grund dafür, daß sich die Zarin in eine mystische Religiosität hineinsteigerte und der sibirische Mönch Rasputin so großen Einfluß auf sie und auf die Staatsgeschäfte erhielt.

Im Palast von Liwadija verbrachte die Zarenfamilie zweimal im Jahr, im Frühjahr und im Herbst, unbeschwerte Ferien. Alle sieben fotografierten gerne, und die Bilder aus dem Fotoalbum des Zaren sind, bedenkt man das schreckliche Ende der Familie, anrührende Dokumente. Sie erzählen von Tennisspielen Zar gegen Großfürst, von Ausfahrten mit dem Auto, von Picknicks am Meer und in den Bergen. Ein Schnappschuß zeigt Zar Nikolaus II. mit seiner Schwester am Strand, beide nach Manier römischer Senatoren in weiße Tücher gehüllt – ein anderer Kronprinz Alexej, der sich vor schlimmen Träumen zu seiner Mutter ins Bett geflüchtet hat. Postsowjetische Biographen betonen grundsätzlich das harmonische Familienleben, das der letzte russische Monarch führte.

Die Zarenfamilie im Ruderboot: Nikolaus II. Alexandrowitsch mit Gemahlin Alexandra Fjodorowna und den zwei jüngsten Töchtern Maria und Anastasija

Auch der Wohltätigkeit widmete sich die Familie, und besonders Alexandra Fjodorowna und die Mädchen nahmen regen Anteil an Wohltätigkeitsbasaren und dem alljährlich stattfindenden ›Fest der weißen Blume‹ zugunsten der Tuberkulosekranken in Jalta. Während des Ersten Weltkriegs machten alle eine Sanitäter-Ausbildung, wobei die ruhige und besonnene Art der Zarin gelobt wurde. Danach war es den sieben nicht mehr vergönnt, ihr geliebtes Liwadija wiederzusehen. Bald nach der Abdankung wurden sie, angeblich zu ihrem eigenen Schutz, nach Jekaterinburg jenseits des Urals gebracht, wo sie 1918 im Keller eines Hauses unter den Kugeln ihrer Bewacher starben. Nachdem die Grabstelle der Zarenfamilie im Jahre 1991 im Wald bei Jekaterinburg gefunden wurde, stellte eine russische Regierungskommission fest, daß sich ein Skelett eindeutig als die sterblichen Überreste Anastasijas identifizieren lasse. Der ›Mythos Anastasija‹ – immer wieder hatten Frauen behauptet, sie seien die jüngste Tochter des letzten russischen Zaren und hätten die Erschießung überlebt – scheint damit endgültig aus der Welt.

Nikolaus und Alexandra, Olga, Tatjana, Maria, Anastasija und Alexej wurden von der orthodoxen russischen Kirche zu Märtyrern erklärt und als Heilige kanonisiert. Mangels einer Ikone hängt in der Palastkirche von Liwadija ein Familienfoto. »Hier haben ein paar Zaren und sieben Heilige gebetet!« erzählt die Museumsführerin stolz.

die Abschlußdokumente der Jaltaer Konferenz unterzeichnet wurden. Danach begaben sich die drei Delegationsleiter mit ihrem ›Gefolge‹ in den angrenzenden italienischen Innenhof zum Fototermin.

Die Ausstellung in der ersten Etage ist, wie schon erwähnt, der Familie des letzten russischen Zaren und ihrem Aufenthalt in Liwadija gewidmet. Bevor man aber über die flache Treppe (einen elektrischen Aufzug gab es zwar auch, doch war der dem kranken Thronfolger Alexej vorbehalten und wird heute überhaupt nicht mehr benutzt) zum Boudoir der Zarin emporsteigt, lohnt sich ein Blick in den arabischen Innenhof – eigentlich ein bloßer Lichtschacht, um die nach innen gelegenen Räume des Palastes zu erhellen. Der damaligen Mode und Lust am Orientalischen entsprechend sind die Wände mit leuchtend blauen arabischen Kacheln verziert, und an der dem Betrachter gegenüberliegenden Wand befindet sich ein Brunnen mit arabischer Inschrift.

Im ersten Stockwerk gelangt man ins **Boudoir der Zarin** mit wertvollen Empire-Möbeln und einem Flügel. Durch eine Glastür tritt man auf den arkadenüberwölbten Balkon, von dem aus sich ein weiter Blick auf die Bucht von Jalta und die Stadt selbst eröffnet. Drei weitere Räume, sie sind fast unmöbliert, beherbergen eine **Fotoausstellung**: Die Romanows in Liwadija. Angefangen mit Aufnahmen von den ersten Palastgebäuden über Portraits der verschiedenen Besitzer Liwadijas bis hin zu sehr privaten Bildern aus dem Familienalbum Nikolaus II. läßt sich die Geschichte des Palastes und seiner Bewohner nacherleben.

Weißer Palast: Tor zum italienischen Innenhof

Zum Weißen Palast von Liwadija gehört ein **Park**, der in den 40er Jahren des 19. Jh. angelegt wurde. In der Nähe des Palastes durchziehen gerade Wege regelmäßig angelegte Blumenrabatten – im weiteren Umfeld aber geht die Anlage in einen Landschaftspark nach englischem Stil über. Unterhalb der Verwaltungsgebäude beginnt der 6 km lange **Sonnenpfad**, der, ohne große Höhenunterschiede zu überwinden, bis nach Gaspra führt. Unterwegs gibt es Ruhepavillons und Aussichtspunkte. Der erste ist ein halbrunder Pavillon, von dem aus man auf den ältesten Teil des Parks von Oreanda und auf die Gebäude des Sanatoriums ›Nishnaja Oreanda‹ blickt. 1852 wurde hier für Großfürst Konstantin ein prachtvoller Palast gebaut, der 1882 unter ungeklärten Umständen abbrannte. Auf einem kleinen Hügel links der Sanatoriumsgebäude steht eine graue Kirche, errichtet Ende des 19. Jh. aus den vom Feuer verschonten Steinen. In Tschechows Erzählung ›Die Dame mit dem Hündchen‹ wird sie erwähnt. Von dem in zwei Teile gespaltenen **Felsen Matschtowaja** (Mastfelsen) direkt am Meer erzählt man, daß sich dort während der Revolution 1905–07 die geheime Druckerei der russischen Sozialdemokraten befunden habe – im Untergrund, während über dem Felsen die großfürstliche Standarte wehte.

Auf dem Sonnenpfad gelangt man, vorbei an mehreren Sanatorien, bis nach **Gaspra** (ГАСПРА). Von den neueren Gebäuden fällt vor allem das Internationale Pensionat Drushba auf, das einmal nicht die einfallslose Plattenbau-Architektur wiederholt: Vielmehr erinnert es an ein UFO, das gerade auf seinen drei dicken Stützpfeilern gelandet ist. Etwas weiter steht der 1912 im maurischen Stil erbaute Palast Kitschkine, zu erkennen an seinem Minarett-Türmchen. Von Gaspra aus hat man einen schönen Blick auf das inoffizielle Wahrzeichen der Krim, das Schwalbennest (Lastotschkino Gnesdo, s. S. 115).

**Auskunft:** Informationen und Auskünfte erteilt das Jaltaer Reise- und Exkursionsbüro, Ul. Jekaterininskaja (УЛ. ЕКАТЕРИНСКАЯ) 3, ✆ 32 97 24, Fax aus Deutschland 00 70/654/32 69 93 sowie die Firma ›Jalta Kurort‹, Ul. Lenina (УЛ. ЛЕНИНА) 17, ✆ 32 23 74 u. 32 56 40. Deutschsprachiges Informationsmaterial erhält man auch in den Intourist-Hotels ›Jalta‹ und ›Oreanda‹.

**Unterkunft:** Hotel ›Jalta‹, Ul. Dsershinskogo (УЛ. ДЗЕРЖИНСКОГО) 52, ✆ 35 02 86; Hotel ›Oreanda‹, Ul. Lenina (УЛ. ЛЕНИНА) 35, ✆ 31 71 32; Hotel ›Ukraina‹, Ul. Botkinskaja (УЛ. БОТКИНСКАЯ) 13, ✆ 32 57 61; Motel ›Poljana Skasok‹ neben der Märchenwiese.

**Restaurants:** Brigantina, Ul. K. Marksa (УЛ. К. МАРКСА) 18, ✆ 32 01 71; Slawjanskij, Uferpromenade, ✆ 32 21 00; Gurman, Uferpromenade, ✆ 32 03 06; Venetia, Uferpromenade, ✆ 32 80 42.

**Museum:** Das Historische Museum (Ul. Puschkinskaja 5, УЛ. ПУШКИНСКАЯ) zeigt wechselnde Ausstellungen zur Geschichte der Krim. Unter anderem sind Fundstücke aus einem alten taurischen Heiligtum zu besichtigen, das sich über Gursuf in den Bergen befand.

**Verkehr:** Von Simferopol aus mit dem **O-Bus** (im Sommer alle 3–5 Min. ab Hauptbahnhof; 2,5 Std.) oder dem **Überlandbus** (ab Busbahnhof Nähe Hotel Moskwa); Taxis am Flughafen und am Bahnhof.

# Die Südküste zwischen Jalta und Foros

Das Schwalbennest

Ausflug auf den Aj-Petri

Der Woronzow-Palast in Alupka

Simeis und Umgebung

Badjar-Paß, Foros und die Bucht von Laspi

Blick auf die Auferstehungs-Kirche von Foros

# Die Südküste zwischen Jalta und Foros

Fahrt auf der malerischen Küstenstraße zwischen bizarren Felswänden und dem tiefblauen Meer • Fotohalt am Schwalbennest, dem Wahrzeichen der Krim • Seilbahnfahrt auf die karge Hochebene des Aj-Petri und Abstieg zum Wasserfall Utschan-Su • Besuch des Woronzow-Palastes in Alupka, ausgedehnter Spaziergang durch den romantischen Landschaftspark • Von Foros zur Zarenkirche und auf den Badjar-Paß

Die Trasse, die von Jalta oberhalb der Orte Liwadija, Mischor, Alupka, Simeis und Foros zur Bucht von Laspi und von da nach Sewastopol führt, wurde erst im Jahre 1973 fertiggestellt. Der späten Verkehrsanbindung verdankt dieser westliche Abschnitt der Südküste seine relative Unberührtheit. Nur vereinzelt erheben sich über den Wäldern, Weinbergen und Parks moderne Sanatoriumsanlagen. Die Felswände des Gebirges rücken nahe ans Meer, scheinen steiler und schroffer, als in der Gegend zwischen Aluschta und Jalta. Die Straße ist weniger befahren, vor allem fehlen die langsamen O-Busse, so daß

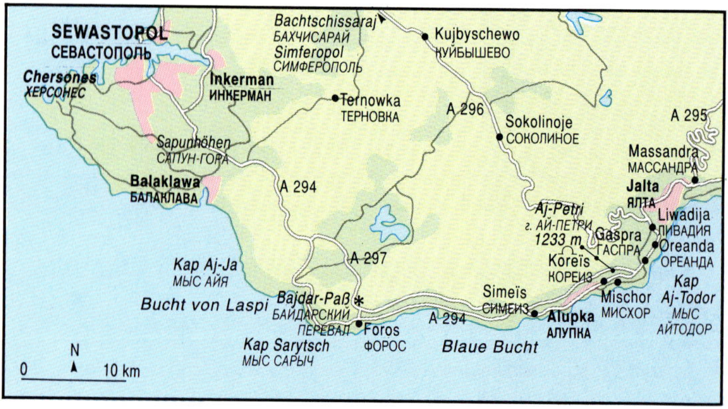

Die Südküste zwischen Jalta und Foros

Seilbahn auf den Aj-Petri

eine Autofahrt hier zum wirklichen Vergnügen wird. Am Straßenrand lohnt sich übrigens ein Blick auf die originellen Bushaltestellen.

## Mischor und das Schwalbennest

In **Mischor** (МИСХОР) gibt es mehrere Sanatorien und im Ortsteil Koreis den Jusupow-Palast, 1904 von dem Architekten K. Eschliman im Jugendstil erbaut. In der Nähe der Bootsanlegestelle fallen zwei Figurenensembles aus Bronze auf: Am Ufer das ›Mädchen mit dem Krug‹, beobachtet von dem hinter einem Felsen hervorlugenden ›Räuber Ali-Baba‹ – und auf einem freistehenden Stein im Wasser die ›Meerjungfrau mit Kind‹. Angeregt durch ein krimtatarisches Märchen schuf der estnische Künstler Adamson diese Figuren. In Mischor befindet sich auch die Talstation der Seilbahn auf den Aj-Petri.

Bei Mischor liegt das berühmte **Schwalbennest** auf dem Felsen Aj-Todor, auf das man von einer Aussichtsplattform an der unteren Straße zwischen Alupka und Liwadija einen schönen Blick hat. Der Felsen Aj-Todor war schon in der Antike bebaut. Hier befand sich im 1. Jh. n. Chr. eine römische Festung, im frühen Mittelalter dann ein Kloster. 1912 wurde auf dem 38 m hohen Felsen ein kleiner Lustpavillon im Stile einer mittelalterlichen deutschen Ritterburg errichtet. Der Name Schwalbennest entstand nach dem Erdbeben von 1927, als ein Teil des Felsens unterhalb des Gebäudes abbrach. Besonders vom Meer aus ist der dadurch entstandene Überhang deutlich zu erkennen. Nachdem der Innenraum lange leer stand, befindet sich im Schwalbennest heute ein Restaurant, in dem man für Pizza oder Knoblauchspaghetti und die schöne Aussicht gesalzene Dollar-Preise zahlt.

## Ausflug auf den Aj-Petri

Über den Kurorten Alupka und Mischor ragen die Zinnen des Aj-Petri fast wie ein mittelalterliches Schloß empor. Bei den bis 1233 m hohen Felsspitzen handelt es sich um urzeitliche Korallen aus dem späten Jura, als das gesamte Jajla-Gebirge eine riesige Riff-Barriere im Ozean bildete. Im Örtchen Mischor befindet sich die Talstation der Seilbahn auf den Aj-Petri. Die Gondeln fahren täglich außer donnerstags zwischen 9 und 18 Uhr, vorausgesetzt, das Wetter erlaubt es: Bei starkem Wind und Regen wird der Verkehr eingestellt. Etwa nach einem Drittel der Gesamtstrecke steigen die Passagiere an der Mittelstation in eine größere Gondel um. Ab da

Auf der Jajla des Aj-Petri

geht es ohne Stützpfeiler bis zur Bergstation, die sich direkt unterhalb der Zinnen befindet.

Oben angekommen, hat man einen großartigen Ausblick auf die Südküste, erkennt unter sich die Chaussee Jalta-Sewastopol, das Schloß von Alupka sowie im Park das Felsenmeer ›Großes Chaos‹. Wer möchte, besteigt die Zinnen des Aj-Petri oder folgt den Wegweisern zu den touristisch erschlossenen Höhlen im Karst, in denen es nicht nur Tropfsteine, sondern auch ewiges Eis zu bewundern gibt. Aj-Petri heißt übrigens auf Griechisch ›hl. Petrus‹ – der Name des Berges rührt von einer frühmittelalterlichen Kirche, die sich in der Nähe der Zinnen be-

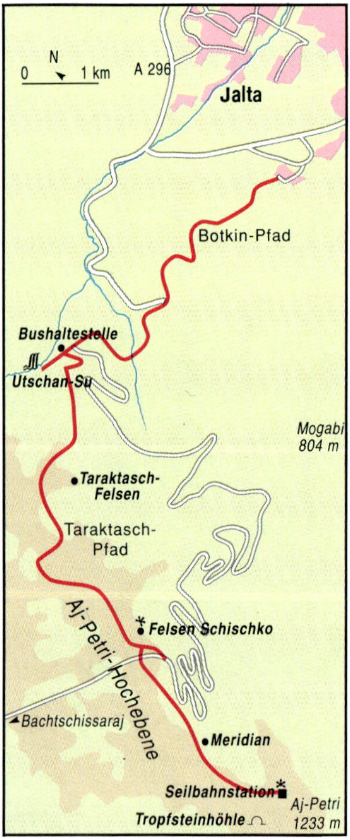


Wanderkarte: Vom Aj-Petri über den Taraktasch-Pfad zum Utschan-Su

fand und dem hl. Petrus geweiht war. Die Hochebene lädt zum Spazierengehen ein, manchmal vermieten auch Pferdebesitzer ihre Tiere für einen Ausritt. Im Sommer werden Kräutertees, frische Milch und Schaschlik angeboten.

Eine Alternative zur Seilbahn bietet der Taraktasch-Pfad, der in zwei bis zweieinhalb Stunden hinunter zum Wasserfall Utschan-Su führt. Der Weg ist steil, aber landschaftlich außerordentlich reizvoll. Von der Seilbahnstation folgen wir der asphaltierten Straße zum Felsen Schischko. Unterwegs passieren wir die Wetterstation sowie den Meridian des Aj-Petri, einen Globus, auf dem die geographische Länge und Breite des Ortes sowie die Höhe ü. NN bezeichnet sind. Das Denkmal wurde 1913 aufgestellt. Vom **Felsen Schischko** aus öffnet sich ein weiter Blick auf das Jaltaer Amphitheater und zum Bärenberg Aju-Dag (s. S. 190). Unser Weg geht vom verlassenen Campingplatz aus etwa 100 m entlang der Straße nach Bachtschissaraj und dann rechts ab auf einem Feldweg vorbei am Haus des Försters. Nach etwa 15 bis 20 Minuten ist die Kante der Hochebene erreicht, und ein schmaler Pfad zweigt rechts ab. Der Abstieg beginnt.

Der **Taraktasch-Pfad** erhielt seinen Namen wegen der interessanten Felsformationen, die seinen Weg säumen. Tarak-Tasch heißt auf Krimtatarisch etwa so viel wie ›steinerner Kamm‹, und tatsächlich haben die dem eigentlichen Bergmassiv vorgelagerten Felsen entsprechende Formen. In ferner Vergangenheit sind sie von der Felswand abgebrochen, nach unten gerutscht und wurden dann von Wind und Wasser ausgewaschen. Vom Weg zweigen immer wieder kleinere

Pfade ab, die direkt zu den ›Kämmen‹ führen. Da diese jedoch aus sehr porösem Material bestehen, ist beim Klettern Vorsicht geboten!

Nach einer langen Treppe mit Geländer und teilweise betonierten Stufen, die das steilste Stück überwindet, führt der Pfad im Kiefernwald abwärts, bis er in Höhe des Restaurants und der Bushaltestelle Utschan-Su die Straße Aj-Petri – Jalta erreicht. Wir haben unsere Wanderung auf über 1000 m Höhe auf der kargen Hochebene begonnen, sind durch Eichen-, dann Kiefernwälder gewandert und befinden uns jetzt, 8 km, 750 Höhenmeter und zwei bis zweieinhalb Stunden später, schon fast wieder in der mediterranen Vegetationszone. Von der Bushaltestelle führt ein kurzer Fußweg zum Wasserfall **Utschan-Su.** Für den Heimweg bieten sich mehrere Möglichkeiten. Wer sich nicht mit dem Auto abholen läßt, nimmt den Linienbus (unbedingt vorher Fahrplan beachten!) oder geht auf dem Botkin-Pfad bis hinunter nach Liwadija. Im Restaurant Utschan-Su kann man sich vorher ausgiebig stärken.

Restaurant Utschan-Su an der Straße von Jalta auf den Aj-Petri, Nähe Wasserfall, ✆ 31 40 67.

## Der Woronzow-Palast in Alupka

Alupka (АЛУПКА) ist ein kleines, ehemals tatarisches Städtchen etwa 16 km von Jalta entfernt. Es zeigt die typische Anlage der Orte an der Südküste: verwinkelte Gassen, an den Steilhang gebaute Häuser, die teilweise durch Treppen miteinander verbunden sind. Die Hauptsehenswürdigkeiten von Alupka – der Woronzow-Palast (geöffnet Di–So 10–16 Uhr) und der ihn umgebende Park – machen das Städtchen zu einem der lohnendsten Ausflugsziele auf der Krim!

Michail S. Woronzow übte seit 1823 das Amt eines »Generalgouverneurs von Neurußland« aus und herrschte über ein Gebiet, das von der Donau bis zum Don reichte und zu dem auch die Krim gehörte. Hier ließ er Straßen bauen, förderte den Wein-, Obst- und Tabakanbau und schuf damit die Voraussetzungen für den wirtschaftlichen Aufschwung der Krim. Was natürlich auch seinem eigenen Geldbeutel nicht schadete: Graf Michail Woronzow galt als der reichste Mann im russischen Imperium. Im Jahre 1824 kaufte er Alupka von ansässigen Tataren, denen er als Gegenleistung versprach, eine Moschee bauen zu lassen. Er beschloß, hier seine Sommerresidenz zu schaffen. Schon im November 1824 traf der Landschaftsgärtner Karl Kebach ein und begann, den Park anzulegen. Steine wurden entfernt, Schwarzerde vom ukrainischen Festland und von den Jajlas herangefahren – dann konnte man mit dem Bepflanzen anfangen. Edward Blore, englischer Architekt, Archäologe und Historiker, wurde mit dem Entwurf für das Schloß betraut. Für Sir Walter Scott hatte Blore das mittelalterliche Abbotsford Castle erbaut und sogar am Buckingham-Palace mitgewirkt. Sein gesamtes Werk stand im Zeichen des romantischen Historismus.

Von 1833 bis 1855 leitete Blores Schüler William Hunt die Arbeiten am Palast, die insgesamt etwa neun Millionen Silberrubel kosteten. Dabei waren ein Großteil der Arbeiter Leibeigene Woronzows, die kostenlos oder nur für Hungerlöhne schafften! Der Palast ist aus grünem Diabas erbaut, einem örtlichen Magmagestein, das sogar schwerer zu bearbeiten sein soll als Granit. Elemente der englischen Gotik, des Tudor-Stils (16. Jh.) sowie indische, maurische und osmanische Formen verbinden sich zu einem architektonischen Ganzen von seltsamen Reiz. So befinden sich die charakteristischen Tudor-Bögen neben Kaminen in Form von Minaretten, schmücken Rosetten neben stilisierten Efeu- und Lotosranken die Fassade. Da die Architekten aber aus den einzelnen Stilrichtungen jeweils nur das ausgewählt haben, was zueinander paßt, empfindet man die Verbindung als durchaus harmonisch. Auch in die Landschaft fügt sich der Woronzow-Palast gut ein, scheint es doch, als

Woronzow-Palast: Chinesisches Kabinett

wiederholten seine Türmchen und Zinnen nur das hinter ihnen aufragende Panorama des Aj-Petri.

Die Besichtigung des Palastes beginnt man am besten an der Westseite, wo der Eingang von zwei Wachtürmen flankiert wird. Zum großen Schloßhof führt ein Korridor zwischen hohen Mauern, deren Schießscharten an eine mittelalterliche Burg erinnern. Der Schloßhof bietet die Möglichkeit, die einzelnen Gebäude der Palastanlage vorerst von außen zu betrachten: die Nordfassade des Hauptgebäudes mit dem Parade-Eingang, links davon die Bibliothek und auf der anderen Seite, direkt anschließend, der Gästetrakt. Gegenüber die Küche und die Räume für die Dienerschaft, von denen aus die Palastmusikanten über eine schmale Eisenbrücke auf die Musik-Empore des Galaspeisezimmers gelangen konnten. Diese Wirtschaftsgebäude schließen zum Hof hin mit einem Uhrturm ab.

Wir betreten nun das Innere des Palastes und befinden uns in einem langen, schmalen Gang, der das Hauptgebäude mit der Bibliothek verbindet. Auf der einen Seite wird er von Türen begrenzt, hinter denen sich riesige Schränke verbergen, in denen die Familie Woronzow ihre Kleider aufbewahrte. Zeichnungen und Lithographien an der gegenüberliegenden Wand zeigen den Palast in seinen unterschiedlichen Bauphasen. Das **Parade-Arbeitszimmer** Michail S. Woronzows ist im englischen Stil gehalten. Eichenpaneele schmücken die Wände, ebenfalls aus Eichenholz sind die beiden Türen. Der Bücherschrank mit Einlegearbeiten aus Bronze stammt aus der französischen Manufaktur Boulle, wo er in der 2. Hälfte des 18. Jh. hergestellt wurde. Zwei große Ölportraits zeigen den Besitzer des Palastes als Kriegsheld auf dem Schlachtfeld von Borodino und seine Frau Jelisaweta Ksawerjewna.

Im winzigen **Kattun-Zimmer** ist die Wandbespannung aus Baumwollstoff noch original erhalten. Kattun galt früher als ebenso wertvoll wie Samt oder Seide. Hier hängen unter anderem vier Originalbilder des romantischen Marinisten Ajwasowskij. Das daran anschließende kleine Empfangszimmer wird auch **Chinesisches Kabinett** genannt, weil ein Teil der Wände mit chinesischen Binsenmatten verkleidet ist, bestickt mit Mustern im Stile der italienischen Renaissance. An Simsen, Pfeilern und Einfassungen gibt es wertvolle Schnitzarbeiten, deren Motive sich in der Stuckdecke wiederholen. Bei dem Zimmer handelt es sich um das Boudoir der Gräfin Woronzowa.

Einen düsteren, kargen Eindruck macht das im gotischen Stil gehaltene **Parade-Vestibül.** Eine schwere Eichendecke hängt über den Wänden, deren Bemalung mit Gold bedrucktes Leder vortäuscht. An zwei gegenüberliegenden Enden des großen Raumes befinden sich Kamine aus poliertem grünen Diabas, über denen Parade-Portraits des Ehe-

Woronzow-Palast: Hellblauer Salon

paars Branicki hängen – der Eltern der Gräfin Woronzowa. Zwei weitere Ölbilder zeigen Katharina II. und den Fürsten Potemkin. Einen kleinen Vorgeschmack auf die Südfassade gibt der **Erker** mit zwei persischen Wandteppichen, die Woronzow in seiner Eigenschaft als Stellvertreter des Zaren im Kaukasus geschenkt bekam. Die Motive sind teils aufgenäht, teils gestickt und appliziert.

Im **Hellblauen Salon** überziehen weiße Stuckblüten und -ranken Wände und Decke. Die Möbel im Stil des späten russischen Klassizismus stammen ursprünglich aus dem Palast der Woronzows in Odessa. Durch große hölzerne Schiebetüren ließ sich dieser Raum in Bühne und Zuschauerraum unterteilen und als Liebhaber-Theater nutzen. 1898 fand hier ein Wohltätigkeitskonzert statt: Es sang der große russische Baß Fjodor Schaljapin, begleitet am Flügel von Sergej Rachmaninow. Im Zuschauerraum saßen unter anderem Iwan Bunin, Maxim Gorki und Anton Tschechow. Der **Wintergarten** verbindet das Hauptgebäude mit dem Gala-Speisesaal. Er beherbergt einige exotische Pflanzen; noch aus der Zeit der Erbauer des Schlosses stammt der Ficus Repiens an den Wänden. Aus dem Grün lugt eine Marmorskulptur hervor – ›Das Mädchen‹ des italienischen Bildhauers Corbellini. An der Glasfront stehen Büsten der Familie Woronzow, Katharina II. sowie des englischen Premiers William Pitt d. J.

Der **Gala-Speisesaal** ist im englischen Tudor-Stil ausgestattet. Die Holztäfelungen an den Wänden zeigen reiche Schnitzereien. Fast der gesamte Raum wird von einem riesigen Tisch eingenommen, der auf Löwenfüßen steht. An der fensterlosen nördlichen Wand befindet sich ein Balkon, auf dem einst die Palastmusikanten spielten und den diese über die kleine eiserne Brücke von den Wirtschaftsgebäuden aus erreichen konnten. Unter dem Balkon ein gekachelter Brunnen. Die düstere Atmosphäre eines mittelalterlichen Schlosses, unterstützt noch durch die schwere Holzdecke, wird konterkariert vom einfallenden Sonnenlicht und dem Blick auf den zypressen- und pinienbewachsenen Park. Letzter Raum im Woronzow-Palast, den man besichtigen kann, ist das **Billardzimmer,** dessen Prunkmöbel ein achtfüßiger Billardtisch aus England ist. An den Wänden hängen Gemälde aus der Kunstsammlung des Grafen Michail S. Woronzow: zwei große Stilleben Pieter Sneyers (›Gemüse‹, ›Fische‹) sowie Werke von Bernado Belloto, Pieter Aertsen und William Hogarth (›Der Politiker‹).

Verläßt man das Schloß durch den Wintergarten, weiß man nicht, wohin sich der Blick zuerst wenden soll: auf den Park und das Meer, zu dem eine breite Freitreppe hinabführt – oder auf die **Südfassade des Palastes.** Diese besteht aus einem hohen, rechteckigen Portal mit einer tiefen, stuckverzierten Nische. Ein Fries trägt eine Inschrift in arabischer Sprache. Das Portal weckt die verschiedensten Assoziationen – es erinnere an die große Moschee von Delhi, sagen die einen – ans Tadsch Mahal, die anderen. Die Freitreppe wird flankiert von sechs marmornen Löwen aus der Schule des Bildhauers Bonanni. Jedes der Tiere nimmt eine andere Pose ein: Von links unten nach rechts oben wandeln sie sich vom friedlich schlafenden zum gefährlich fauchenden Raubtier in Verteidigungsstellung. Der schlafende Löwe übrigens hatte es Churchill angetan. Der englische Premier sah die Skulptur während der Konferenz von Jalta und wollte sie unbedingt kaufen: »Das ist ja mein Portrait – nur ohne Zigarre!« soll er ausgerufen haben. Unterhalb der Freitreppe stehen Statuen ganz anderer Art, aus Stein relativ grob behauen und nicht unberührt vom ›Zahn der Zeit‹: die sogenannten Polowzer Weiber. Es sind Fundstücke aus den Steppengebieten der Krim, die der archäologisch interessierte Sohn von Michail S. Woronzow ausgraben und hier aufstellen ließ. Es handelt sich um Grabsteine der Polowzer, eines wilden Reitervolkes, aus dem 11./12. Jh. Die Bezeichnung »Weiber« ist dabei irreführend, da Krieger dargestellt sind.

Der insgesamt 40 ha große **Schloßpark** (1. Hälfte 19. Jh.) von Alupka läßt sich in einen oberen und einen unteren Bereich einteilen. Letzterer besteht aus fünf kunstvoll angelegten Terrassen und

Südfassade des Woronzow-Palastes

reicht bis hinunter ans Meer, wo der **Tee-Pavillon** sowie der sogenannte **Ajwasowskij-Felsen** (ein Lieblingsmotiv des Malers Iwan K. Ajwasowskij; s. S. 200) zu besichtigen sind. Oberhalb des Schlosses geht die regelmäßige Anlage in einen Landschaftspark nach englischem Vorbild über. Hier hat der Gartenarchitekt seinen romantischen Gefühlen freien Lauf gelassen und eine kleine Welt geschaffen, in der Lichtungen und Haine mit düsteren, wildromantischen Schluchten, spiegelklare Bergseen mit Wasserfällen abwechseln. Wer Gelegenheit hat, an einer Führung durch den Park teilzunehmen, sollte diese nicht versäumen. Mit viel Zeit lassen sich die schönsten Ecken aber auch auf eigene Faust entdecken.

Zwischen Felsen liegen in unterschiedlicher Höhe und durch unterirdische Zu- und Abflüsse miteinander verbunden drei Seen, der **Schwanensee,** der **Mittlere See** und der **Spiegelsee.** Über letzteren wächst fast waagerecht ein Baumstamm, ein künstliches Arrangement, um den Spiegeleffekt des klaren Wassers besser zur Geltung zu bringen. Von diesem höchsten See führt ein Fußpfad aufwärts zum **Großen Chaos,** einem Felsenmeer, das sogar von der Höhe des Aj-Petri aus zu erkennen ist. Während der Bauarbeiten zum Palast wurde es als Steinbruch genutzt.

Östlich des Großen Chaos gelangt man zu einer Reihe von Wiesen und Lichtungen (genannt Sonnenlichtung, Platanenhain, Alpenwiese), von denen aus sich wunderschöne Aussichten auf die Berge eröffnen. An einer Stelle rahmen zwei schlanke, hoch aufragende Zypressen die bizarren Felszinnen des Aj-Petri wie ein Gemälde ein. Vorbei an der Kaskade des **Wasserfalles ›Freischütz‹** geht man in Richtung **Kleines Chaos,** einer wildromantischen Felsschlucht mit moosüberwachsenen Steinen und einer Grotte, in der angeblich der Lieblingshund des Grafen Woronzow zur letzten Ruhe gebettet wurde – hier also ›liegt der Hund begraben‹! Sich immer westlich haltend, erreicht man nun in etwa 10 Minuten die Westfassade und damit den Ausgangspunkt der Exkursion.

**Weinprobe:** Nicht weit vom Ostausgang des Palastes befinden sich die Weinprobiersäle des Weingutes Massandra (geöffnet Mo–Fr 9–16 Uhr). Von den Pauschalreiseveranstaltern werden organisierte Weinproben angeboten, Einzelreisende informieren sich direkt vor Ort über die Möglichkeit, sich einer Gruppe anzuschließen.

## Simeis und Umgebung

Ab 1910 entwickelte sich **Simeis** (СИМЕИЗ) zum Kurort. Es entstanden mehrere Villen, jede in einem anderen Baustil: Jugendstil, Klassizismus, venezianische Gotik, italienischer Barock. Auch heute ist noch einiges davon zu erkennen, allerdings bedürfen die Fassaden der hochherrschaftlichen Häuser,

Im Schloßpark

jetzt Sanatorien und Pensionate, allesamt der Renovierung. Im Haus ›Miro-Mare‹ (wunderbares Meer) wohnte im Sommer 1917 der Komponist Sergej Rachmaninow mit seinen Töchtern Irina und Tatjana. Sie fuhren häufig ins benachbarte Mischor, um die befreundete Familie Fjodor Schaljapins zu besuchen. Wegen seines trockenen Klimas wird Simeis heute vor allem als Kinderkurort genutzt.

Über dem Städtchen erhebt sich ein eindrucksvolles Felsmassiv, der **Katzenberg.** Von Ferne erinnert seine Form tatsächlich an eine in Lauerstellung hockende, zum Meer gewandte Katze. Auf dem Felsen wurden die Überreste eines alten Heiligtums gefunden –, Knochen, Keramik, Kunstgegenstände – so daß der Gedanke nahe liegt, eben hier habe sich der Tempel befunden, in dem Iphigenie nach ihrer Entführung nach Tauris (d. i. die Krim) diente und bekanntlich auch Menschen opferte. Herodot erwähnt in den Kapiteln 99 und 103 des vierten Buches Melpomena die Tauren und ihre Halbinsel, beschreibt sie als grausames Volk, das alle Fremden für die Göttin tötet.

In der Bucht von Simeis erhebt sich der Felsen ›Diva‹, auf dem sich eine Aussichtsplattform befindet. Man erreicht sie über eine aus dem Fels gehauene, mit einem eisernen Geländer versehene Treppe.

Früher gab es zwischen der Diva und dem Ufer noch einen weiteren Felsen, den 43 m hohen ›Monach‹ (Mönch), der aber 1931 während eines starken Sturms zusammenbrach und in einzelne Stücke zerfiel. Erinnert der Felsen Diva an ein Mädchen mit langem, wallenden Haar, das ins Meer flieht, so sah der Monach eben aus wie ein mit Kutte bekleideter Einsiedler, der die Schöne verfolgte. Die dazugehörige Geschichte erzählt von einem

Der Katzenberg bei Simeis

sündigen Mann, der bereute und als Einsiedler in einer Höhle lebte. Der Teufel führte ihn in Versuchung – und beim Anblick eines schönen, unschuldigen Mädchens wurde der Büßer schwach. Die griechischen Seefahrer orientierten sich an den markanten Felsen und nannten die Siedlung, die sie hier gründeten, Simeis (Zeichen).

Hinter dem Katzenberg blickt man auf die **blaue Bucht** (Goluboj Saliw, ГОЛУБОЙ ЗАЛИВ) mit zwei biologischen Forschungsplattformen im Meer und oberhalb der Straße, am Kamm des Katzenberges, leuchten weiße Türmchen mit silbernen Kuppeln auf, die zum **Astrologischen Observatorium** gehören. Von hier aus werden kleinere Planeten, Kometen und Asteroiden beobachtet, Untersuchungen zu Sternenspektren, der Strahlengeschwindigkeit der Sterne und verschiedener Sternennebelphänomene angestellt. Forschungen ganz

anderer Art führt das Hydrophysische Institut der Ukrainischen Akademie der Wissenschaften in der blauen Bucht durch. Bei dem runden Gebäude mit Türmchen handelt es sich um ein sogenanntes Sturmbecken, in dem jeder Zustand des Meeres künstlich erzeugt und das Verhalten des Wassers beobachtet werden kann.

Dort, wo die steilen Felswände sich zu einem kleinen Sattel senken, befindet sich ein Aufstieg auf die Hochfläche, die **Teufelsleiter** (Schajtan-Merdven). Es handelt sich um einen schmalen Pfad mit vielen Windungen, der steil zwischen riesigen Felsen emporführt. Auf 250 m Länge überwindet er einen Höhenunterschied von 100 m. Schon in der Antike wurde die Teufelsleiter als Weg von der Südküste nach Norden genutzt. Im Mittelalter stand auf dem Felsen Isar-Kaje, der die Teufelsleiter im Osten begrenzt, eine Festung, deren Grundmauern 1967 bei Ausgrabungen entdeckt wurden. Viele berühmte Menschen benutzten den Weg, auch Puschkin, der sich allerdings am Schwanze eines Esels über die steilsten Stücke ziehen ließ. Im Zweiten Weltkrieg wurde die Teufelsleiter auch von den Partisanen benutzt und deshalb von der Wehrmacht teilweise vermint und gesprengt. Auf der Hochfläche der Jajla führen drei Wege weiter: einer nach Norden, er verband im Mittelalter die Südküste mit den sogenannten Höhlenstädten des Fürstentums Feodoro; einer nach Osten, über den Paß Eski-Bogas in Richtung Alupka und Simeis; und ein Weg nach Westen – die antike Via Militaris, Militärstraße der Römer, die Chersones mit der Südküstenfestung Charaks auf dem Felsen Aj-Todor verband.

## Badjar-Paß und Foros

46 km südwestlich von Jalta führt die alte Straße nach Sewastopol am **Badjar-Paß** übers Gebirge. Anläßlich der Beendigung der Bauarbeiten wurde hier 1848 ein Portal errichtet – die **Badjar-Tore.** Paß und Bauwerk erhielten ihren Namen nach dem Tal, in das die Straße führte. Badjar-Tal bedeutet so viel wie reiches Tal oder großes Bergtal, und noch heute gilt das Gebiet als eines der fruchtbarsten der Krim. Für den Reisenden, der vom Landesinneren an die Südküste fährt, ist es ein faszinierendes Erlebnis, wenn er zwischen den senkrechten Begrenzungen des klassizistischen Portals zum ersten Mal die liebliche südliche Landschaft und das Meer erblickt. Heute sind die Badjar-Tore ein beliebtes Ausflugsziel, auch wegen des benachbarten Restaurants ›Schalasch‹, als dessen Spezialität tatarische Tschebureki, mit Fleisch gefüllte und in Fett gebackene Teigtaschen, gelten.

Etwa 2 km unterhalb der Badjar-Tore steht auf dem vorspringenden, 400 m hohen ›Roten Felsen‹ die kleine **Auferstehungs-Kirche** (Kirche von Foros). Sie wurde 1892 von dem Architekten N. M. Tschagin im byzantinischen Stil erbaut, zeigt aber auch russische Elemente. Vor allem die Silhouette erinnert an Moskauer Kirchen aus dem 18. Jh. Die Auferstehungskirche entstand auf Initiative des Teehändlers Kusnezow, des Besitzers von Foros, anläßlich der glücklichen Rettung der Zarenfamilie (Alexanders III.) bei einem Bombenattentat im Jahre 1888. Zahlreiche Mosaikarbeiten aus dem Atelier des Italieners Antonio Salvati di Vincenza und Fresken russischer Meister schmückten einst den Innenraum der Kirche. Leider hat sich wenig davon bis in unsere Tage erhalten. Nach der Revolution wurde die Kirche zuerst als Scheune benutzt, dann zur Imbißstube umfunktioniert. Ende der 80er Jahre begann man mit der Renovierung. Heute lebt in einer Hütte neben dem Gotteshaus der Priester von Foros, regelmäßig finden Gottesdienste statt und auch Taufen und Hochzeiten werden gefeiert. Nachts ist die Kirche angestrahlt und hängt wie ein Juwel am Berg. Man erreicht das kleine Gotteshaus auf der Straße zu den Bajdar-Toren oder zu Fuß von Foros aus (Gehzeit etwa eine Stunde).

Der Ort **Foros** (ФОРОС) selbst ist relativ uninteressant. Es handelt sich um das, was im sowjetischen Sprachgebrauch als ›Siedlung städtischen Typs‹ bezeichnet wurde – eine Ansammlung von Mietshäusern. Am Rande des Dorfes aber liegt das Sanatorium Foros in einem uralten, wunderschönen Park. Ehemals Urlaubsort der höchsten KP-Funktionäre, wandelt es sich

Zypressenallee an der Südküste

Im Park von Foros

nun in ein komfortables Kurhotel für reiche Russen und Ukrainer. Auch ausländische Gäste besuchen es regelmäßig. Der Name Foros kommt aus dem Griechischen – so nannte man im 5. Jh. v. Chr. die Gelder, die als Abgaben in die Kasse des Delischen Bundes, an dessen Spitze Athen stand, flossen; vielleicht befand sich in der Antike hier eine Steuerstelle. Eine andere Erklärung bringt den Namen mit dem berühmten Leuchtturm Faros in Alexandria in Verbindung: Oberhalb der heutigen Siedlung wurden die Überreste einer mittelalterlichen Wehrkirche gefunden, deren Altar gegenüber der südlichen Eingangstür lag; nachts brannten auf dem Altar Kerzen, und durch die geöffnete Tür schien das Licht und wies den Schiffen den Weg.

Den **Park von Foros,** der zu den 15 schönsten Parkanlagen der Ukraine gehört, ließ der Teehändler Kusnezow ab 1887 anlegen. Als Grundlage diente die natürliche Vegetation der Südküste. Heute wachsen auf dem ca. 30 ha angelegten Gelände über 200 verschiedene Bäume und Gewächse, darunter viele Exoten. Im mittleren Teil liegt das ›Paradieseckchen‹ mit sechs künstlichen Teichen in unterschiedlicher Höhe; auf den kleinen Inseln wachsen Zedern, Eichen, Birken, und über den Seen befindet sich ein Wald aus mehr als 50 hundertjährigen Zypressen, die eine Höhe von bis zu 20 m erreichen. Im südwestlichen Teil des Parks steht die

Datscha Tesseli, ein Gebäude aus vorrevolutionärer Zeit, das 1932 von der Sowjetregierung dem Dichter und Schriftsteller Maxim Gorki ›zur Verfügung gestellt‹ wurde. Im Klartext bedeutete das allerdings seine Verbannung aus der Hauptstadt.

Am Ende des Parks liegt das **Kap Sarytsch,** der südlichste Punkt der Krim und des europäischen Teils der ehemaligen Sowjetunion. Von hier bis zum Kap Kerempe in der Türkei sind es nur 260 km. Ganz in der Nähe erstreckt sich die ehemalige **Gorbatschow-Datscha.** Wieviel Millionen Dollar die Anlage, die aus Wohnhaus, überdachtem Schwimmbad, Gästetrakt und Sendeturm besteht, genau gekostet hat, wird wohl immer ein Geheimnis bleiben. Fest steht, daß das Geld im wahrsten Sinne des Wortes in den Sand gesetzt wurde: Die Arbeiten wurden von den Soldaten des örtlichen Bau-Bataillons zu schnell durchgeführt – angeblich auf Drängen Raissa Gorbatschowas – und die Spezifik der Steilküste zu wenig beachtet. Jetzt rutschen die Gebäude langsam, aber sicher ins Meer ab. Im August 1991 machte Michail Gorbatschow mit seiner Frau, Tochter, Schwiegersohn und Enkelin Mascha Urlaub in seinem Luxusdomizil auf der Krim, wo sie vom Moskauer Putsch überrascht wurden. Er sei gefangengehalten worden, ohne Verbindung zur Außenwelt, gab Gorbatschow später an – und habe so um sein Leben gefürchtet, daß er ein Videoband

Die ehemalige Gorbatschow-Datscha

## Selim, der Tatare

›Kajtu‹ steht in großen Buchstaben auf dem Schild, das über der Wellblechlaube auf dem Parkplatz an der Bucht von Laspi hängt. Kajtu, das ist Krimtatarisch und heißt: Wir sind zurückgekommen. Zurückgekommen aus der Verbannung, in die man unsere Großväter 1944 schickte. Selim, der Tatare: Eigentlich war er nicht unglücklich gewesen im mittleren Osten. Bei der Armee hatte er – hochgeschätzt – als Fahrer und Koch eines russischen Generals gedient. Doch hier auf der Krim sind seine Wurzeln.

Kajtu, das klingt stolz, selbstbewußt und mutig. Monatelang saß und stand Selim in Vorzimmern von Behörden, um die Erlaubnis zu bekommen, an der Straße zwischen Foros und Sewastopol eine Art Raststätte, ein ›Kafe‹, eröffnen zu dürfen. Als sie endlich kam, war schon alles fertig: ein Bauwagen, davor ein Wellblechdach, eine Bank und ein niedriger Tisch. Etwas abseits eine kleine ›Terrasse‹ mit alten Tischen und Kinostühlen, ein gemauerter Herd und eine Tanzfläche. Ein Schild hat Selim auch schon auf Deutsch gemalt: »Geistige Getränke zu billigen Preisen«, wirbt es. Er freue sich über jeden Gast, meint er – seien es Russen, Ukrainer, Tataren, Deutsche oder sonstige Ausländer. »Krieg hat es schon viel zu viel gegeben! Die Menschen sollen hierherkommen, miteinander feiern und entspannen!« so der überzeugte Pazifist. Viele kennen ihn und hupen beim Vorbeifahren, wenn sie gerade nicht anhalten können.

Schon zweimal ist Selims Hütte abgebrannt. Er machte sich sofort an den Wiederaufbau, und der Miliz gegenüber gab er an, er habe wohl die Kochplatte nicht abgestellt. Wahrscheinlich aber hat er einfach zu wenig Schutzgeld bezahlt. An die tatarische Mafia – denn die Russen würde er doch sofort hochgehen lassen!

mit seiner letzten Ansprache an sein Volk in kleine Schnipsel zerschnitt und auf diese Weise hinausschmuggeln ließ. Foros stand drei Tage lang im Mittelpunkt des Interesses der Weltöffentlichkeit. Und wenn heute auch viele argwöhnen, es habe sich bei dem Putsch um eine inszenierte Farce gehandelt: Die Gorbatschow-Datscha übt auf Touristen immer noch einen großen Reiz aus. Man sieht die Gebäude von oben, von der Straße aus, auf der man allerdings nicht anhalten darf. Einen guten Blick hat man aber auch vom Meer aus. Im Bootshafen des Sanatoriums Foros liegen im Sommer Motor- und

Segelboote, die Ausflugsfahrten mit Blick auf die Datscha anbieten.

**Unterkunft:** Sanatorium Foros, Foros, ✆ 79 13 92.

## Die Bucht von Laspi

Bevor die Straße vor dem Kap Aj-Ja die Küste verläßt und ins Landesinnere führt, lohnt sich ein Stop über der Bucht von Laspi. Von dem Aussichtspunkt im Felsen eröffnet sich ein beeindruckendes Panorama auf die Steilwände des Gebirges sowie die Bucht, die als eine der schönsten der Krim gilt. An der Treppe zur Plattform ist in den Fels eine Erinnerungstafel an den Ingenieur Garin-Michailowskij eingelassen, der die 1973 fertiggestellte Straße entlang der Südküste schon Anfang des Jahrhunderts entworfen und geplant hatte. Am Parkplatz stehen zwei Imbißbuden.

Die Bucht von Laspi wird im Westen begrenzt vom Kap Aj-Ja und den letzten Bergen der Hauptkette des Krimgebirges, den Massiven Kusch-Kaja und Kokija-Kaja. Hier befindet sich ein weiteres Naturdenkmal: ein Wäldchen aus Stankewitsch-Kiefern. Diese Art mit sehr dunkelgrünen Nadeln – sie ist benannt nach ihrem ›Entdecker‹, dem Forstwissenschaftler V. I. Stankewitsch – war früher auf der Krim weit verbreitet. Sie wächst nur bis in einer Höhe von etwa 300 m, findet dafür aber an den steilsten und kahlsten Felswänden Platz. Einzelne Bäume erreichen ein Alter von bis zu 200 Jahren.

Wegen der vielen Sonnenstunden und der Vegetation, die sich an die Trockenheit angepaßt hat, wird diese Gegend inoffiziell auch ›Afrika der Krim‹ genannt. Die Straße verläßt vor dem Kap Aj-Ja die Südküste, passiert das weite, fruchtbare Badjar-Tal und führt in Richtung Sewastopol.

Tatarenrestaurant ›Mythos‹

# Sewastopol und Umgebung

Streifzug durch die Stadt – Nachimow-Platz, Uferpromenade, Panorama auf dem Historischen Boulevard und Flottenmuseum

Sapun-Höhen und Diorama

Chersones – Lebendige Geschichte

Ausflüge

Der Palast der Pioniere in Sewastopol

# Sewastopol und Umgebung

Streifzug durch die ›Stadt des Ruhms‹: Parks, Paläste und Prachtstraßen; der Hafen, Stützpunkt der Schwarzmeerflotte • Denkmäler für die Helden zweier Belagerungen; Panorama und Diorama als eindrucksvolle Mahnungen • Rundgang durch die antiken und mittelalterlichen Ruinen des 2000jährigen Chersones • Inkerman und die Nordseite

Die Stadt Sewastopol (СЕВАСТОПОЛЬ) liegt am südwestlichen Rand der Krim auf mehreren Hügeln, den Ausläufern des Krim-Gebirges. 1783, gleich nach der Eroberung der Krim durch Rußland, wurde sie als Kriegshafen mit Werften zum Aufbau einer russischen Schwarzmeerflotte gegründet und ist auch heute noch Stützpunkt der russischen und ukrainischen Schwarzmeerflotte. Der Ort ist für diesen Zweck ideal geeignet: Insgesamt 25 größere und kleinere Buchten haben sich ins Land eingegraben. Die größte, ›Bucht von Sewastopol‹ oder ›Nördliche Bucht‹ genannt, ist 8 km lang und teilt die Stadt in zwei Hälften. Auch die antiken Griechen erkannten schon die strategisch günstige Lage der Buchten: Im 5. Jh. v. Chr. gründeten Kolonisten aus Kleinasien die Stadt Chersones, die, später als Teil des römischen Imperiums und dann des byzantinischen Reiches, 2000 Jahre lang ununterbrochen bestand. Die Ausgrabungen von Chersones gehören zu den Hauptsehenswürdigkeiten der Stadt Sewastopol.

## Geschichte

Zweimal in seiner Geschichte war Sewastopol – der Name stammt, der damaligen Mode entsprechend, aus dem Griechischen und bedeutet ›Stadt des Ruhms‹ oder ›Stadt der Größe‹ – Schauplatz von langen und blutigen Kämpfen. 1854/55 belagerten Türken, Engländer, Franzosen und Truppen aus dem Königreich Sardinien die Stadt, und sie wurde zum Hauptschlachtfeld in dem Krieg, der als der östliche oder einfach ›Krimkrieg‹ bekannt ist. 349 Tage hielten die russischen Truppen stand, dann verließen sie das Stadtzentrum auf einer schwimmenden Brücke über die

Bucht in Richtung Nordseite. Den Ereignissen des Krimkrieges ist das Panorama gewidmet, die monumentale Darstellung des alliierten Sturmangriffes im Juni 1855.

Im Herbst 1941 war Sewastopol eine der Städte, die in den ersten Stunden des Krieges gegen die Sowjetunion von der deutschen Wehrmacht bombardiert wurden. Aber erst im Juli 1942 nahmen die Deutschen Sewastopol ein. Am 9. Mai 1944, ein Jahr vor Kriegsende, eroberten es die Sowjets zurück. Damals standen in der Stadt nur noch drei Gebäude.

Sewastopol wurde von Stalin mit einem Orden ausgezeichnet, zur Heldenstadt erhoben und mit Spenden aus der gesamten Sowjetunion wiederaufgebaut. Es entstanden breite Straßen und Boulevards, der Stadtring, der vier große Plätze miteinander verbindet. Drei davon tragen die Namen von Heerführern: Uschakow, Nachimow, Suworow; der vierte ist der unvermeidliche Revolutions-Platz. Die Häuser im Zentrum sind aus weißen Steinen im sogenannten ›Zukkerbäckerstil‹ der Stalinzeit gebaut. Unzählige Denkmäler erinnern an die Opfer der Kriege. Sewastopol mit seinen 400 000 Einwohnern war und ist eine geschlossene Stadt. An allen Zufahrtsstraßen sind Straßensperren aufgebaut, die auch Krimbewohner und sonstige Ukrainer und Russen, um so mehr aber Ausländer, nur mit einer besonderen Genehmigung durchfahren dürfen.

Blick auf das Stadtzentrum

Trotz dieser Schwierigkeit aber sollte man sich einen Besuch Sewastopols nicht entgehen lassen, da die Stadt von ihrer Anlage her sowie wegen der vielen Sehenswürdigkeiten zu den interessantesten Zielen auf der Krim gehört. Alle Touristikfirmen, die mit ausländischen Gästen arbeiten, bieten Tagesausflüge nach Sewastopol an. Kreuzfahrtschiffe aus Odessa laufen den Hafen an, und seit kurzem ist es auch möglich, mehrere Tage in der Stadt zu verbringen.

## Stadtrundgang

Wir beginnen unseren Stadtrundgang am **Nachimow-Platz** (1; ПЛОЩАДЬ НАХИМОВА). In der Mitte steht das Denkmal des Admirals Pawel Nachimow. Dieser leitete während des Krimkrieges die Verteidigung der Stadt Sewastopol und fiel im Juni 1855 auf dem Schlachtfeld. 1898 setzte ihm die Stadt dafür ein Denkmal, das aber während des Zweiten Weltkrieges zerstört wurde. Das heutige Monument, eine 6 m hohe Bronzefigur, stammt aus dem Jahre 1959. Sie steht auf einem Sockel, der mit drei Bronzeplatten verkleidet ist. Die Reliefs zeigen Szenen aus dem Leben des Admirals: ›Die Schlacht von Sinope‹, ›Nachimow im Gespräch mit Matrosen‹ und ›Auf der 4. Bastion‹. Bemerkenswert ist, daß der Admiral heute nicht, wie vor dem Krieg, zum Meer schaut, sondern in die entgegengesetzte Richtung – genau auf das **Mahnmal zur Erinnerung an die Verteidigung Sewastopols 1941/42** (2). Auf Granitplatten sind dort die Bezeichnungen der Kampfeinheiten und städtischen Organisationen eingemeißelt, die am Kampf teilnahmen, sowie die 54 Namen derer, die wegen ihrer Tapferkeit zu ›Helden der Sowjetunion‹ erklärt wurden. Vor der Erinnerungsmauer stand bis vor kurzem noch ununterbrochen eine Ehrenwache des örtlichen Komsomol, Teenager in hellblauen Hosen bzw. Röckchen, weißen Blusen und roten Halstüchern, die, ihre Mini-Maschinengewehre geschultert, im Stechschritt auf und ab patrouillierten. Jetzt ist diese Wache nur noch selten zu sehen.

Auf der anderen Seite des Platzes leuchten die weißen Kolonnaden des 1846 angelegten **Grafenkais** (3). Vom klassizistischen Säulenpavillon aus führen Granitstufen hinunter ans Meer – in der Mitte sind sie rot ausgelegt und imitieren so

**Sewastopol** 1 Nachimow-Platz mit Nachimow-Denkmal 2 Mahnmal zur Erinnerung an die Verteidigung Sewastopols 1941/42 3 Grafenkai 4 Denkmal der versenkten Segelschiffe 5 Aquarium 6 Palast der Pioniere 7 Denkmal für die Schiffe der Schwarzmeerflotte 8 Kunstmuseum 9 Lenin-Denkmal 10 Wladimir-Kathedrale 11 Matrosenclub 12 Totleben-Denkmal 13 Panorama 14 Flottenmuseum

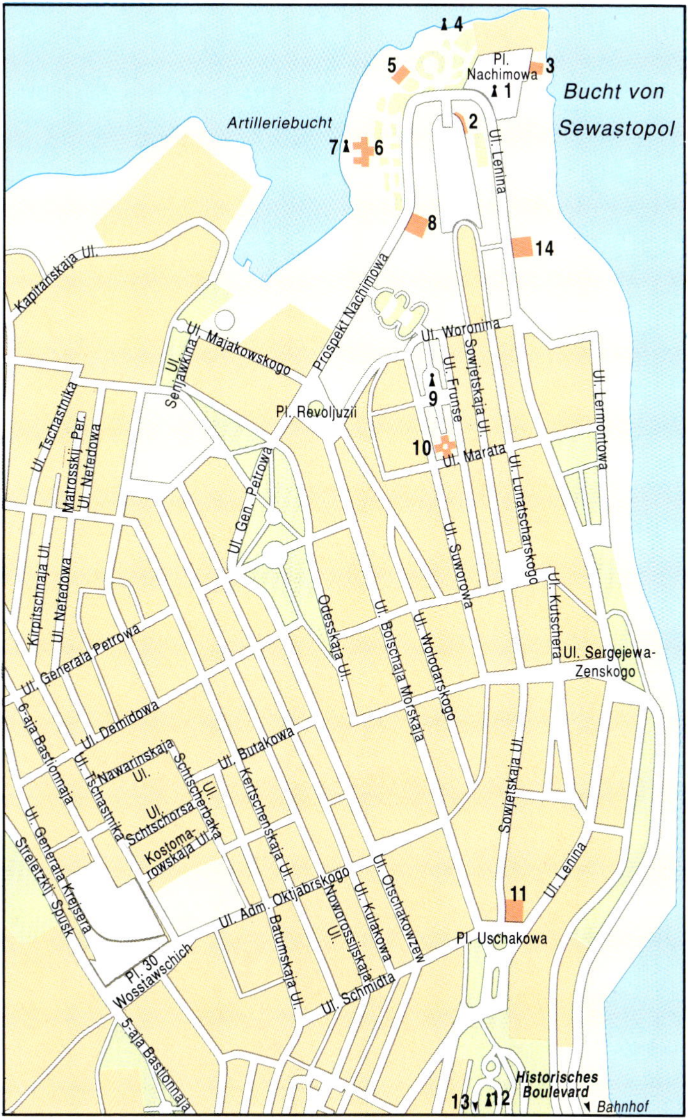
Bucht von Sewastopol
Artilleriebucht
Pl. Nachimowa
Ul. Lenina
Prospekt Nachimowa
Kapitanskaja Ul.
Ul. Majakowskogo
Ul. Senjawkina
Ul. Woronina
Sowjetskaja Ul.
Ul. Frunse
Ul. Lermontowa
Pl. Revoljuzii
Ul. Tschastnika
Matrosskij Per.
Ul. Nefedowa
Ul. Marata
Ul. Lunatscharskogo
Ul. Gen. Petrowa
Ul. Suworowa
Kirpitschnaja Ul.
Ul. Nefedowa
Odesskaja Ul.
Ul. Bolschaja Morskaja
Ul. Wolodarskogo
Ul. Kutschera
Ul. Sergejewa-Zenskogo
Ul. Generala Petrowa
Ul. Demidowa
6-aja Bastionnaja
Ul. Nawarinskaja
Ul. Schtscherbaka
Ul. Butakowa
Ul. Kertschenskaja Ul.
Sowjetskaja Ul.
Ul. Tschastnika
Ul. Schtschorsa
Kostomarowskaja Ul.
Ul. Generala Kreisera
Streletzkij Spusk
Ul. Otschakowzew
Ul. Kulakowa
Noworossijskaja Ul.
Ul. Adm. Oktjabrskogo
Batumskaja Ul.
Ul. Lenina
Pl. Uschakowa
Pl. 30 Wosstawschich
Ul. Schmidta
5-aja Bastionnaja
Historisches Boulevard
Bahnhof
1
2
3
4
5
6
7
8
9
10
11
12
13
14

einen roten Teppich. Die Balustrade der Treppe schließt mit zwei steinernen Löwen ab. An dieser Stelle legte 1787 ein Schiff mit Katharina II. an – die Zarin wollte den neuen Hafen besichtigen. Später stieg hier der Kommandierende der Sewastopoler Eskadron Graf Wojnowitsch an Land – daher der Name Grafenkai. Im 19. Jh. wurde der Grafenkai zur Parade-Anlegestelle Sewastopols.

Die **Uferpromenade** (Primorskij Bulwar) beginnt am Nachimow-Platz und verläuft parallel zur Straße Prospekt Nachimowa (ПРОСПЕКТ НАХИМОВА). Sie erweitert sich zu einem kleinen Park mit Konzertmuschel, Bänken und Getränkebuden. Die Sewastopoler verbringen hier ihre Mittagspause oder erholen sich von anstrengenden Einkaufstouren, vollen Bussen und Fähren. Auf den Bänken spielt man Schach, und oft sammelt sich um die Spieler eine Traube interessierter Menschen, die das Spiel schweigend und konzentriert verfolgen. Auch politische Kundgebungen, Demonstrationen und Unterschriftensammlungen finden bevorzugt in der Nähe der Uferpromenade statt.

Früher, so wird erzählt, habe am Eingang des Parks folgendes Schild

Die Schwarzmeerflotte vor Anker

Feierliche Parade der Marine

gehangen: »Zutritt mit Hunden und unteren Diensträngen verboten«, wobei man sich besonders darüber echauffiert, daß die Hunde noch vor den einfachen Soldaten genannt wurden. Ob es das Schild wirklich gegeben hat, ist ungeklärt – ähnliche Geschichten wurden in vielen sozialistischen Ländern über die vorrevolutionäre Zeit erzählt. In Shanghai z. B. soll eine Aufschrift entsprechend gelautet haben: »Zugang mit Chinesen und Hunden verboten«.

An der Promenade steht das **Denkmal der versenkten Segelschiffe** (4), das zum Wahrzeichen der Stadt geworden und sogar im Stadtwappen abgebildet ist. In kurzer Entfernung vom Ufer erhebt sich auf einem 3 m hohen Fundament aus rohen Granitbrocken eine schlanke Säule, auf der ein bronzener Adler mit ausgebreiteten Schwingen hockt; in seinem Schnabel hält er einen Lorbeerkranz. Am Ufer liegen die Anker der Schiffe, die vor der Belagerung der Stadt 1854 am Eingang zur Nordbucht versenkt wurden, um die Einfahrt zu sperren. Außerdem ist die Stelle markiert, an der die schwimmende Brücke begann, über die die Russen in der Nacht vom 27. auf den 28. August 1855 die Stadt endgültig verließen. In der Nähe des Denkmals ragt eine Zuschauertribüne aus Beton in die Bucht. Am ›Tag der Schwarzmeerflotte‹ findet jährlich eine große Flottenparade statt, und von der Tribüne beobachten die Honoratioren der Stadt das Geschehen. Ursprünglich wurde sie für Generalsekretär Leonid Breschnew erbaut.

Im 19. Jh. befand sich im Park das Gebäude des Städtischen Theaters, das aber leider nicht erhalten ist. Hier trat im Jahre 1900 Stanislawskijs Moskauer Künstlertheater mit den Tschechow-Stücken ›Die Möwe‹ und ›Onkel Wanja‹ auf, wozu der Autor selbst extra aus Jal-

Denkmal der versenkten Segelschiffe

ta anreiste. Etwa zur selben Zeit wie das Theater entstand das Meeresbiologische Forschungsinstitut; das **Aquarium** (5) kann besichtigt werden. Der benachbarte **Palast der Pioniere** (6) wurde im Krieg zerstört und erst 1966/67 wiederaufgebaut. Er besteht wie das Forschungsinstitut aus weißem Inkerman-Stein und ist mit Figuren reich verziert. Einen schönen Blick auf die beiden Gebäude hat man von der gegenüberliegenden Seite der Artilleriebucht. Am Ufer unterhalb des Palasts der Pioniere befindet sich das **Denkmal für die Schiffe der Schwarzmeerflotte** (7) – ein Steinbogen über einer in die Mauer eingelassenen Bronzeplatte mit den Namen der 28 Kriegsschiffe, die sich im Kampf gegen die Deutsche Wehrmacht ausgezeichnet hatten; darunter eine symbolische Darstellung des Meeres mit den Schriftzügen der Heldenstädte Odessa, Kertsch und Noworossijsk. Links und rechts Anker, Granaten und andere Ausrüstung. Etwas weiter befindet sich ein Delphinarium (Vorstellungen im Sommer mindestens dreimal täglich).

Auf der Höhe des Lunatscharskij-Theaters (1956 im Stil des Neo-Klassizismus erbaut) überqueren wir den Prospekt Nachimowa. In Haus Nr. 9 befindet sich das **Kunstmuseum** (8), dessen Fassade, wie schon erwähnt, den Krieg relativ unversehrt überstanden hat. Einige Meter rechts davon führt eine breite Treppe auf einen der höchsten Hügel im Stadtzentrum. Von hier überblickt man die Nordbucht (Bucht von Sewastopol) und die Artilleriebucht und entdeckt am Horizont die riesige Figur eines Seesoldaten mit gezücktem Bajonett. Das **Lenin-Denkmal** (9) steht seit 1957 an dieser schönen Stelle. An den vier Ecken des Sockels demonstrieren Arbeiter, Bauer, Soldat und Matrose »die Einheit von Volk und Partei«.

Etwas oberhalb des Lenin-Denkmals erhebt sich die byzantinische **Wladimir-Kathedrale** (10). Sie wurde 1854–88 aus Inkerman-

Stein errichtet und außen mit Diorit-Säulen geschmückt. Im Grunde handelt es sich bei der Wladimir-Kathedrale um zwei Kirchen: eine untere mit einer durch ein schwarzes Marmorkreuz markierten Grabstätte – sie war den unteren Rängen und einfachen Soldaten zugedacht und weniger prächtig ausgestattet – und die mit Gold, Silber und Marmor reich verzierte obere Kirche für das gehobenere Publikum. In der Grabstätte befinden sich die sterblichen Überreste der Admirale Lasarjew, Kornilow, Istomin und Nachimow, bis auf Lasarjew (der vorher starb) – Kriegshelden von 1854/55.

Die Straße Bolschaja Morskaja (БОЛЬШАЯ МОРСКАЯ) entlang gehen wir nun in Richtung Uschakow-Platz (ПЛОЩАДЬ УШАКОВА), wo sich neben dem Gebäude des **Matrosenclubs** (11; früher Offiziersclub) der Eingang zum **Historischen Boulevard** (ИСТОРИЧЕСКИЙ БУЛЬВАР) befindet. Auf dem Gelände der ehemaligen 4. Bastion befinden sich mehrere Denkmäler, die an die Verteidigung der Stadt im Krimkrieg erinnern. Beim Aufstieg gelangt man zuerst an das **Totleben-Denkmal** (12). General E. J. Totleben, Deutsch-Balte aus Riga, ist der Schöpfer der Verteidigungsanlagen, die 1854 zum Schutze gegen die Angriffe des Feindes in kürzester Zeit aufgebaut wurden. Da man es nämlich versäumt hatte, die lange schon vorbereiteten Pläne für den Bau von Wehren und Bastionen rechtzeitig auszuführen, war die Stadt Sewastopol von der Landseite her völlig ungeschützt. Der damalige Oberstleutnant Totleben mußte sich damit behelfen, Steine und Geröll in Weidenkörbe füllen und daraus Schutzmauern bauen zu lassen. Während der Feind noch zögerte, ob er die Stadt von Norden oder von Süden angreifen sollte, konnten die provisorischen Anlagen fertiggestellt werden – ein Ereignis, das von Zeitgenossen als ›russisches Wunder‹ bezeichnet wurde. Links des Weges sind solche typischen Schanzkörbe aus Beton nachgebaut, genauso am Ende des Boulevards. Dort steht auch der Gedenkstein für den Schriftsteller Leo Tolstoi. Dieser hatte sich als 26jähriger freiwillig nach Sewastopol gemeldet und kämpfte hier im Range eines Leutnants. Seine Kriegserlebnisse hat er in drei großartigen Erzählungen verarbeitet: ›Sewastopol im Dezember 1854‹, ›Sewastopol im Mai‹ und ›Sewastopol im August 1855‹.

Eine eindrucksvolle Darstellung des Krieges bietet auch das **Panorama ›Die Verteidigung Sewastopols 1854–1855‹** (13), eines der besten Beispiele für die in Rußland und der ehemaligen Sowjetunion so beliebte Panoramakunst (geöffnet Di–So, 9.30–16.30 Uhr). Über eine Wendeltreppe werden die Besucher auf eine Plattform in der Mitte des großen, runden, durch Oberlichter natürlich beleuchteten Saales geführt – und finden sich plötzlich mitten in der Schlacht wieder.

# Die Sewastopoler Erzählungen

## Leo N. Tolstoi

Die Sewastopoler Erzählungen gehören zum Frühwerk Leo N. Tolstojs. In ihnen hielt er die Erlebnisse und Erfahrungen fest, die er während seines Aufenthaltes im belagerten Sewastopol machte – gleich vor Ort schrieb er sich all das Grauenhafte von der Seele. Die Schlachtdarstellungen übrigens bilden das Material, aus dem später die Kriegsbeschreibungen in ›Krieg und Frieden‹, etwa die der Schlacht von Borodino, entstanden.

›Sewastopol im Dezember 1854‹, ›Sewastopol im Mai‹ und ›Sewastopol im August 1855‹ stehen als drei eigenständige Erzählungen nebeneinander. Die erste ist aus der Sicht eines personalen Erzählers – wohl des jungen Tolstoi selbst – geschrieben, der voller Enthusiasmus zum ersten Mal das belagerte Sewastopol betritt. Zwar verschweigt er die Schrecken nicht, beschreibt z. B. sehr realistisch das Innere eines Lazaretts mit schreienden und stöhnenden Verwundeten und operierenden Ärzten in blutbespritzten Kitteln; das schier unerträgliche Trommelfeuer, dem die Kämpfenden auf den Bastionen ausgesetzt sind; das Elend der Witwen und Waisen ... Doch überwiegt die Kriegsbegeisterung: »Hat man so die Verteidiger Sewastopols auf dem Schauplatz der Verteidigung selber gesehen, so schenkt man beim Zurückgehen den Geschossen und Kugeln, die den ganzen Weg entlang bis zum zerschossenen Theater ununterbrochen weiterpfeifen, keinerlei Beachtung mehr, sondern kehrt ruhig und gehobenen Mutes zurück.«

Fünf Monate später hat sich diese Einstellung des kämpfenden Schriftstellers schon gewandelt. Hauptperson der Erzählung ›Sewastopol im Mai‹ ist der Stabskapitän Michailow, dem einerseits seine Angst im Gefecht zu schaffen macht, andererseits die überlegene Haltung, die die anderen Offiziere ihm gegenüber einnehmen. Tolstoi enthüllt hier die nichtigen Eitelkeiten, denen sich vor allem die höhergestellten Offiziere hingeben, und kontrastiert sie mit den persönlichen Gefüh-

Das Panorama von Sewastopol besteht aus einem 14 m hohen und 115 m langen Gemälde, das die Innenwand des Rundbaus vollkommen bedeckt. An seinem unteren Rand geht das Bild allmählich in den gegenständlichen Bereich über – Baumstämme, Wagen, Erdhütten,

len der einzelnen im Trommelfeuer auf den Bastionen. Nach einem Sturmangriff und zweitägigem ununterbrochenen Kampf schließen beide Seiten einen Waffenstillstand, um ihre Toten bergen zu können. Am Ende dieser Erzählung klingt die philosophische und religiöse Überzeugung Tolstois an – er stellt sich die Frage, wie ›Menschen und Christen‹ sich gegenseitig so etwas antun können. »Nein! Die weißen Fähnlein werden verschwinden – und wieder werden die Geschütze, Tod und Verderben speiend, pfeifen, wieder wird ehrliches, unschuldiges Blut vergossen werden und Stöhnen und Fluchen zu hören sein.«

Vollends enthüllt die dritte Erzählung, ›Sewastopol im August 1855‹, die Sinnlosigkeit des Krieges. Zwei Brüder treffen sich zufällig auf der Nordseite. Beide sind Soldaten – der ältere hat schon in Sewastopol gekämpft und kehrt jetzt aus dem Krankenurlaub zurück, der jüngere kommt als Freiwilliger an die Front. Beide durchleben die letzten schrecklichen Tage der Belagerung und fallen, kurz vor dem endgültigen Abzug der russischen Truppen aus der Stadt. Tolstoi schildert diese Ereignisse aus verschiedenen Perspektiven, unpathetisch, aber sehr eindringlich. Minuziös zeichnet er dabei die Gefühle und Beobachtungen der einzelnen nach, bis hin zu den letzten Eindrücken vor ihrem Tod: »Koselzow wußte genau, daß man ihn niederstrecken würde; aber gerade das machte ihn tapfer. Er lief immer weiter nach vorne. Ein paar Soldaten hatten ihn überholt, andere tauchten seitlich auf und liefen ebenfalls mit. Die blauen Uniformen hielten sich in derselben Entfernung und liefen vor ihm davon in ihre Gräben zurück, aber sein Fuß stieß an Verwundete und Gefallene. Als er schon bis zum Außengraben gelaufen war, fing sich vor seinen Augen alles zu drehen an, er fühlte einen Schmerz in der Brust, setzt sich auf das Bankett und sah mit großer Genugtuung durch die Schießscharte, wie Haufen blauer Uniformen in größter Unordnung zu ihren Gräben liefen und wie auf dem ganzen Feld in roten Hosen und blauen Uniformen Gefallene lagen und Verwundete dahinkrochen.« Am Ende verlassen die russischen Soldaten in Panik die Stadt über die schwimmende Holzbrücke in Richtung Nordseite. Alle Opfer, alle Leiden, das Sterben so vieler war vergebens …

Kanonenkugeln, aufgewühlte Erde, gefallene Soldaten … Das Schlachtfeld aus bemaltem Pappmaché wirkt erstaunlich echt. Die Szene zeigt den Sturmangriff der Alliierten auf das belagerte Sewastopol am 6. Juni 1855, an dem die 75 000 Mann starke russische Ar-

# Dascha und Pjotr

## Die Volkshelden von Sewastopol

Darja Michailowa, auch Dascha von Sewastopol genannt, war die Tochter eines Matrosen, der in der Schlacht von Sinope fiel. Sie lebte in einem kleinen Häuschen in Sewastopol, das sie aber sofort verkaufte, als sie von der alliierten Invasion hörte. Sie zog sich die Uniform eines Matrosen an, nahm sich ein Pferd und ritt zum Fluß Alma, wo die erste große Schlacht stattfand. Als erste Frau in Rußland leistete sie den Verwundeten Hilfe auf dem Schlachtfeld. Erst drei Monate nach der Schlacht an der Alma reiste aus England Florence Nightingale an, um die englischen Soldaten in ähnlicher Weise zu versorgen ... Im November 1854 verlieh Zar Nikolaus I. Dascha von Sewastopol eine goldene Medaille am Band des Wladimir-Ordens. Sie lebte bis 1910 in Sewastopol.

Eine weitere schillernde Gestalt aus der Reihe der Volkshelden von Sewastopol ist der Matrose Pjotr Koschka. Der Sohn eines Leibeigenen diente als einfacher Matrose auf den Bastionen von Sewastopol, wo er sich nicht nur im gemeinsamen Kampf hervortat, sondern auch durch tollkühne Einzelaktionen. Allein drang er in die gegnerischen Stellungen ein, erbeutete Waffen und machte Gefangene. Berühmt wurde er vor allem durch folgende Tat: Mitten aus dem englischen Lager ›entführte‹ er die Leiche eines gefallenen Kameraden, auf die die Engländer angeblich Schießübungen veranstalteten. Pjotr Koschka mußte lange auf eine offizielle Auszeichnung warten. Erst 1863 verlieh man ihm den Kriegsorden II. Klasse. Nach dem Krieg diente er noch eine Weile als Quartiermeister in der Flotte, dann kehrte er in sein Heimatdorf zurück.

Dascha von Sewastopol und Pjotr Koschka hat man nicht nur an der Außenwand des Panoramas Denkmäler gesetzt. Vielmehr stehen unten in der Stadt mehrere Büsten der beiden, und jedes Kind kennt ihre Geschichte. Die Helden aus dem einfachen Volk kamen der offiziellen Sowjetpropaganda gerade recht. Tatsache aber ist, daß es ausschließlich der Tapferkeit und Kampfbereitschaft des einfachen Volkes, der Soldaten und Matrosen zu verdanken war, daß die schlecht befestigte und wenig ausgerüstete Stadt Sewastopol den Belagerern 349 Tage lang standhielt.

Panorama, Ausschnitt: Sturmangriff auf das belagerte Sewastopol am 6. Juni 1855

mee die um fast 100 000 Soldaten überlegenen Angreifer erfolgreich abwehrte. Standpunkt des Beobachters ist der Malachow-Hügel, von dem aus sich die gesamte, vom Ring der Belagerer umgebene Stadt überblicken läßt. Während der Betrachter die Plattform langsam umrundet, entrollen sich vor seinen Augen die Ereignisse des Tages, der in den frühen Morgenstunden mit einem Angriff der Alliierten auf die Gervais-Batterie sowie die 3. und 4. Bastion beginnt.

Über dem Schlachtfeld erhebt sich weißer Rauch. Vor der abgesperrten Bucht von Sewastopol sind die englischen Kriegsschiffe zu erkennen, die die Stadt vom Meer aus beschießen. Im Vordergrund zeigt das Gemälde den Verbandsplatz des Malachow-Hügels; hier arbeitet der berühmte Chirurg Pirogow (Figur in blauer Jacke und Mütze), der auf den Schlachtfeldern des Krimkrieges als einer der ersten unter Narkose operierte. In der Bucht, nicht weit von der Pawlow-Batterie entfernt, liegt der Dreimaster ›Großfürst Konstantin‹; in Schleppkähnen werden die Gefallenen hinüber zum Friedhof auf der Nordseite gebracht.

Zu erkennen sind die Soldaten des Tschernigow-Regiments, die den Verteidigern des Malachow-Hügels zu Hilfe eilen. Hier zeigt der dreidimensionale Bereich Erdlöcher und Verschläge, die zum Schutz vor Bomben und Splitter dienen sollen. Auf dem Malachow-Hügel ist als Zeichen höchster Gefahr die rote Flagge gehißt, klettern doch die ersten französischen Soldaten schon auf Leitern über die Brustwehren. Aber den Russen gelingt es, sie abzuwehren. Anscheinend ohne Angst unterhält sich eine Frau im roten Rock mit zwei verwundeten Soldaten: Dascha von Sewastopol, die russische Florence Nightingale. Sie ist herbeigeeilt, um den Kämpfenden Wasser zu bringen. Und etwas weiter kehrt ein zweiter Volksheld Sewastopols gerade von seinem nächtlichen Ausfall zurück: Der Matrose mit den zwei Gewehren, der hinter der Bahre mit dem Verwundeten durch die Bresche in der Mauer kommt, ist Pjotr Koschka.

An der Brustwehr des zerschossenen Turmes steht beobachtend Admiral Nachimow. Aus der improvisierten Kirche im Keller schreitet, gefolgt von einer Prozession gläubiger Soldaten, ein das Kruzifix vor sich hertragender Priester. Die Schlacht aber entscheidet sich an der Batterie des Leutnants Gervais: Die Franzosen haben sie schon eingenommen und die Trikolore als Zeichen ihres Sieges gehißt. Doch General Chruljew schwingt sich aufs Pferd und setzt sich an die Spitze der Soldaten. Von seiner Kampfbegeisterung mitgerissen, gelingt es ihnen, die Franzosen zurückzuschlagen. Besonders eindrucksvoll ist die stille Szene im Vordergrund: Unter einer Ikone – mit brennender Kerze davor – ist ein Gefallener aufgebahrt, bedeckt mit seinem Soldatenmantel.

Überhaupt dient die gesamte Anlage des Panoramas weniger der Kriegsverherrlichung als der Darstellung von Leid und Elend während der Belagerung. Bei einem zweiten Rundgang – jetzt eine Etage tiefer, wo man durch kleine Fenster den dreidimensionalen Bereich genauer betrachten kann – sind noch viele Einzelheiten zu entdecken, etwa der kartoffelschälende Soldat in der Erdhütte, ein mit Brot und Wasser gedeckter Frühstückstisch oder ein glimmender Holzverschlag. Geschaffen hat das Panorama Franz Alexandrowitsch Rubo. Der gebürtige Odessiter malte das Bild unter Mithilfe von Professoren und Studenten der Bayrischen Akademie der Künste in München. 1905, zum 50. Jahrestag der Belagerung, wurde das Panorama in Sewastopol feierlich eröffnet. Am 25. Juni 1942 wurde das Gebäude während des deutschen Angriffs von einer Bombe getroffen und geriet in Brand – nur Fragmente des Gemäldes konnten gerettet und evakuiert werden. So war man gezwungen, das gesamte Bild entsprechend der alten Vorlagen, Skizzen und übriggebliebenen Fragmente neu zu malen. Am 16. Oktober 1954 wurde das Panorama von Sewastopol neu eröffnet. Über die Geschichte des Panoramas als Kunstwerk informiert eine kleine Ausstellung im Untergeschoß des Gebäudes.

Vom Panorama kehren wir über den Historischen Boulevard zum Uschakow-Platz zurück und folgen der Lenin-Straße (Uliza Lenina, УЛ. ЛЕНИНА) bis zum Nachimow-Platz. Den Abschluß des ausgedehnten Stadtrundganges bildet ein Besuch im **Flottenmuseum** (14) in der Uliza Lenina 11. Das Museum wurde 1869 auf Initiative des Generals Totleben und anderer Veteranen des Krimkrieges gegründet und ist seit 1895 in dem speziell für diesen Zweck gebauten Haus untergebracht. Die Ausstellung zeichnet die Geschichte der russischen Schwarzmeerflotte von den Anfängen im 18. Jh. bis heute nach. Im ersten Saal im Untergeschoß illustrieren die gezeigten Gegenstände – Karten, Urkunden, Schiffsmodelle, persönliche Gegenstände von Admiralen usw. – das Bemühen der Russen um einen Zugang zu den eisfreien Meeren. Der nächste Saal ist dem Krimkrieg gewidmet und enthält Dinge wie die Stiefel und das Hemd Daschas von Sewastopol, die chirurgischen Instrumente Pirogows, Uniformen, Waffen, Admiral Kornilows Hosenträger, sein Schreibgerät ... und dazwischen Fahnen und Karten zum Verlauf des Krieges. Mit dem Aufbau einer Dampferflotte und den Revolutionen 1905 und 1917 beschäftigt sich der dritte Saal. Hier werden z. B. ein Teil des Mastes und ein Spiegel von dem Panzerkreuzer Potemkin präsentiert. Mit dem Zweiten Weltkrieg beschäftigen sich die drei Säle im Obergeschoß des Museums. Riesige Gemälde im Stil des Sozialistischen Realismus – zum Großteil in Rot gehalten – stellen Kriegsereignisse dar. In den Vitrinen stehen Schiffsmodelle; Fotos und persönliche Gegenstände erinnern an die sowjetischen Soldaten. Im Gebäude nebenan befindet sich der siebte Saal des Museums mit einer Ausstellung zur sowjetischen Schwarzmeerflotte nach dem Zweiten Weltkrieg (geöffnet Mi–So 9–17 Uhr, Eintritt frei).

Wer nach diesem Stadtrundgang noch nicht genug von der Beschäftigung mit dem Krieg hat, kann sich zwei weitere Sehenswürdigkeiten anschauen, die mit den beiden Belagerungen Sewastopols verknüpft sind.

Der Malachow-Hügel (Malachow Kurgan) liegt auf der gegenüberliegenden Seite der Südbucht (Juschnaja Buchta) an der Straße Uliza Gerojev Sevastopolja (УЛ. ГЕРОЕВ СЕВАСТОПОЛЯ). Man erreicht ihn vom Stadtzentrum aus mit den O-Bussen Nr. 1, 4 und 7. Unter den ca. 20 Denkmälern zu Ehren der Kämpfer im Krimkrieg und im Zweiten Weltkrieg ist hier vor allem der Kornilow-Turm im oberen Teil der Anlage interessant. Es handelt sich um den Teil der alten Stadtbefestigung, von dem aus im Krimkrieg die Befehlshaber den Verlauf der Belagerung beobachte-

Im Flottenmuseum

ten. Wer das Panorama besucht hat, wird ihn leicht wiedererkennen. Im Turm ist ein kleines Museum über den Krimkrieg untergebracht (geöffnet täglich 9–16.30 Uhr.)

Vom Malachow-Hügel gelangt man mit dem Autobus Nr. 4 zu den Sapun-Höhen (Sapun-Gora) und dem Diorama ›Sturm auf die Sapun-Höhen am 7. Mai 1944‹. Die Sapun-Höhen waren im Zweiten Weltkrieg einer der am heftigst umkämpften Orte auf der Krim. Das Diorama – im Gegensatz zum Panorama umfaßt es nicht 360 Grad, sondern nur einen Winkel von etwa 100 Grad – stellt die Rückeroberung der Sapun-Höhen durch die Sowjetarmee kurz vor der endgültigen Befreiung der Stadt Sewastopol dar. Das Wandbild und der dreidimensionale Teil ergänzen sich zu einem eindrucksvollen Mahnmal – vor allem, wenn man vor oder nach dem Betrachten auf die Terrasse des Gebäudes tritt und sich dieselbe Gegend heute ansieht. Um das Diorama herum sind Panzer, Kanonen und andere Kriegstechnik aus der Zeit des Zweiten Weltkrieges aufgestellt. Der Rückweg führt am Bahnhof von Sewastopol vorbei, wo eine alte Dampflok steht. »Smert faschismu«, Tod dem Faschismus, leuchtet es in fast fröhlichen Lettern. 1941/42 zog diese Lokomotive den Panzerzug ›Shelesnjakow‹, der mit Kanonen bestückt war und immer wieder Ausfälle gegen die deutschen Belagerer unternahm.

## Chersones

Westlich vom Stadtzentrum, zwischen Quarantäne-Bucht und Sand-Bucht, liegt das Freilichtmuseum Chersones (geöfnet Di–So 9.30–16.30 Uhr). Die griechische Polis Chersones entstand 422–21 v. Chr. als Tochtergründung des kleinasiatischen Herakleia. Schon 100 Jahre später nahm Chersones die gesamte Halbinsel zwischen den beiden Buchten ein – der Name bedeutet übersetzt auch ›Halbinsel‹. Es war ein antiker Stadtstaat mit demokratischem Aufbau. Zu Chersones gehörte ein relativ großer Landbesitz, wo vor allem Korn und Wein angebaut wurden. Ab dem 2. Jh. n. Chr. geriet die griechische Kolonie in einen permanenten Kriegszustand mit den ›wilden‹ Reitervölkern der Skythen, die die Gegend immer wieder heimsuchten. Es kam zu blutigen und langanhaltenden Kämpfen. Verzweifelt wandten sich die Bürger von Chersones an den Herrscher von Pontus, Mithridates VI., und baten um Hilfe. Dessen Heerführer Diophant schlug die Skythen in die Flucht – doch Chersones war von nun an vom Pontischen Reich abhängig. Im 1. Jh. v. Chr. ging die Zeit der demokratischen Regierungsform zuende. Der Stadtstaat Chersones wurde dem römischen Imperium einverleibt und diente von nun an als Vorposten der römischen Eroberungspolitik am Nordufer des Schwarzen Meeres.

Die Ruinen von Chersones

Im 4. Jh. erhob man das Christentum zur offiziellen Religion in Chersones. Denkmäler antiker Kunst wurden zerstört, Theater und Tempel überbaut oder umfunktioniert. Während viele andere Städte dem Hunnensturm zum Opfer fielen, überlebte Chersones dank seiner starken Verteidigungsanlagen und existierte noch weitere 1000 Jahre. Ab dem 5. Jh. gehörte die Stadt zum Oströmischen Reich (Byzanz). Die Byzantiner nannten sie Cherson, die Slawen Korsun. Im Jahre 988 eroberte der Kiewer Fürst Wladimir Chersones, um Byzanz zu einem Vertrag mit dem aufsteigenden Slawenstaat Kiewer Rus zu zwingen. Er erhielt die Schwester des byzantinischen Kaisers, die purpurgeborene Prinzessin Anna, zur Frau, aber nur unter der Bedingung, daß er das Christentum annähme. So ließ sich Wladimir im Jahre 988 in einer der Kirchen von Chersones taufen – hier also fand die legendäre »Taufe Rußlands« statt.

Ab dem 13. Jh. verlor Byzanz an Macht und Bedeutung. Genuesische und venezianische Händler kamen auf die Krim. Da sich die Handelszentren in den östlichen Teil der Halbinsel verlagerten, verschlechterte sich die wirtschaftliche Lage von Chersones zunehmend. Neuerliche Angriffe feindlicher Reitervölker führten in der Mitte des 15. Jh. zum endgültigen Untergang der Stadt. Erst im 19. Jh. wurde das Territorium wieder besiedelt. In der Nähe des neu entstandenen Sewastopol gründete man ein Kloster, und zu Ehren der 900-Jahr-Feier der Taufe Rußlands wurde die Wladimir-Kirche erbaut. Die Mönche führten erste Ausgrabungen durch, doch erst in sowjetischer Zeit begann man mit der systematischen Erforschung des Geländes. Heute sind in den ehemaligen Klostergebäuden die Verwaltung des Museums sowie die beiden Ausstellungssäle untergebracht. Aus der Sicht der Archäologen bietet Chersones einzigartiges Anschauungsmaterial, hat die Stadt doch ununterbrochen über 2000 Jahre hinweg existiert. Da alte Gebäude verfielen oder überbaut wurden, finden sich mehrere Kulturschichten übereinander – im antiken Theater z. B. stehen die Grundmauern einer mittelalterlichen Kirche. Aber auch für den Laien gibt es in dem ausgedehnten Ausgrabungsgelände eine Menge zu entdecken, das Geschichte illustriert und lebendig macht. Falls man genügend Zeit hat, sollte man zu einem Besuch von Chersones seine Badesachen mitnehmen. Unterhalb der Ruinen erstreckt sich ein schöner Strand, an dem man Baden, Schnorcheln und Tauchen kann.

Gleich am Eingangstor rechts liegt der älteste Teil der antiken Polis. Hier, in der heutigen Quarantäne-Bucht, legten im 5. Jh. v. Chr. die ersten griechischen Schiffe an. Man überblickt das alte **Stadttor** und die **doppelte Stadtmauer** mit dem sogenannten ›Korridor des Todes‹ in der Mitte: Falls der Feind die erste Mauer überwunden hatte, befand er sich in einem schmalen Gang und war ein gutes Ziel für die Pfeile und Wurfgeschosse der Verteidiger. Auch die Fundamente mehrerer **Wachtürme** stehen noch. Die Bauweise der einzelnen Mauerabschnitte zeigt deutlich, in welcher Zeit und in welcher Situation sie errichtet wurden. Die antiken Steinquader sind gerade behauen und sitzen – auch ohne Mörtel – fest gefügt aufeinander. An anderen Stellen sind unbehauene Brocken angehäuft. Dieser Abschnitt ist im Mittelalter entstanden – nahte der Feind, wurde die Schutzmauer aufgestockt oder ausgebessert. Teilweise verwendete man sogar Grabplatten zum Mauerbau, die heute noch in dem näher an der Bucht gelegenen Teil zu finden sind.

Auf dem asphaltierten Weg gelangt man zur **Wladimir-Kirche,** 1888 erbaut an der Stelle, wo – wie man einst annahm – die Taufe Wladimirs stattgefunden hatte. Am 8. und 9. Mai 1944 tobten hier heftige Kämpfe, bevor die letzten deutschen Soldaten von Kap Chersones aus evakuiert bzw. gefangengenommen wurden. Das Dach der Kirche wurde aber schon früher von einer Bombe der Deutschen getroffen. Obwohl die Wladimir-Kirche bis heute noch nicht endgültig renoviert wurde, ist ein kleiner Teil als Kapelle schon geöffnet.

Wo heute die Wladimir-Kirche steht, befand sich in der Antike der Hauptplatz der Stadt. Hier wurde der berühmte Stein mit dem

**›Schwur der Jünglinge von Chersones‹** gefunden, dessen Inschrift aus dem 3. Jh. v. Chr. Aufschluß über den Staatsaufbau, aber auch über die außenpolitische Lage der Polis gibt. Um Vollbürger der Stadt zu werden, mußten ihre männlichen Bewohner bei Vollendung des 18. Lebensjahres geloben, der Demokratie treu zu sein und vor allem sich gegen die ständigen Angriffe auf die Stadt mit aller Kraft zur Wehr zu setzen. Der Stein ist im antiken Saal des Museums ausgestellt. Darüber hängt ein Gemälde aus sowjetischer Zeit, das zeigt, wie der Platz einmal ausgesehen haben könnte: vor allem bunt! Tatsächlich geht man davon aus, daß viele der antiken Figuren und Gebäude bemalt waren und sich die Farbe einfach nicht bis in unsere Zeit erhalten hat.

Vom Platz führt die antike Hauptstraße zum Meer, auf beiden Seiten gesäumt von den Grundmauern antiker Anwesen. Links weist eine Tafel auf ein **Wohnhaus aus dem 4./3. Jh. v. Chr.** hin, mit Wohnräumen, Vorratsspeichern und einem großen Innenhof. Etwas weiter kann man eine unterirdische Kirche erkennen, sie stammt wohl aus der Zeit, als das Christentum noch nicht die offizielle Staatsreligion von Chersones war. Später gab es sehr viele Kirchen und Kapellen in der Stadt, was vielleicht nicht nur mit der besonders großen Frömmigkeit ihrer Bewohner zusammenhing. Wer eine Kirche baute, bekam nämlich Steuern erlassen. Am Ende der Straße – von hier hat man einen schönen Blick auf den Eingang zur Bucht von Sewastopol – stand eine Basilika. Heute glaubt man, daß eben hier die Taufe Wladimirs stattgefunden hat.

Ein Trampelpfad führt an der Steilküste entlang. Das Meer ›nagt‹ Jahr für Jahr an der Küste und hat bereits einen Teil des einstigen Gebietes überflutet. An dem schwarzweißen Seezeichen befinden sich die Grundmauern des größten auf dem Gelände von Chersones bisher gefundenen Kirchenkomplexes – nach seinem Entdecker **Uwarowskij Kompleks** genannt. Er wurde zwischen dem 6. und dem 10. Jh. erbaut und umfaßt eine dreischiffige Basilika, eine Kapelle, das Priesterhaus und den Taufraum. Die Gebäude gruppieren sich um einen Innenhof. Auch Teile des Fußbodenmosaiks sind erhalten.

Nächster Punkt auf unserem Rundgang ist die zwischen zwei gemauerten Steinpfeilern aufgehängte **Glocke** auf einer kleinen Erhebung direkt am Meer. Sie stammt weder aus der Antike noch aus dem Mittelalter, wurde vielmehr im 18. Jh. aus dem Metall erbeuteter türkischer Kanonen neu gegossen. Nach der Eroberung Sewastopols durch die Angreifer im Krimkrieg nahmen sie die Franzosen als Kriegsbeute mit, und einige Jahre hing sie im Glockenturm der Kirche Notre Dame in Paris. Erst Ende des 19. Jh. kam sie, nachdem sich Rußland und Frankreich politisch

## Fischsoße aus Chersones –

### oder: die Geschmäcker ändern sich …

Im Museum von Chersones sind Teller mit einem Fischmuster ausgestellt, die in ihrer Mitte eine Vertiefung aufweisen – dahinein füllte die Hausfrau Fischsoße. Fischsoße war aber nicht nur ein Nahrungsmittel für die Stadtbewohner, sondern auch einer der Hauptexportartikel von Chersones – und überall in den Ruinen stößt man auf große, rechteckige Zisternen, die zur Herstellung dieser haltbaren und nahrhaften Spezialität dienten. Teilweise faßten sie bis zu 40 Zentner Fisch. Aber wie lautete nun das Rezept für die Soße?

Man nehme: eine große Ladung Fisch und fülle diese mit reichlich Salz in die Zisterne, wobei darauf zu achten ist, daß die kleinsten ganz unten zu liegen kommen. Nun warte man einige Tage ab. Die oberen Fische werden als Salzfische verkauft. Durch ihr Gewicht haben sie die unteren, kleineren, zermalmt, so daß wie von Zauberhand die Fischsoße entstanden ist, die man nur noch ausschöpfen, in Fässer füllen und verkaufen muß …

wieder angenähert hatten, zurück nach Sewastopol. Wer ein bißchen abergläubisch ist, kann die Glocke mit einem geworfenen Steinchen zum Klingen bringen – vorausgesetzt, er möchte gerne zurückkommen. Genau auf Höhe der Glocke hat man ein **Stadtviertel aus dem 3. Jh. n. Chr.** ausgegraben. Durch einen Torbogen betritt man einen Innenhof, den verschiedene Gebäude begrenzten. Interessant ist, daß die Mauer auf der dem Eingang gegenüberliegenden Seite eine Einbuchtung aufweist – vermutlich, weil ein Wagen zum Abbiegen in den Hof viel Platz brauchte. Es gibt Durchgänge zu zwei weiteren Höfen, in einer Ecke die Grundmauern eines Ofens und nicht weit davon eine der Fischzisternen von Chersones.

Da man in dieser Gegend unter den Grundmauern einer Kapelle Knochen fand, die Verformungen und Mißbildungen aufweisen, nimmt man an, hier sei in christlicher Zeit das Invalidenviertel gewesen.

Eine Stufe tiefer befindet sich das **antike Stadtviertel.** Bei dem Gebäude in der Mitte aber, 2 m höher gelegen, handelt es sich nicht um einen Tempel, sondern um eine christliche Kirche aus dem Mittelalter. Die charakteristischen Säulen, die zum Wahrzeichen von Chersones geworden sind, stammen aus antiker Zeit und wurden dann später zum Bau der Kirche wiederverwendet. In der Nähe der Klostermauer liegt das Anwesen eines Winzers. Zu erkennen sind die Bodenplatten dreier Weinpressen, von denen aus der Saft in große Amphoren ablief. Als bester Wein galt übrigens der, dessen Trauben man mit den bloßen Füßen zertrat und so preßte: Er war reiner im Geschmack, da die Kerne nicht mit zerquetscht wurden.

Wunderschöne Fußbodenmosaike befinden sich am Rand der Ausgrabungen. Die **Basilika in der Basilika** besteht aus zwei ineinandergebauten Kirchen. Die Grundmauern der größeren stammen aus dem 6.–10. Jh., die der kleineren im Inneren aus dem 10.–13. Jh. Die Fragmente der Mosaike zeigen alte christliche Symbole, den Pfau und den Weinkelch. Von hier blickt man auf noch unerforschtes Territorium, grasbewachsene Hügel, die darauf warten, ihre Geheimnisse preiszugeben.

Ein vollständiges Fußbodenmosaik befindet sich hinter der Mauer bei den Gebäuden des ehemaligen Klosters. Auch hier stand einmal eine Kirche. Ein Rundgang durch den **antiken Ausstellungssaal** informiert über die Entstehung der Polis Chersones. Gezeigt werden außerdem Geschirr, Werkzeug, Schmuckgegenstände sowie Modelle von Wohnhäusern aus der griechischen Zeit. Hier steht der Stein mit dem Text des Bürgerschwurs. Der zweite Raum ist der römischen und spätantiken Geschichte gewidmet. Im **mittelalterlichen Ausstellungssaal** sind vor allem christliche Kultgegenstände zu sehen, aber auch Mosaike und Fragmente von Fresken.

Der Weg in Richtung Ausgang führt am **antiken Münzhof** vorbei (4./3. Jh. v. Chr.), wo bei Ausgrabungen unzählige Münzen gefunden wurden. Letzte und vielleicht interessanteste Sehenswürdigkeit auf unserem Rundgang ist das **Theater** aus dem 3. Jh. v. Chr. Hier fanden Theateraufführungen und – in römischer Zeit – grausame Zirkusspiele statt. Deutlich erkennt man die Sitzreihen, gegenüber die Bühne und den Chor. In das Theater baute man zwischen dem 6. und 10. Jh. n. Chr. eine Kirche auf kreuzförmigem Grundriß, von der nicht nur die Grundmauer, sondern auch der Altarstein und das Taufbecken freigelegt wurden.

## Ausflüge in die Umgebung

Ein Ausflug an die Nordseite (Sewernaja Storona, СЕВЕРНАЯ СТОРОНА), die dem Zentrum gegenüberliegende Seite der Bucht von Sewastopol also, lohnt sich vor allem wegen des **Friedhofs der Verteidiger Sewastopols 1854–1855.** Insgesamt gibt es hier 474 Sammel- und 119 Einzelgräber, die mit Grabsteinen aus Marmor, Granit

Sonnenuntergang bei Chersones

oder Inkerman-Stein geschmückt sind, und zwar auf vielfältige Art und Weise: Zwischen den Sträuchern und Bäumen stehen Sarkophage, Obelisken, Kreuze, Kapellchen und Mausoleen. Auf dem Friedhof ließen sich auch Offiziere und Generäle begraben, die in Sewastopol gekämpft hatten, aber erst später und fern von der Stadt starben. Sie wollten gemeinsam mit den einstigen Kameraden zur letzten Ruhe gebettet werden. Vom unteren Tor führt ein verschlungener Weg zwischen den Gräbern aufwärts. Auf einem der Grabsteine entdecken wir eine Inschrift in deutscher Sprache: Karl von Tursky, wohl ein Deutsch-Balte in russischen Diensten, starb »für das Vaterland«. Über den Sammelgräbern erheben sich flache Pyramiden – sie tragen als einzige Kennzeichnung meist eine Jahreszahl, 1854 oder 1855. Etwas weiter befindet sich die Gruft des Generals E. J. Totleben. Der Weg hinauf zur Kirche des hl. Nikolaj symbolisiert den Leidensweg Christi bzw. seinen Aufstieg zum Hügel Golgatha. Die pyramidenförmige Friedhofskirche wurde 1870 errichtet. Ihr Innenraum entspricht dem einer byzantinischen Rundkirche und ist reich mit Mosaiken, Marmorsäulen und einer vergoldeten Ikonostase geschmückt. Die Platten, die an der Außenseite der Kirche angebracht sind, tragen Inschriften mit den Bezeichnungen der Armeeinheiten samt deren Verlustzahlen sowie die Namen von 943 gefallenen

Weinlese bei Inkermann

Offizieren, Generälen und Admiralen.

Die Stadt **Inkerman** (ИНКЕРМАН) liegt am Ende der Bucht von Sewastopol und gehört noch mit zum geschlossenen Gebiet. Aus der Umgebung der Stadt kommt nicht nur der bekannte Inkermann-Wein, sondern hier wird auch der berühmte Inkermann-Stein gewonnen, ein weißer, marmorähnlicher Kalkstein. Im Jahre 97 n. Chr. soll der hl. Clemens von Rom, Papst und Schüler des hl. Petrus, hierher in die Verbannung geschickt worden sein – zum Steineklopfen. Nach dem Tod des Märtyrers, so erzählt die Legende, wurde die Leiche ins Meer geworfen. Jedes Jahr aber an seinem Todestag, dem 26. November, öffneten sich die Fluten, und die Gläubigen aus der Umgebung konnten in einer marmornen Kapelle auf dem Meeresboden beten. Später gab das Meer den Körper heraus, und die Slawenapostel Method und Kyrill brachten die Reliquien nach Kiew, von wo aus sie über Byzanz nach Rom gelangten.

Am äußersten Ende der Nordbucht, weithin sichtbar, klebt am Felsen eine kleine Kapelle. Kommt man näher, erkennt man mehrere Öffnungen in den Felsen, davor Ruinen. Es handelt sich um das **Kloster des hl. Clemens** – lange verfallen, seit zwei Jahren der Kirche zurückgegeben und schon wieder von Mönchen bewohnt. Von Sewastopol kommend, überquert man den Bahnübergang und biegt gleich danach rechts auf einen Feldweg ab, der parallel zur Straße aufwärts führt. Vor der Unterführung stellt man den Wagen ab und geht noch etwa 200 m zu Fuß zum Kloster. Vor der Besichtigung der Felsenkirche lohnt es sich, eine Strecke an der Felswand entlang zu gehen, um anhand der Öffnungen das Ausmaß der Anlage zu begreifen – insgesamt gab es im Kloster acht Kirchen. Die Führungen ins Innere des Klosters übernehmen die Mönche. Die ältesten Höhlen stammen aus dem 1. Jh. n. Chr., aus der Zeit des hl. Clemens also. Der Großteil der Kirchenräume wurde im 8. Jh. angelegt und im 17. Jh. erweitert. Die Fresken entstanden vorwiegend im 19. Jh.

Hoch oben auf dem Plateau des Kloster-Felsens stehen die Überreste der Festung Kalamita. Die Verteidigungsmauern, deren Türme auch vom Tal aus gut zu sehen sind, umschlossen einst ein Gebiet von 1500 m². Kalamita wurde im 6. Jh. n. Chr. erbaut und sollte die Handelswege nach Chersones schützen. Später gehörte es zum Fürstentum Feodoro und fiel nach dessen Untergang an die Türken. Bis ins 18. Jh. wurde Kalamita als Festung genutzt.

Südlich von Sewastopol, von den Sapun-Höhen zu erkennen, liegt **Balaklawa** (БАЛАКЛАВА). Die Bucht von Balaklawa ist ein schmaler, aber sehr tiefer Einschnitt in den Fels und dient als U-Boot-Stützpunkt der ehemals sowjetischen Schwarzmeerflotte. Auf dem Felsen befinden sich die Ruinen der genuesischen Festung Tschembalo. Im Krimkrieg gelangte das Tal von Balaklawa zu trauriger Berühmtheit, als etwa 4000 englische Dragoner, die adlige Elite der Armee, direkt ins russische Geschützfeuer und damit ins Verderben ritten.

**Auskunft:** Firma TourEthno, Ul. Woksalnaja (ПЛ. ВОКЗАЛНАЯ) ✆ 52 53 51.

**Unterkunft:** Hotel ›Krim‹, Ul. Schestaja Bastionnaja (УЛ. ШЕСТАЯ БАСТИОННАЯ) 46, ✆ 52 31 81; Hotel ›Sewastopol‹, Pr. Nachimowa (ПР. НАХИМОВА), ✆ 52 36 82; Hotel ›Ukraina‹, Ul. Gogolja (УЛ. ГОГОЛЯ), ✆ 52 21 27.

**Restaurants:** Morskoj, im ersten Stock des alten Hafengebäudes (vom Grafenkai am Wasser entlang nach rechts), große Auswahl an Vorspeisen, Fischgerichten sowie guter Service und schönes Ambiente zu günstigen Preisen, ✆ 52 05 20; Ukraina, Pl. Uschakowa (ПЛ. УШАКОВА), ✆ 52 29 82; Dialog, Ul. Bolschaja Morskaja (УЛ. БОЛЬШАЯ МОРСКАЯ) 23, ✆ 44 46 59.

**Verkehr:** Wegen der nötigen Einfahrtserlaubnis bucht man am besten einen **organisierten Ausflug** (Firmen Intourist, TourEthno, Priroda). Mit dem **Auto:** Südküstenchaussee von Jalta über Foros nach Sewastopol, Simferopol–Sewastopol. **Zug:** Mehrmals tägl. Vorortzüge vom Hauptbahnhof Simferopol; 1,5 Std. **Bus:** Mehrfach tägl. Busverbindung vom Busbahnhof ›Sapadnaja‹ in Simferopol.

# Das Bergland im Südwesten

Bachtschissaraj – Einstige Hauptstadt der Krimtataren

Mariä-Himmelfahrts-Kloster und Tschufut-Kale

Die Höhlenstädte Eski-Kermen und Mangup-Kale

Fahrt über den Aj-Petri

Wanderung durch den ›Großen Cañon‹ der Krim

Blick auf die Tore des Belbek

# Das Bergland im Südwesten

Zauberhaftes Bachtschissaraj: Palast der Khane mit Moschee und Harem; der poetische Tränenbrunnen • Spaziergang zum Höhlenkloster und Aufstieg zur Felsenstadt Tschufut-Kale • Eski-Kermen und Mangup-Kale, geheimnisumwitterte Ruinen • Mit dem Auto von Bachtschissaraj über die Hochebene des Aj-Petri nach Jalta • Wandern im Großen Cañon

Das südwestliche Bergland der Krim gehört zu den schönsten, vielseitigsten und interessantesten Teilen der Halbinsel. Außergewöhnliche Felsformationen, liebliche Täler und karge Hochebenen, tiefe Schluchten und steile Abhänge prägen die Landschaft. Im Mittelalter war diese Gegend dicht besiedelt. Hierher, ins unzugängliche Bergland, zogen sich die Menschen zurück, wenn von der Steppe her ein neuer Ansturm kriegerischer Reitervölker heranfegte. Es entstanden Höhlenklöster und Felsenstädte, Zeugen einer Vergangenheit, die sich nur durch archäologische Forschungen erschließt. In den Sommermonaten trifft man in Tschufut-Kale, Eski-Kermen und Mangup-Kale häufig auf archäologische Expeditionen. In einem solchen Falle bekommt man nicht nur Informationen über den Ort aus erster Hand – man hat auch Gelegenheit, im Lager seine Wasservorräte aufzufüllen oder sogar an einem über dem Lagerfeuer gekochten Mittag- oder Abendessen der Studenten und Wissenschaftler teilzunehmen!

## Bachtschissaraj

Eine Annäherung an das Bergland im Südwesten der Krim gelingt am besten über Bachtschissaraj (БАХЧИСАРАЙ), die alte Hauptstadt der Krimtataren. Von Simferopol aus erreicht man sie auf einer gut ausgebauten Landstraße, die zwischen der äußeren Hügelkette und der mittleren Bergkette des Krimgebirges verläuft, nach etwa 25 km. Vom Busbahnhof ›Sapadnaja‹ in Simferopol verkehren auch Überlandbusse.

Der Busbahnhof von Bachtschissaraj befindet sich am Ortseingang. Wer mit dem öffentlichen Verkehrsmittel gekommen ist, steigt hier in den Stadtbus um. Autofahrer bie-

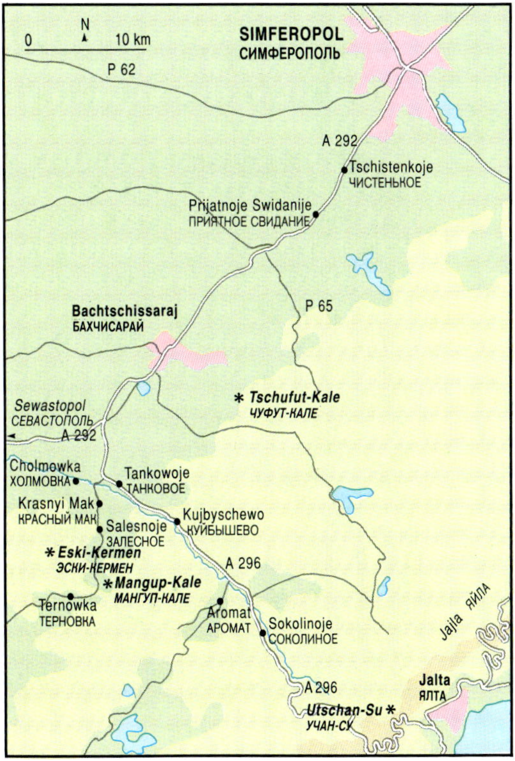


Das Bergland im Südwesten

gen gleich hinter dem Busbahnhof links ab ins Tal des Flüßchens Tschuruk-Su in den alten Teil von Bachtschissaraj, in dessen Herzen sich der Palast der Khane befindet. ›Tschuruk Su‹ heißt in der Übersetzung aus dem Krimtatarischen übrigens ›Stinkender Fluß‹ – er wurde als Abwasserkanal verwendet. Das hatte zwar schlechten Geruch zur Folge, aber auch den positiven Nebeneffekt, daß die angrenzenden Gärten gut gedüngt und deshalb besonders fruchtbar waren. Die Altstadt selbst besteht jetzt aus kleinen Häusern aus dem 20. Jh., die aber entlang der alten Straßen und Gassen erbaut sind, so daß zumindest die verwinkelte Anlage des Städtchens erhalten geblieben ist. Bachtschissaraj heißt Garten-Palast oder Palast im Garten. Stadt und Palast entstanden gleichzeitig Ende des 15. Jh., nach-

# ›Angenehmes Treffen‹ und Potemkinsche Dörfer

Katharina II. die Große

Der Weg von Simferopol nach Bachtschissaraj ist mit der Erinnerung an eine berühmte Reise verknüpft: Ende Mai 1787 benutzte Katharina II., genannt die Große, diese Strecke, um sich den besiegten Tataren als neue Herrscherin zu präsentieren. Monate vorher war sie mit großem Gefolge aus Moskau aufgebrochen. Anläßlich ihres 25jährigen Thronjubiläums wollte sie sich die neu eroberten Gebiete im Süden, Neurußland, ansehen. Mit ihr reisten Gesandte und Botschafter mehrerer westlicher Staaten und – inkognito als Graf von Falkenstein – auch der Sohn Maria Theresias, Joseph II., Kaiser des Heiligen Römischen Reiches Deutscher Nation.

Fürst Grigorij Potemkin, ehemaliger Liebhaber der Zarin und nun ›Durchlauchtigster Taurischer Fürst‹, inszenierte die Reise Katharinas als großartiges Schauspiel. Die berühmten ›Potemkinschen Dörfer‹ – leere Fassaden, die, nachdem die Kaiserin vorbeigezogen war, immer wieder ab- und eine Strecke weiter wieder aufgebaut wurden – säumten schon den Dnjepr seit Kiew. Nichts spricht dagegen anzunehmen, daß Potemkin sich auch auf der Krim solcher Kulissen bediente. Und wenn er das tat – dann zierten die ›Potemkinschen Dörfer‹ ganz sicher die Strecke zwischen dem neu gegründeten Zentrum Simferopol und der alten tatarischen Hauptstadt. Dörfer mit bildreichen Namen, z. B. ›Prijatnoje Swidanie‹ (Angenehmes Treffen), liest man bald hinter dem Ortsausgang von Simferopol. Hier hat der Fürst von Taurien seine Kaiserin angeblich in Empfang genommen, nachdem sie sich in ›Tschistenkoje‹ (etwa: Sauberdorf) vom Staub der Straße gereinigt hatte.

Zuverlässigere Hinweise auf die Reise Katharina der Großen sind die achteckigen weißen Werststeine (Werst ist ein altes russisches Längenmaß, 1,067 km) am Rande der Straße, auch ›Katharinas Meilensteine‹ genannt, die auf Befehl Potemkins alle zehn Werst entlang des Weges der Kaiserin aufgestellt wurden und noch heute zu sehen sind. Der letzte befindet sich im Herzen von Bachtschissaraj direkt vor den Toren des Palastes der Khane, und er trägt eine Inschrift in russischer und tatarischer Sprache, die auf die Ankunft Katharinas am 14. Mai 1787 hinweist.

Heute verläuft die Fahrt ohne nennenswerte Ereignisse – vor mehr als 200 Jahren aber hatte Potemkin für seine Zarin etwas Besonderes vorbereitet. Als man in Bachtschissaraj angekommen war, öffneten sich die Tore des Palastes, und hervor stürmte eine Gruppe von Tataren auf kleinen, zottigen Pferden und in voller Kriegsausrüstung. Einen Moment lang hielten alle den Atem an – dann brachen die wilden Reiter in Hochrufe aus und huldigten ihrer neuen Herrscherin. Drei Tage verbrachte Katharina II. im Palast von Bachtschissaraj, bevor sie weiterreiste nach Sewastopol, das später als Heimathafen der russischen Schwarzmeerflotte die neue Stärke Rußlands dokumentieren sollte. Die Zarin war begeistert von der märchenhaften, südlichen Landschaft – Toleranz gegenüber den religiösen Gebräuchen ihrer neuen Untertanen ließ sie aber kaum spüren: »In Bachtschissaraj war vor meinem Fenster eine Moschee«, schrieb sie am 1. Juli 1787 an den Hofarzt Johann Georg Zimmermann in Hannover. »Ich weiß nicht, ob der Himmel taub ist gegenüber ihren Gebeten, aber ich weiß, daß man weit weglaufen möchte, um den Lärm, den sie in den Moscheen machen, zu entgehen. Es gehört schon viel Übung dazu, ein Geheul von solcher Stärke zu ertragen . . .«

Palast der Khane in Bachtschissaraj: Eingangstor

dem die Krimtataren als türkische Vasallen ihre Stellung auf der Krim gefestigt hatten und ihre Hauptstadt vom befestigten Tschufut-Kale auf der Höhe eines nahegelegenen Tafelberges hinunter ins lieblichere Tal des Tschuruk-Su verlegen konnten. Eine erste urkundliche Erwähnung der Stadt Bachtschissaraj ist für das Jahr 1502 nachgewiesen. Aber auch schon vorher gab es hier eine tatarische Siedlung: Eski-Jurt, gelegen an der alten Karawanenstraße von Chersones nach Norden. Heute noch befinden sich in der Nähe des Bahnhofs mehrere monumentale Mausoleen, deren ältestes Ende des 14. Jh. entstand.

Aber zurück zum **Palast der Khane** (geöffnet Do–Mo 9.30–16 Uhr). Von der Hauptstraße aus führt eine steinerne Brücke über das Flüßchen. Auf der Brücke bieten alte Frauen Kräutertees mit heilender Wirkung an – ›Tatar-Tschaj‹ (Tatarentee) –, außerdem getrocknete Wacholderbeeren und Ketten aus Zapfen und Samen. Hinter dem breiten Tor öffnet sich ein weiter, heute mit Bäumen bestandener Innenhof. Früher war er mit Sand bestreut und diente als Versammlungsort für die tatarische Reiterei bei Paraden, Festen und vor Kriegszügen. Die Bäume wurden von den russischen Zaren und ihren Familienangehörigen gepflanzt, und es soll möglich sein, den Spender jedes einzelnen genau zu benennen.

Um den Innenhof gruppieren sich die Gebäude, die für eine

orientalische Residenz unabdingbar sind: links die große Palastmoschee, daneben der Friedhof der Khane und noch weiter hinten die ehemaligen Pferdeställe und Wirtschaftsgebäude; rechts liegen die Repräsentationssäle, Lustpavillons, privaten Wohnräume, Gärten und der Harem. Der Khans-Palast von Bachtschissaraj nimmt heute eine Fläche von etwa 4 ha ein, doch steht nur noch etwa ein Drittel der gesamten Anlage. Die Gebäude sind im Osmanischen Stil gehalten, einer Vermischung und Verschmelzung des kleinasiatischen Seldschuken-Stils mit Elementen byzantinischer und arabischer Baukunst sowie Einflüssen der europäischen Renaissance und des Barock. Im Palast fanden permanente An- und Umbauten statt. 1736 fiel fast die gesamte Anlage einem Feuer zum Opfer, eine Folge des russischen Angriffs, und mußte neu aufgebaut werden.

Ältestes Bauelement des Palastes ist das **Portal von Aleviso** im Stil der italienischen Renaissance, entstanden in den Jahren 1503/04. Aleviso war ein italienischer Meister und auf Einladung des Zaren Iwan III. auf dem Weg nach Moskau. Khan Mengli-Girej hielt ihn und die ihn begleitenden russischen Botschafter über ein Jahr lang auf der Krim fest – so lange eben, bis Aleviso das Portal geschaffen hatte. Die eisenbeschlagenen Eichentüren öffnen sich heute nicht mehr, das aus Kalkstein gemeißelte und bunt bemalte Portal aber ist restauriert und sicherlich eines der schönsten Teile des Palastes.

Neben dem Portal von Aleviso befindet sich der **Saal des Rates und des Gerichts.** Die bunten Glasfenster sowie der Mittelteil der Holzdecke sind noch original aus dem Ende des 16. Jh. erhalten. Hier versammelte sich der Diwan, der höchste Rat im Staate, der alle Fragen der Innen- und Außenpolitik (ausgenommen Angelegenheiten der Religion) entschied. Der Diwan war gleichzeitig auch höchstes Gericht im Khanat. Die Wände zeigen Bemalungen aus unterschiedlichen Bauepochen, die bei der Restaurierung freigelegt wurden. Über dem Eingang befindet sich ein mit einem Holzgitter abgeschirmter Balkon, dessen Funktion umstritten ist: Vielleicht durften von hier aus die Lieblingsfrauen des Khans den Beratungen zuhören, vielleicht versteckte sich hier auch manchmal der Herrscher selbst und belauschte seine Minister.

Als nächstes kommt man durch ein kleines Lustgärtchen in den **Sommerpavillon,** eine ursprünglich offene Säulenhalle, die im 18. Jh. von dem Palastbaumeister Omer zugemauert und mit einem zweiten Stockwerk versehen wurde. An den Wänden liegen Ruhekissen, in der Mitte plätschert ein Springbrunnen, und durch die Scheiben fällt buntes Licht. Vom anschließenden **Brunnenhof** aus gelangt man links in die **kleine Palastmoschee,** die der Khan und seine Familie zu privaten Gebeten

## »Brunnen der Liebe, lebendiger Brunnen . . .«

Als Alexander Puschkin in den 20er Jahren des 19. Jh. Bachtschissaraj besuchte, war er enttäuscht: Der Palast der Khane war schmutzig und verfallen, anscheinend dem Vergessen anheimgegeben. Traurig wanderte der junge Dichter durch die Säle, bis er zum Brunnen der Tränen gelangte. Die Geschichte um seine Entstehung weckte in Puschkin romantische Gefühle. Er sah die Geister von schönen Sklavinnen, strengen Eunuchen, enttäuschten Khanen vor sich und widmete dem Palast von Bachtschissaraj das Verspoem ›Der Brunnen von Bachtschissa-

nutzten. Der Innenhof selbst beherbergt zwei marmorne Brunnen, von denen einer dank dem Dichter Alexander Puschkin zum romantischen Wahrzeichen Bachtschissarajs und der Krim überhaupt wurde: Selsebil, Quelle des Paradieses, heute als **Brunnen der Tränen** bekannt. 1764 beauftragte der für seine Grausamkeit berühmte Khan Krim-Girej den Meister Omer, ein Grabmal für die jung verstorbene und tief betrauerte Diljara-Biketsch, Lieblingsfrau des Khans, zu erbauen. Die Gedankengänge des Künstlers sollen folgendermaßen verlaufen sein: Wenn das harte Gesicht des schrecklichen Khans Tränen vergießen kann, so kann auch der kalte Marmor weinen. So tropft aus einer in die senkrechte Marmorplatte gemeißelten Lotosblüte das Wasser in ein Marmorbecken, von wo es sich in zwei kleinere, tiefer gelegene Becken verteilt. Von diesen aus fließt es wieder zusammen, verteilt sich . . ., bis es am Ende den Boden des Brunnens mit der eingemeißelten Schnecke erreicht hat und versiegt. Die Lotosblüte symbolisiert das menschliche Auge, das sich sammelnde und wieder

raj‹ (1821–1823) sowie das Gedicht ›Dem Brunnen des Palastes von Bachtschissaraj‹ (1824).

»Brunnen der Liebe, lebendiger Brunnen! / Ich habe dir zwei Rosen zum Geschenk gebracht. / Ich liebe dein ewiges Murmeln / und deine poetischen Tränen . . .«

So beginnt das Gedicht von 1824. Heute liegen täglich frische Rosen in der obersten Schale des Brunnens und erinnern an den Besuch Puschkins und an die Geschichte, die zur Schaffung des Brunnens führte. In Puschkins Verspoem, einem der ›Südlichen Poeme‹, die in der Zeit seiner Verbannung aus der Hauptstadt entstanden, ist die Frau, die der Khan später betrauert, die gefangene polnische Prinzessin Maria Potocki. Im Harem von Bachtschissaraj führt sie ein trauriges Leben, geliebt ob ihrer Schönheit und Unschuld vom grausamen Khan, gehaßt und eifersüchtig verfolgt von der leidenschaftlichen Sarema, der ehemaligen Favoritin des Herrschers. Im ›Brunnen von Bachtschissaraj‹ malt Puschkin ein von den romantischen Phantasien eine Europäers beeinflußtes Bild des Lebens in Palast und Harem, der unterschwelligen Spannungen, die sich schließlich in einem Eifersuchtsdrama entladen und zum Tod beider Frauen führen.

Nach Puschkin hat 1825 der polnische Dichter Adam Mickiewicz Bachtschissaraj besucht und den Brunnen besungen. Ihm und Puschkin verdankt der Palast seinen Ruhm als romantischster Ort der Krim.

verteilende Wasser den menschlichen Kummer, der von Zeit zu Zeit durch das Vergießen von Tränen Erleichterung findet, aber nie ganz vergeht – ist doch die Schnecke ein Symbol der Ewigkeit.

Der zweite Brunnen im Hof ist der **Goldene Brunnen Magsub,** 1733 unter der Regierung des Khans Kaplan-Girej errichtet. Seine Marmorplatte ist mit vergoldeten Rankenmotiven verziert, die arabische Inschrift lautet: »Im Paradies werden die Jünglinge reines Wasser trinken.« Da das Wasser aus einem Löwenmaul fließt, hält sich hartnäckig das Gerücht, wer aus dem Brunnen trinke, werde stark wie ein Löwe.

Durch eine Türe im hinteren Teil des Brunnenhofes gelangt man in den **Haremsgarten.** Ursprünglich standen hier mehrere Gebäude mit insgesamt 73 Zimmern – heute ist ein einziges **Haremsgebäude** mit vier Räumen erhalten. Über ein solches Haus verfügte jeweils eine der vier Ehefrauen des Khans. Die gezeigten Stücke – Möbel, Kleidung, Schmuck, Gebrauchsgegenstände – illustrieren das Leben einer tatarischen Frau. Um den Haremsgarten zieht sich eine hohe Mauer, überragt von dem **Falkenturm.** Dieser besitzt ein viereckiges steinernes Fundament mit sechseckigem Aufbau aus Holz; hier wurden die Jagdfalken des Khans gehalten. Das Stockwerk darüber war auch den Frauen zugänglich, so daß sie von dort das bunte Leben des Palastes beobachten konnten. Gegenüber liegt die **Große Palastmoschee** (Khan-Dshami), ein rechtwinklig angelegter Bau mit Ziegeldach und zwei schlanken Minaretten. Khan Seljamet-Girej ließ sie 1740 auf den Fundamenten einer älteren Moschee erbauen. Die Khan-Dshami von Bachtschissaraj gilt als eines der wichtigen Gotteshäuser des Islam und ist nun – nachdem sie lange als Ausstellungsraum benutzt wurde – wieder im Besitz der islamischen Gemeinde von Bachtschissaraj.

Auf dem **Friedhof der Khane** (Mersalik) sind 16 Krim-Khane, ihre Frauen und Angehörigen begraben. Im hinteren Teil stehen zwei Mausoleen aus dem 17. Jh. Über dem Grab des an der Pest verstorbenen Khans Mengli-Girej II. (1. Hälfte des 18. Jh.) erhebt sich eine Rotunde mit acht Säulen. Von besonderem Interesse sind die aus Marmor und Kalkstein geschnittenen Grabsteine und -platten, deren älteste aus dem Jahre 1592 stammen. An der äußeren Form schon läßt sich erkennen, ob es sich um das Grab eines Mannes oder einer Frau handelt: Ersteres ist geschmückt mit dem Turban als

Palast der Khane: Im Haremsgebäude

Palast der Khane: Innenräume

männlicher Kopfbedeckung und Attributen des Kriegers, letzteres mit dem Klobuk, der von Frauen getragenen Mütze. Alle Grabsteine sind reich verziert und mit Gedichten der tatarischen Hofpoeten versehen, z. B. »Der Tod ist ein Glas Wein, von dem alles Lebendige trinkt. Das Grab ist die Wohnstätte, in die jeder Mensch eingeht.«

Hinter dem Friedhof in einer Ecke des umfriedeten Palastgeländes befinden sich Überreste der ältesten öffentlichen Einrichtung der Stadt, des **Türkischen Bades,** das von 1532 bis 1924 in Betrieb war.

Völkerkundliche Ausstellungsgegenstände sind außerdem in den Räumen der ersten Etage des Hauptgebäudes zu sehen (religiöses Leben, Handwerk und Wissenschaft) sowie in einem Nebengebäude direkt am Tor (Leben der Karaimen auf Tschufut-Kale und der einfachen Menschen in Bachtschissaraj). Bei der großen Palastmoschee befindet sich eine Waffenausstellung.

## Mariä-Himmelfahrts-Kloster und Tschufut-Kale

Durch die Altstadt von Bachtschissaraj folgt man der Straße tiefer ins Tal bis zum Parkplatz, von dem aus rechts der asphaltierte Weg zum **Mariä-Himmelfahrts-Kloster** (Uspenskij Monastyr, УСПЕНСКИЙ МОНАСТЫРЬ) hinaufführt. Schon bald nach Passieren des Tores sind im Felsen künstliche Höhlen zu sehen, ehemalige Zellen der Mönche. Nach etwa 20 Minuten sanften Anstiegs erreicht man eine große Freitreppe, die hinauf zu den oberen Etagen der Klosteranlage führt. Im 19. Jh. gab es im Kloster fünf große Kirchen, Höhlenräume, die an ihren Öffnungen bauchig zugemauert worden waren, so daß ein runder Kirchenraum entstand. Heute ist jeweils nur noch die Hälfte – eben der Höhlenteil – erhalten. Von den anderen Gebäuden haben am Fuße der Freitreppe ein Wohngebäude und der Glockenturm einer Kapelle die Zeit überdauert. Die obere Kirche, eine komplett in den Fels gehauene **Höhlenbasilika,** wurde restauriert und dient jetzt als Hauptkirche des Klosters. Ihre Fenster öffnen sich zu einem kleinen Balkon, über dem sich Fresken aus dem 19. Jh. befinden. Auf halber Höhe der Klosteranlage, am Ende der großen Freitreppe, befindet sich der Friedhof der Mönche. Über diesen führt ein Fußpfad zu einer direkt in den Fels gehauenen Treppe (84 Stufen) und hinauf auf das Plateau des Tafelberges. In den Felswänden auf der anderen Seite des Tals erkennt man ein System **künstlicher Höhlen** – Überreste des griechischen Dorfes Mariampol, das bis ins 18. Jh. existierte und aufgrund der Aussiedlungspolitik Katharinas II. verlassen wurde. Mit der Entstehung des Mariä-Himmelfahrts-Klosters und dem Dorf Mariampol ist folgende Legende verbunden: Ein Hirte, der auf der Hochfläche seine Herde weiden ließ, sah mehrmals hintereinander auf dem gegenüberliegenden Berg ein Licht. Als er hinüberging, entdeckte er, daß es sich um eine brennende Kerze vor einer Marienikone handelte. Dreimal trug er die Ikone ins Dorf, dreimal verschwand sie von da und wurde an der ursprünglichen Stelle gefunden. Da beschlossen die Dorfbewohner, unterhalb des Fundortes ein Kloster zu bauen; da das Wunder um Mariä-Himmelfahrt herum geschehen war, weihte man es als Mariä-Himmelfahrts-Kloster.

Das Entstehen der Höhlenklöster auf der Krim – so auch das des Mariä-Himmelfahrts-Klosters – wird häufig in Zusammenhang gebracht mit dem Bilderstreit in Byzanz im 8. Jh. zwischen Befürwortern und Gegnern der Bilderverehrung. Die unterlegenen Ikonenanbeter, so argumentiert man, hätten sich in Randgebiete des byzantinischen Reiches zurückgezogen, z. B. auf die Krim, und dort Klöster gegründet. Neuere Forschungen datieren die Entstehung des Mariä-Himmelfahrts-Klosters erheblich später, nämlich auf das 15. Jh. Nach der Eroberung Mangups durch die Türken wurde das Mariä-Himmelfahrts-Kloster bei Bachtschissaraj Sitz des Metropoliten und Zentrum des orthodoxen Glaubens auf der Krim. Die russischen Zaren unterstützten es mit Geldzuwendungen, russische Gesandte besuchten es regelmäßig, und den christlichen Staatsgefangenen, die die Tataren auf Tschufut-Kale hielten, um Lösegeld zu erpressen, wurde erlaubt, dort den Gottesdienst zu besuchen. Von Khan Hadschi-Girej wird sogar erzählt, daß er ins Kloster kam, um vor der Ikone der Gottesmutter um Erfolg seiner Kriegszüge zu beten. In der zweiten Hälfte des 18. Jh. wurde das Kloster verlassen und verfiel. 1850 zogen von neuem Mönche ein und brachten eine neue Blüte. 1921 wurde das Mariä-Himmelfahrts-Kloster von der Sowjetmacht geschlossen und erst 1993 vom Erzbischof von Simferopol und der gesamten Krim neu geweiht. Die Gegend um Bachtschissaraj, das Kloster und die Stadt

Mariä-Himmelfahrts-Kloster

Tschufut-Kale sei ein Ort, wo auf engem Raum die drei großen Weltreligionen – Islam, Judentum und Christentum – vertreten seien, sagte Erzbischof Lazar bei dieser Gelegenheit und rief zu Toleranz und gegenseitigem Verständnis auf.

Vom Mariä-Himmelfahrts-Kloster führt der Weg leicht abwärts ins Marjam-Dere-Tal. Bis zum Fuße des Tafelberges Buruntschak, auf dem die Felsenstadt **Tschufut-Kale** (ЧУФУТ КАЛЕ; geöffnet Do–Mo 9.30–16 Uhr) liegt, geht man etwa 20 Minuten. Von der Lichtung aus sieht man links oben auf dem Plateau zwei vollständig erhaltene Gebäude, die **Kenassen,** Rats- und Gebetshäuser der Stadtbewohner. »Venedig ist die Stadt des Wassers – Tschufut-Kale die der Luft«, schrieb im 19. Jh. der russische Schriftsteller und Reisende Murawew-Apostol über diesen Anblick.

Hinter der Lichtung zweigt rechts ein Pfad zu einem alten moslemischen Friedhof ab. Geht man links den Steilhang hinauf, gelangt man nach zehn Minuten zu den **kleinen, südlichen Toren,** auch ›geheime Tore‹ genannt, auf die ein schmaler Korridor zwischen zwei Mauern folgt. Diese Verteidigungsanlagen stammen aus dem 14. Jh. Etwa 20 m hinter den Toren liegt das letzte Bollwerk gegen den Feind: ein vierstöckiges System von **Verteidigungshöhlen.** Von hier führt ein in Stufen angelegter Felspfad auf das Plateau, wo, überwuchert von Gestrüpp, Fundamente der ehemaligen Wohnhäuser liegen.

Tschufut-Kale ist nur eine der vielen sogenannten Höhlenstädte, im südwestlichen Bergland der Krim. Die Bezeichnung Höhlenstadt beruht auf einem Irrtum ihrer Entdecker, die fälschlicherweise annahmen, die Bewohner hätten in Höhlen gelebt. Seit bei archäologischen Ausgrabungen die Überreste von Wohnhäusern entdeckt wurden, wird der Begriff häufig mit dem Attribut ›sogenannten‹ versehen. Wann genau Tschufut-Kale entstand, ist umstritten. Einige Wissenschaftler setzen die Gründung im 6. Jh. an, als auf Befehl Kaiser Justinians das gotische Land Dorij (Doros) befestigt wurde. Sicherlich haben auf dem Berg im 11. Jh. die Chasaren einen Stützpunkt eingerichtet, und mit ihrer Anwesenheit verbinden viele das Entstehen des Volkes der Karaimen.

Im 13. Jh. eroberten die Tataren die Festung und machten sie zu ihrer Zitadelle. Kyrk-Or (vierzig Festungen) nannten sie die Stadt, die bald zum Verwaltungszentrum und nach Solchat (heute Staryj Krim) sogar zur Hauptstadt des Khanats wurde. Nachdem die Tataren ihre Stellung auf der Krim gefestigt und Khan Mengli-Girej seine Residenz hinunter nach Bachtschissaraj verlegt hatte, blieb Kyrk-Or Zitadelle und Staatsgefängnis. Hier wurden u. a. ein enger Berater Peters des Großen, Fürst Romadowskij, und der russische Heerführer Scheremetjew gefangengehalten – letzterer ganze 21 Jahre, von 1660 bis 1681. Die Bevölkerung setzte sich aus unterschiedlichen Nationalitäten zusammen, neben Tataren lebten in der Stadt Christen (die als ›Krim-Griechen‹ bezeichnete Bevölkerungsgruppe) und Karaimen. Erst im 17. Jh. erhielt die Stadt den Namen Tschufut-Kale (jüdische Festung), was darauf hinweist, daß sie nun hauptsächlich von Karaimen bewohnt wurde.

Auf dem Plateau angelangt, folgt man der schmalen Felsstraße, die zwischen Mauerresten hindurch führt. Schon bald erreicht man das **Mausoleum der Dschanike** (1437), der Tochter des Khans Tochta-Mysch. Etwa 20 m weiter links eröffnet sich vom Rand des hier senkrecht abfallenden Tafelberges ein überwältigender Blick hinunter ins Tal, hinüber auf den benachbarten Tafelberg und weiter südlich auf die Hauptkette des Krimgebirges. Zu manchen Zeiten schimmert es purpurn aus der Ferne: Dann stehen die Rosenfelder in voller Blüte. Mit dem Mausoleum der Dschanike sind zwei Erzählungen verknüpft: Die romantischere spricht davon, daß die Tochter des Khans einen jungen Hirten liebte und sich aus Kummer darüber, daß ihr Vater einen solchen Schwiegersohn nicht akzeptieren würde, eben an dieser Stelle zu Tode stürzte. Der Umstand aber, daß eine Frau so ehrenhaft inmitten einer Festung begraben wurde, unterstützt eher die

Tschufut Kale, Blick auf eine Kenasse

## Die Karaimen

Die Herkunft der Volksgruppe der Karaimen auf der Krim gibt noch heute Rätsel auf – nicht zuletzt deshalb, weil karaimische Wissenschaftler selbst nicht davor zurückschreckten, Geschichtsdenkmäler zu fälschen, um zu beweisen, daß die Karaimen keine Juden seien. Diese wurden im Zarenreich nämlich diskriminiert. Indem nun durch gefälschte Inschriften auf Grabsteinen die These unterstützt wurde, die Karaimen hätten schon vor Christi Geburt nur auf der Krim gelebt und seien somit unschuldig an der Kreuzigung Christi, erkämpfte man sich eine den Juden gegenüber bevorzugte Stellung: Karaimen durften im Zarenreich Land besitzen, die Universität besuchen und als Offiziere in der Armee dienen. Den Juden blieb all das verwehrt.

Das heilige Buch der Karaimen ist das Alte Testament. Im Gegensatz zu den Juden erkennen sie aber den Talmud nicht an. Die heiligen Handlungen werden in hebräischer Sprache vollzogen – das Karaimische selbst ist eine nahe mit dem Krimtatarischen verwandte Turksprache. Etwa im 8. Jh. entstand das Karaimentum als Sekte, zu einer Zeit, als auf der Krim die Chasaren herrschten – ein Turkvolk, das ebenfalls den jüdischen Glauben angenommen hatte. Bei Abzug der Chasaren im 11. Jh. blieben die Karaimen als eigene Gruppe im ethnischen wie im religiösen Sinne zurück.

Die Karaimen auf Tschufut-Kale waren keine Krieger. Unter der Herrschaft der Tataren lebten sie als Handwerker, vor allem Gerber, Landwirte, Viehzüchter und Krämer. Einige arbeiteten in Bachtschissaraj, mußten aber auf Anordnung des Khans vor Einbruch der Dunkelheit nach Tschufut-Kale zurückkehren. Karaimen leben heute außer auf der Krim noch in Litauen und Polen, wohin im 14. Jh. auf Einladung des Großfürsten Vitautas etwa 400 Familien auswanderten.

zweite Geschichte: Während der Abwesenheit ihres Vaters (er befand sich auf einem Feldzug gegen Moskau) verteidigte Dschanike an der Spitze einiger Männer die Festung und fiel im Kampf.

Direkt hinter dem Mausoleum befindet sich die **mittlere Verteidigungsmauer** Tschufut-Kales mit einem Stadttor. Die Mauer war bis zu 5 m dick, 8 m hoch und bis zur Erweiterung der Stadt im 14./15. Jh. zusätzlich durch einen Wassergraben geschützt. Später wurde in diesem Graben die **Münze** eingerichtet. An der nördlichen Steilwand führt eine Felstreppe hinunter in zwei große, künstlich in den Fels gegrabene **Höhlen,** die als Speicher bzw. Keller dienten. In der Mitte der ersten wurde eine Säule aus natürlichem Fels stehengelassen, um die Decke des Raumes zu stützen. Örtliche Reiseführer sprechen gerne davon, daß es sich bei den beiden Höhlen um Gefängnisse gehandelt habe. Doch ist das eher unwahrscheinlich.

Hinter den Toren der mittleren Mauer führt eine Fahrstraße mit tief in den weichen Fels eingegrabenen Wagenspuren und einem Gehweg auf beiden Seiten zur **östlichen Verteidigungsmauer** mit Schießscharten, Stadttor und eckigen Wachtürmen. Hier im Osten befand sich der einzig wirklich verwundbare Punkt der Festung, da der Anstieg auf das Plateau sanft erfolgt. Hier verlief früher die Fahrstraße von der Stadt hinunter ins Tal.

Auf dem Rückweg wenden wir uns nach Passieren des mittleren Tores nach links und gelangen durch einen Torbogen in den Hof der Kenassen, der Rats- und Gebetshäuser der Karaimen. Das Gebäude links mit den zehn steinernen Arkaden stammt aus dem 14. Jh. und wurde zu feierlichen Anlässen genutzt. Das rechte ist im 18. Jh. erbaut und diente vor allem auch als Versammlungsstätte. Eine Kenasse bestand aus dem Hauptrakt für die erwachsenen Männer, einem Raum hinter einer Holzschranke für Alte, Kranke und Kinder sowie einer Empore mit Holzgitter für die Frauen. Auf den Bänken vor dem Eingang entledigte man sich seiner Schuhe, da die Kenasse nur barfuß betreten werden durfte.

Der Weg führt nun zurück zu den vierstöckigen Verteidigungshöhlen und von da durch das südliche Tor hinunter ins Tal und am Kloster vorbei zum Parkplatz.

# Die Höhlenstädte Eski-Kermen und Mangup-Kale

## Eski-Kermen

Um nach Eski-Kermen (ЭСКИ-КЕРМЕН) zu gelangen, folgt man von Bachtschissaraj aus der Sewastopoler Chaussee nach Westen. Schon bald ist im Bergrelief in der Ferne eine V-förmige Öffnung zu erkennen – die Belbekskije Worota (Tore des Belbek), wo sich das Tal des Flusses Belbek tief in die Berge schneidet. Bei km 38 fährt man links ab und folgt dem Flußtal in Richtung Tankowoje (ТАНКОВОЕ). Hier beginnt die Autoroute über den Aj-Petri nach Jalta. Wir aber biegen nun vor den ersten Häusern von Tankowoje rechts ab nach Krasnyj Mak (КРАСНЫЙ МАК), fahren im Dorf rechts über die Brücke und danach wieder rechts in Richtung Cholmowka (ХОЛМОВКА). Kurz nach dem Ortsschild führt eine gut asphaltierte Straße links ab. Am

Tabakernte

Steinbruch fährt man halb rechts und befindet sich schon unterhalb des Tafelberges, auf dem Eski-Kermen liegt. Auf der Wiese halten die Ausflugsbusse, und es empfiehlt sich, hier auch das Auto abzustellen. Der gesamte Rundweg mit Besichtigungen dauert drei bis vier Stunden. Auf- und Abstieg sind steil und erfordern bei Nässe und Feuchtigkeit einiges Geschick.

Die Geschichte Eski-Kermens (der Name ist Krimtatarisch und bedeutet ›alte Festung‹), wie im übrigen der meisten sogenannten Höhlenstädte im südwestlichen Teil des Krimgebirges, liegt im dunkeln. Schriftliche Zeugnisse aus der Zeit seiner Besiedlung gibt es nicht, und so sind die Historiker auf die Ergebnisse von Ausgrabungen und archäologischen Untersuchungen angewiesen. In Eski-Kermen fanden 1928–37 intensive Ausgrabungen statt. Dabei zeigte sich, daß die Gebäude der Stadt aus zwei unterschiedlichen Perioden stammen: der Zeit, als die Stadt als byzantinische Festung diente (6.–8. Jh.), und aus der Zeit nach dem gescheiterten Aufstand gegen die Chasaren, in der Eski-Kermen als Siedlung ohne ausgedehnte Befestigungsanlagen weiterexistierte (9.–13. Jh.). Endgültig ging die Stadt Ende des 13./Anfang des 14. Jh. im Tatarensturm unter.

Eski-Kermen liegt auf einem Tafelberg mit oval geformtem Plateau, dessen schmale Enden genau nach Norden und nach Süden zeigen. Die Entfernung zwischen ihnen beträgt 1040 m, die von West nach Ost an der breitesten Stelle 170 m. An allen Seiten fällt das Plateau steil ab, teilweise bis zu 40 m. Um einen ersten Eindruck von der Höhlenstadt und der landschaftlich sehr reizvollen Gegend zu bekommen, folgt man dem Feldweg tiefer ins Tal in Richtung Süden, wo sich die Haupttore der Stadt befinden. Die Felswände links zeigen natürliche Grotten und vorgelagerte, zu rundbäuchigen Figuren erodierte Felsen. Rechts oben tauchen bald drei quadratische Fenster im Fels auf. Es sind ehemalige **Wachfenster,** hinter denen eine Treppe mit 94 Stufen von der Stadt zu einem Brunnen führt. Eski-Kermen verfügte somit über die zwei wichtigsten Voraussetzungen einer mittelalterlichen Festung: gute Verteidigungsmöglichkeiten und Zugang zu Frischwasser.

Fast am Südende des Berges führt rechts ein Fußweg hoch zu den Stadttoren. Auf diesem Gelände befand sich früher der Friedhof. Bei Ausgrabungen in den 20er Jahren wurden wertvolle Metallgegenstände, darunter gotische Gürtelschnallen, gefunden. Eine Steintafel auf halber Höhe weist auf eine der Hauptsehenswürdigkeiten von Eski-Kermen hin, die **Kirche der drei**

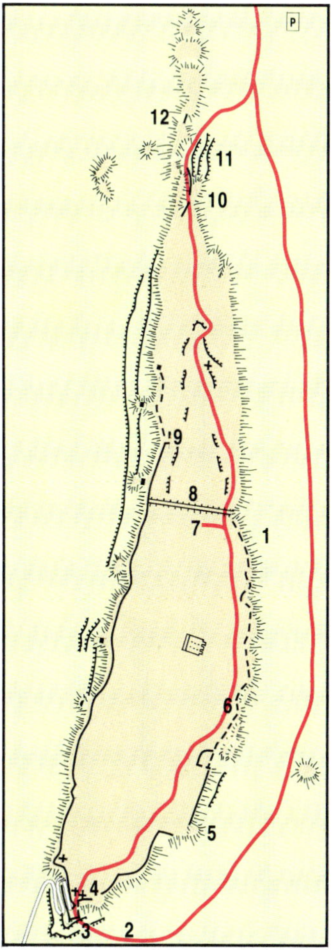


**Eski-Kermen** 1 Wachfenster mit dahinterliegender Treppe zum Brunnen 2 Kirche der drei Reiter 3 Verteidigungsmauern mit Stadttor und Kasematten 4 Felsenkirche 5 Unterirdische Kasematten 6 Mariä-Himmelfahrt-Kirche 7 Byzantinische Basilika 8 Quermauer 9 Westlicher Eingang 10 Nördlicher Eingang 11 Verteidigungsanlagen 12 Reste einer Verbindungsbrücke

**Reiter.** Der Innenraum wurde aus einem freistehenden Kalkstein-Felsen herausgemeißelt und neben dem Eingang zusätzlich mit einem Fenster versehen. Zwei Gräber befinden sich in der Kirche, ein großes, in dem die Skelette zweier Erwachsener gefunden wurden, und ein Kindergrab. An der Wand sind Fresken aus dem 12./13. Jh. zu sehen – drei prächtig ausgestattete Krieger zu Pferde. In der mittleren Figur erkennt man den hl. Georg, der den sich zu seinen Füßen windenden Drachen tötet. Die beiden anderen Gestalten sind, wie man annimmt, örtliche kanonisierte Kriegshelden oder Märtyrer, wie die in Griechisch geschriebenen Worte unter dem Fresko andeuten: »Zerstückelt sind die heiligen Märtyrer Christi und festgeschrieben für die Rettung ihrer Seelen und die Vergebung ihrer Sünden.« Hinter dem rechten Reiter sitzt ein kleiner Junge auf dem Pferd, was die Anwesenheit des Kindergrabes erklären würde. Nach der Kirche der drei Reiter stößt der Fußpfad auf die alte Zufahrtsstraße zum **Stadttor,** die sich in mehreren Serpentinen vom westlich gelegenen Tal hinaufschlängelt. Im Felsen darüber befinden sich mehrere Verteidigungshöhlen bzw. **Kasematten,** von denen aus das Haupttor, der verwundbarste Punkt der gesamten Festung, geschützt werden konnte. Links und rechts der Straße standen am Eingang zur Stadt zwei große Türme, deren Fundamente noch zu erkennen sind. Danach folgen auf der linken Seite die aus dem Fels gehauenen Räume für die Torwächter, auf der rechten eine große **Felsenkirche** mit dem sogenannten Bischofsstuhl hinter dem Altar und einem Taufbecken im linken Teil. Bald nach dieser Kirche biegen wir rechts von der Hauptstraße ab und folgen einem Pfad, der entlang des östlichen Abhanges vorbei an den interessantesten noch erhaltenen unterirdischen Anlagen zum Nordende des Plateaus führt. Im ganzen gibt es auf Eski-Kermen mehr als 350 künstliche Höhlen, die in Kriegszeiten zur Verteidigung, ansonsten als Vorratsspeicher und Viehställe dienten. Auf diese Doppelfunktion weist der Umstand hin, daß meist sowohl Freßtröge und Felsringe zum Anbinden der Tiere, als auch Schießscharten vorhanden sind. An einer anderen Stelle ist der Felsboden von mehreren kreisrunden Löchern mit etwa 60 cm Durchmesser durchbrochen – Öffnungen direkt in den Felsen hineingemeißelter Speicher zur Lagerung von Korn.

Über eine ausgetretene Treppe erreicht man eine weitere Höhlenkirche, die **Mariä-Himmelfahrts-Kirche.** Offensichtlich hat man ehemalige Wirtschaftsräume umfunktioniert, da sich in der Mitte eine große Vorratsgrube und an den Wänden eine Anlage zum Pressen von Weintrauben befinden. Der Altar in der rechten Ecke sowie das (leider schlecht erhaltene) Fresko entstanden später, Ende des 12./Anfang des 13. Jh.

Außer dem Haupttor im Süden gab es drei weitere Eingänge in die Stadt, im Westen, Norden und Osten. Diese waren nur für Fußgänger gedacht und durch ein ausgeklügeltes System von Türen, Mauern und Korridoren geschützt. Auf etwa zwei Dritteln des Weges zwischen dem südlichen und dem nördlichen Ende des Plateaus stand in dessen Mitte die größte Kirche der Stadt, eine **byzantinische Basilika,** deren Grundmauern heute noch am Ende der Hauptstraße zu erkennen sind. Vom Südtor bis hierher erstreckte sich der dicht mit zweistöckigen Häusern bebaute Teil der Stadt, dahinter befand sich eine unbebaute Fläche, wo im Verteidigungsfall die Bewohner der Umgegend mit ihrem Vieh Zuflucht fanden. Der Fußpfad, der im Norden zur Stadt hinaufführte, wurde von zwei Seiten aus bewacht – er verläuft zwischen zwei Felsen, in denen sich mehrstöckige **Kasematten** befinden. Nach der Besichtigung dieser letzten Verteidigungsanlagen folgt man dem Pfad abwärts zum Parkplatz.

## Mangup-Kale

Etwa 5 km südöstlich des Dörfchens Krasnyj Mak erhebt sich auf der linken Seite eines malerischen Tales das Plateau des Berges Mangup oder Mangup-Kale (МАНГУП-КАЛЕ). Dieses Hochplateau nimmt eine Fläche von 90 ha ein und fällt an drei Seiten zwischen 20 und 40 m steil ab. An seiner Nordseite

**Mangup-Kale** 1 Pforte 2 Karaimischer Friedhof 3 Quelle 4 Karaimische Kenassen 5 Höhlenkloster 6 Höchster Punkt (628,3 m) 7 Moschee 8 Zitadelle 9 Achteckige Kirche 10 Höhlenkirche und Gefängnis 11 Kirche des hl. Grigorij 12 Brunnen 13 Basilika (Kirche der hl. Konstantin und Jelena) 14 Palast

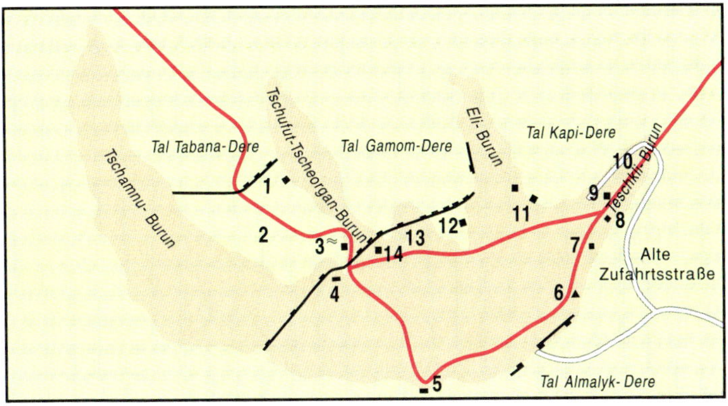

## Die Goten

Die Goten sind ein ursprünglich aus Skandinavien stammendes Volk, das im Zuge der Völkerwanderung schon im 3. Jh. das nördliche Ufer des Schwarzen Meeres erreichte. Ab dem 4. Jh. wurden erste gotische christliche Märtyrer erwähnt, und im 6. Jh. existierte im Süden der Halbinsel Krim ein gotischer Staat, genannt Dorij oder Doros. Dieser stand in enger Verbindung mit Byzanz – von dem oströmischen Kaiser Justinian ist bekannt, daß er den Befehl geben ließ, das ›gotische Land‹ Dorij mit einer starken Befestigungsmauer (bzw. Kette von Festungen) zu umgeben, als Schutz gegen die von Norden einfallenden Reitervölker.

Mit dieser von Justinian ausgelösten Bautätigkeit wird das Entstehen der meisten sogenannten Höhlenstädte auf der Krim in Verbindung gebracht. Bei Eski-Kermen z. B. entdeckte man auf dem Friedhof mehrere Gräber mit typischen gotischen Beigaben.

Während der Herrschaft der Chasaren, wahrscheinlich aber auch schon früher, vermischten sich die gotischen Bewohner der Krim mit anderen Völkern und Volksgruppen. Zwar gab es noch zur Zeit des Fürstentums Feodoro (12.–15. Jh.) ein ›gotisches Bistum‹, doch kann man die Bewohner Mangups selbst wohl kaum mehr als Goten bezeichnen. Wie ja für das Bergland der Krim im allgemeinen charakteristisch ist, daß sich die unterschiedlichsten Völker durch Heirat vermischten und so eine eigene ›Krimbevölkerung‹ entstand.

schneiden drei tiefe Schluchten in den Fels – Tabana-Dere, Gamom-Dere und Kapi-Dere; auf und zwischen den dadurch gebildeten vier Felsnasen befinden sich mächtige Verteidigungsmauern.

Die einstige Höhlenstadt Mangup spielte in der Geschichte der Krim zweimal eine wichtige Rolle. Im 6. Jh. wurde sie Hauptstadt des Landes Dorij (Doros), das im Osten bis zur Festung Funa am Fuße des Demerdshi, im Südwesten bis zum heutigen Balaklawa reichte und dessen Bewohner in byzantinischen Quellen als Goten bezeichnet werden. Ein von der Krim stammender, als ›Johann der Gote‹ bezeichneter Bischof spielte im byzantinischen Bilderstreit eine wichtige Rolle. Ende des 8. Jh. wurde Mangup von den Chasaren eingenommen und zerstört. Eine zweite Blütezeit der Stadt erfolgte vom 11. bis 15. Jh., als Mangup aufstieg zur Hauptstadt des Fürstentums Feodoro und zur

Dennoch gab es noch lange nach dem Untergang Dorijs und sogar Feodoros Spuren der gotischen Bevölkerung. So beschreibt ein osmanischer Würdenträger Anfang des 16. Jh. zwei Gesandte von der Krim, die beim Sultan in Stambul vorsprachen und sich selbst als Goten bezeichneten. Der eine sei groß und blond gewesen, mit einer kleinen, geraden Nase und blauen Augen – der andere aber klein und dunkelhäutig. 1683 bereiste der schwedische Botschafter Engelbert Kempfer die Krim und berichtet, im Bergland noch viele Worte »deutschen Ursprungs« gehört zu haben. Und ein anderer Reisender schreibt 1806, in der Nähe der Festung Mangup sei »die örtliche Sprache der Tataren dem Niederdeutschen sehr ähnlich«, die Sprecher wüßten aber selbst nicht, warum. Sie könnten lediglich angeben, ursprünglich seien sie Christen gewesen . . . Noch Anfang unseres Jahrhunderts fanden sich unter den Krimtataren der Gebirgsgruppe solche mit blauen Augen, blondem Haar, kurz – nordeuropäischen Typs.

Hitlers Propaganda leitete aus dem Umstand, daß unter den vielen Völkern und Volksgruppen, die sich im Laufe der Geschichte auf der Krim angesiedelt hatten, auch Goten waren, den deutschen Anspruch auf die Krim her. ›Neugotland‹ sollte die Halbinsel nach erfolgreicher Eingliederung ins Deutsche Reich heißen, und die Pläne für die Autobahn Berlin–Simferopol lagen fertig in der Schublade.

Für die sowjetische Geschichtswissenschaft übrigens hatte die Nazipropaganda in bezug auf die Krim lang anhaltende Folgen: Offiziell durfte es die Goten auf der Krim nun niemals gegeben haben! Erst nach Glasnost und Perestroika kann wieder offen über diesen Teil der mittelalterlichen Geschichte der Krim gesprochen werden.

Residenz ihrer Herrscher, eines armenischen Geschlechts. Unter den Tataren konnte sich Feodoro eine gewisse Unabhängigkeit bewahren, 1475 aber wurde es von den türkisch-osmanischen Invasionstruppen ein halbes Jahr lang belagert und schließlich eingenommen. Mangup-Kale, wie übrigens auch die genuesischen Besitzungen an der Südküste, war danach als gesonderte Verwaltungseinheit nicht dem Khan der Krimtataren, sondern dem Sultan in Konstantinopel direkt unterstellt. Bis ins 17. Jh. bewohnten Türken, Griechen und Karaimen die Stadt, die immer mehr an Bedeutung verlor und schließlich aufgegeben wurde.

Zwischen den Dörfern Salesnoje (ЗАЛЕСНОЕ) und Ternowka (ТЕРНОВКА) liegt ein kleiner künstlicher See. Hier beginnt der Aufstieg nach Mangup. Vom Fahrweg zweigt zwischen den ersten Häusern einer im Tal gelegenen Siedlung ein schmaler Fußpfad rechts ab und führt durch Wald steil nach oben. Bald erreicht man den alten **Karaimischen Friedhof,** dessen moosbewachsene Grabsteine rechts und links den Weg säumen. Nach der Quelle zur Rechten sind auf der anderen Seite des Weges die ersten **Kenassen** und Verteidigungsanlagen zu erkennen, und der Anstieg ist geschafft.

Die Hochebene von Mangup stellt sich heute als eine grasbewachsene Fläche dar. An ihrer südlichen Steilwand liegt ein **Höhlenkloster** mit Kirchen und Mönchszellen. Man erreicht es nach einigem Klettern, der Abstieg liegt versteckt zwischen zwei Büschen. Früher einmal war hier ein geheimer Ausgang aus der Stadt. Entlang des südlichen Randes der Hochebene gelangt man nach der Besichtigung des Klosters zum höchsten Punkt von Mangup – er liegt 628 m über dem Meeresspiegel und ist durch ein geographisches Zeichen kenntlich gemacht. Von hier aus ist das gesamte Bergland zu überblicken. Im Westen schimmert das Meer, davor zeichnen sich die Häuser und der Eingang zur Nordbucht Sewastopols ab. General von Manstein, Kommandierender der 11. deutschen Armee, hatte sich hier 1941 einen Beobachtungspunkt eingerichtet und die Belagerung und Einnahme Sewastopols durch die Wehrmacht aus der Ferne überblickt. Heute geht es in und um Mangup glücklicherweise friedlicher zu.

Mangup-Kale: Archäologen bei der Arbeit

Mangup-Kale: Altar im Höhlenkloster

Weiter nördlich erkennt man die **Ruinen einer Moschee** und gelangt dann zur **Zitadelle,** dem letzten Zufluchtsort der Stadtbewohner bei Angriffen. Die Toröffnung ist als großes Loch im Fels auch vom Tal aus gut zu erkennen. Die Zitadelle von Mangup wurde im 10. Jh. erbaut und von den Türken weiter befestigt. Sie zeigt das Wappen der Fürsten von Mangup; wegen der Verwendung des Doppeladlers geht man davon aus, daß die örtlichen Herrscher mit dem Geschlecht der Paleologen, der Kaiser von Byzanz, verwandt waren. Weiterhin lassen sich in türkisch-armenischem Stil gehaltene Fensterverzierungen entdecken. Innerhalb der Zitadelle, am Nordhang, befindet sich ein Brunnen, der 23,6 m tief zu einer unterirdischen Wasserader führte. Mangup galt im Mittelalter vor allem deshalb als fast uneinnehmbar, weil es innerhalb der Stadtmauern drei Quellen bzw. Brunnen gab und die Frischwasserversorgung somit gesichert war.

Hinter der Zitadelle beginnt die nordöstlichste Felsnase Mangups, Teschkli-Burun. Unter den Fundamenten eines Wachturmes führen Treppen in ein System von Höhlen entlang der östlichen Steilwand, die einst mit Holzbrücken und -balkonen miteinander verbunden waren. Dort lagen das Gefängnis und eine weitere Höhlenkirche. Am nördlichen Rand der ehemaligen Stadt, an der Felsnase Tschufut-Tscheorgan-Burun, graben Archäologen eines der ältesten Bauwerke Mangups aus, die **Kirche der hl. Konstantin und Jelena.** Es handelt sich um eine Basilika aus dem 6. Jh., die eine Fläche von 31,5 m × 26,2 m einnimmt. Etwas nördlicher, über dem Tal Gamon-Dere, liegen die Ruinen eines ehemals zweistöckigen **Palastes** mit großem Turm, Torbogen und – wie sich aus Resten von Stukkatur schließen läßt – ehemals reich geschmückten Sälen.

## Von Bachtschissaraj nach Jalta

Das Bergland im Südwesten der Krim hat nicht nur für Geschichts-Freaks, sondern auch für den Naturliebhaber und Wanderer einiges zu bieten. Auch hier ist es vor allem die Vielfalt, die begeistert: Wasserfälle und tiefe Schluchten, dichte Wälder, karge Hochebenen. Im Frühjahr, Sommer und Herbst trifft man unterwegs häufig auf junge Menschen mit Zelt und Rucksack. Die Einheimischen mögen Lagerfeuerromantik, und so gehört für sie die Gitarre selbstverständlich mit zum Gepäck.

Ein Teil des Krimgebirges läßt sich allerdings auch mit dem Auto entdecken. Von Bachtschissaraj aus folgt man der Landstraße nach Sewastopol und biegt dann links in Richtung Tankowoje (ТАНКОВОЕ) und Kujbischewo (КУЙБЫШЕВО) ab. Wieder zeichnet sich in der Ferne der V-förmige Einschnitt, das Tal des Flüßchens Belbek, ab. Die Straße auf die Hochebene des Aj-Petri folgt dem Flußlauf, passiert also die **Tore des Belbek** (Belbekskije Worota) und verläuft weiter in südwestlicher Richtung. Gleich hinter Tankowoje befinden sich links von der Straße einige Grotten, die in der Altsteinzeit von Menschen bewohnt waren. Auf der gegenüberliegenden Seite des Tales sieht man in der Nähe des Dorfes Bolschoje Sadovoje die Ruinen der mittelalterlichen **Festung Sjuirenskaja Krepost** und des **Klosters Tschelter-Koba.** Malerisch und reizvoll ist das Tal des Belbek aber auch ohne die Spuren menschlicher Zivilisation. Zu beiden Seiten erheben sich die steilen Wände der Tafelberge, mit schroffen Vorsprüngen und bizarr ausgewaschenen Formen. Auf der linken Seite des Flußlaufes erstreckt sich der **Eibenwald des Belbek,** der aus mehr als 2000 Exemplaren der seltenen Beeren-Eibe besteht. 1980 wurde er zum Landschaftsschutzgebiet erklärt.

Auf unserem Weg passieren wir das Dorf mit dem schönen Namen **Aromat** (АРОМАТ). Hier wird unter anderem auch Tabak angepflanzt und verarbeitet. Seinen Namen aber verdankt das Örtchen vor allem der Herstellung von aromatischen Ölen, besonders von Rosenöl. Neben der Straße gibt es große Rosenfelder, die im Juli ›abgeerntet‹ werden. In Aromat überquert die Straße das Flußbett und verläuft nun entlang des Belbek-Zuflusses Kokkoska bis nach **Sokolinoje** (СОКОЛИНОЕ). Bis hierher verkehrt auch ein Linienbus von Bachtschissaraj. Auf dem kleinen Markt gegenüber der Bushaltestelle bieten Russinnen und Tatarinnen nebeneinander ihre Waren an – je nach Jahreszeit Erdbeeren, Kirschen, Pfirsiche, Aprikosen, Äpfel oder Birnen, Quark, frische Milch –, während die Männer nebenan am Straßenausschank ein Glas Bier trinken und den Gang der Welt bereden. Nach ihrer Rückkehr haben die Tataren die nahegelegene Moschee restauriert und nutzen sie nun wieder zum Gottesdienst. Das kleine Minarett ist mit einem Lautsprecher ausgerüstet, so daß man die Stimme des Muezzin weit durch das Tal hören kann. Kurz vor dem Ortsausgang steht links von der Straße das

Blick vom Mangup

ehemalige Jagdhaus des Grafen Jussupow, 1910 erbaut von dem Architekten Krasnow aus Jalta, demselben, der auch den Zarenpalast in Liwadija entwarf. In der Architektur des vierstöckigen Hauses zeigen sich orientalische Elemente, vieles erinnert an den Palast von Bachtschissaraj. Der Graf ließ sich sogar seinen eigenen Tränenbrunnen aufstellen. Heute dient das Gebäude als Internat.

Nach dem Dorf verengt sich die Straße und führt langsam, aber stetig auf die Hochebene. Etwa 1,5 km nach Sokolinoje führt rechts von der Straße ein breiter Fußweg hinauf zum **Felsen ›Orlinnyj Saljet‹,** dem Adlerfelsen (985 m). Den Namen erhielt er wegen seiner ungewöhnlichen Form, die an einen die Schwingen ausbreitenden Raubvogel erinnert. An seiner Steilwand nisten aber tatsächlich auch Adler, und so hat man vom Felsen aus nicht nur einen wunderbaren Blick auf die umliegenden Berge und das Kokkoska-Tal, sondern vielleicht auch die Möglichkeit, einen Adler

Dorf im Tal des Belbek ▷

im Flug zu beobachten – und zwar von oben!

Der Adlerfelsen ist ein guter Ausgangspunkt für eine mehrtägige Wanderung (zwei Nachtlager) über die Hochebene an die Südküste der Krim. Aber auch Tagestouren lohnen sich. Bei längeren und ausgefalleneren Routen empfiehlt es sich allerdings, einen ortskundigen Wanderführer mitzunehmen, da Markierungen nur sehr spärlich, wenn überhaupt, vorhanden sind. Touren sind zu buchen über die Sewastopoler Firmen Tourspo, ✆ 23 22 98 und TourEthno, ✆ 52 53 51.

Autoreisende setzen ihren Weg hinauf auf die Hochebene fort. Auch im Sommer wird es auf diesem Abschnitt der Fahrt selten zu heiß, da die Straße durch einen dichten Wald hoher, schlanker Buchen führt. Dann öffnet sich der Blick auf die Hochebene, die Jajla – eine karge Heidelandschaft auf über 1000 m Höhe, nur von Gras und krummen Latschenkiefern bewachsen. Kleine Felsstürze und Steilwände bestimmen das Relief. Nach etwa 4 km tauchen die Hütten eines ehemaligen Campingplatzes auf. Kurz vorher gibt es eine Abzweigung nach rechts, die zur Seilbahnstation und den Zinnen des Aj-Petri führt. Geradeaus gelangt man zur Aussichtsplattform auf dem Felsen Schischko, 1182 m über dem Meeresspiegel. Da die Hauptkette der Krimberge gegen Süden fast senkrecht abfällt, eröffnet sich von hier ein großartiges Panorama. Direkt unter uns liegt die Südküste der Krim, das Jaltaer Amphitheater – und die Weite des Meeres. Links zeichnen sich die charakteristischen Formen des Aju-Dag, des Bärenberges, ab. Straßen und Autos, Häuser, Schiffe – all das erscheint aus dieser erhabenen Höhe wie eine Spielzeugwelt.

In steilen Serpentinen windet sich die Straße nun abwärts. Sie wurde zwischen 1865 und 1894 von Soldaten der russischen Armee unter schwierigsten Umständen angelegt – besonders im oberen Teil hat die Steilwand eine Neigung von bis zu 80 Grad! Die Entfernung bis Jalta beträgt etwa 20 km. Nach dem anfänglichen Zickzack der Serpentinen taucht die Straße bald in den Wald ein, für den hier weniger Buchen charakteristisch sind, sondern die riesigen Krim-Kiefern mit ihren langen Nadeln und waagerecht ausgebreiteten Ästen. Nach etwa 2 km führt links ein kurzer Feldweg von der Straße weg zum ›Silbernen Pavillon‹, einem Aussichtspunkt in 865 m Höhe. 9 km vor Jalta passiert die Straße den ›schwarzen Bergsee‹ Karagol, an dessen Ufer sich ein bekanntes Ausflugsrestaurant befindet. 2 km weiter gibt es ein weiteres Restaurant. Von seinem Parkplatz aus gelangt man in zehn Minuten auf ebenem Waldweg zum Wasserfall Utschan-Su, in der Übersetzung aus dem Krimtatarischen bedeutet dies ›Fliegendes Wasser‹. Die Höhe der Kaskade beträgt etwa 100 m. Beeindruckend ist ein Besuch des Utschan-Su allerdings nur im Frühjahr und Frühsommer – später im Jahr ist der Wasserfall fast völlig ausgetrocknet.

## Wanderung durch den ›Großen Cañon‹ der Krim

Beim ›Großen Cañon‹ handelt es sich um eine etwa 3,5 km lange Schlucht im Nordosten des Bergmassivs Aj-Petri, die dieses vom Bojko-Massiv (Gipfel Bojko, 1110 m) trennt. An ihrer engsten Stelle ist diese Schlucht kaum 3 m breit, die senkrechten Felswände, die sie begrenzen, bis zu 350 m hoch. Das Flüßchen Ausun-Usen, das durch den Cañon fließt, um sich mit dem Sary-Usen zum Fluß Kokkoska zu vereinigen, ist im Sommer fast ausgetrocknet. Im Herbst und besonders im Frühjahr nach der Schneeschmelze wird der Ausun-Usen aber zum reißenden Wildwasser, und auch starke sommerliche Regenfälle können sein Bett füllen. Die hier beschriebene Wanderung kann deshalb nur von Juni bis September und bei absolut trockenem Wetter ausgeführt werden. Ansonsten empfiehlt es sich, im Tal nur bis zur ›Wanne der Jugend‹ zu gehen und dann umzukehren.

Etwa 4 km nach Sokolinoje befindet sich das Restaurant ›Bolschoj Kanon‹ (Großer Cañon), der Ausgangspunkt unserer Wanderung. Gegenüber dem Restaurant weist ein Schild den Weg hinunter ins Tal, wo zwei Flußläufe, die des Sary-Usen und des Ausun-Usen, überquert werden müssen. Aber keine Angst: Ein Fluß auf der wasserarmen Krim ähnelt doch meist eher einem Bach! Dem weiß-gelb-weißen Zeichen folgt der Weg aufwärts zu einer Lichtung, in deren Mitte eine vom Blitz getroffene Eiche steht. Das ist der sogenannte ›Postbaum‹, den Wanderer und Touristen zum Austausch von Nachrichten nutzen. Von hier führen drei Wege weiter. Links geht es durch den Wald zurück nach Sokolinoje, rechts direkt in den Großen Cañon und zur ›Wanne der Jugend‹. Wir aber wählen den mittleren Pfad, der einige Meter vom Postbaum entfernt steil nach oben zum Rand des Cañon führt. Der Aufstieg dauert etwa 45 Minuten. Oben zweigt ein schmaler Trampelpfad rechts ab zur Kante der Steilwand und etwa 200 m an ihr entlang zum ersten Felsen auf der rechten Seite des Cañons. ›Storoschevoj‹, Wachfelsen, wird er genannt. Weit schweift von hier der Blick über die Wälder und Gipfel des Gebirges; tief unten läßt sich der Grund der Schlucht nur erahnen. Insgesamt gibt es auf unserem Weg am oberen Rand des Cañons vier solcher Felsen und Aussichtspunkte, die einen Abstecher lohnen. Zu ihnen führen vom Hauptweg jeweils ähnliche Pfade wie zum ›Storoschevoj‹-Fels.

Mal im Kiefernwald, mal unter offenem Himmel verläuft der Weg in westlicher Richtung entlang der Kante des Cañons. Der vierte Fels (Mys tschetvjortyj) verfügt – außer über eine schöne Aussicht – noch über eine Besonderheit: eine natürliche Grotte auf halber Höhe, die man über einen Fußpfad problemlos erreicht. Früher suchten hier bei Unwetter die Hirten mit ihrem Vieh Zuflucht. Nach Passieren des vierten Felsens gelangen wir auf eine kleine Lichtung mit einer Quelle und einem Tümpel. Von hier an orientieren wir uns an dem weiß-blau-weißen Zeichen und steigen in die Schlucht hinab. Der markierte Weg führt auf der anderen Seite die Höhen des Aj-Petri hinauf. Wir aber folgen dem Cañon in westlicher Richtung zurück zum Ausgangspunkt.

Jetzt beginnt der schönste, aber wohl auch der schwierigste Abschnitt unserer Wanderung. Einen Weg gibt es in diesem Teil des Cañons nicht. In der engen Schlucht erwarten uns Felsbrocken, bis zu 2 m hohe Stufen und gefüllte Wasserlöcher (auch im Sommer). Für die 2 km bis zur ›Wanne der Jugend‹ braucht man zwischen zwei und drei Stunden. Doch wiegt das Erlebnis wilder, unberührter Natur viele Strapazen auf!

Die **›Wanne der Jugend‹** (Wanna molodosti) ist eine kesselförmige Auswaschung im Kalkstein, 4,5 m tief und etwa 2 m × 2 m groß. Sie wird aus einer 200 m oberhalb gelegenen Quelle gespeist, und so hat ihr Wasser auch im Sommer eine konstante Temperatur von 10° C. Das Wasser ist klar und frisch – was wohl die Entstehung der Legende erklärt, in der es heißt, ein Bad hier habe eine extrem verjüngende Wirkung. Allerdings wird letzteres auch von anderen Bergquellen auf der Krim erzählt. Von der Wanne der Jugend führen bis zum Postbaum mehrere bequeme Pfade, auf denen wir nun den letzten Teil unseres Ausfluges zurücklegen. Das Bachbett hat hier ein etwas anderes Gesicht. In Jahrhunderten und Jahrtausenden hat das Wasser aus dem Kalkstein Treppen, Kaskaden und kreisrunde Vertiefungen herausgewaschen, eine bizarre Welt der Formen und Farben. Nach etwa einer Stunde gelangen wir nun auf dem unteren Pfad zum Postbaum und somit ans Ende unseres Rundweges. Von hier sind es zehn Minuten Weg zum Restaurant ›Bolschoj Kanon‹ und etwa eine halbe Stunde Fußmarsch ins Dorf Sokolinoje.

Landstraße im südwestlichen Bergland

# Der Osten der Krim

Belogorsk und Staryj Krim

Feodosija – Kurort und Handelshafen

Abstecher nach Kertsch

Entlang der Ostküste – Koktebel, Sudak und das Landschaftsschutzgebiet Nowyj Swet

Blick auf die Verteidigungsmauer der Genuesischen Festung von Sudak

# Der Osten der Krim

Mit dem Auto durch das dörfliche Hinterland, vorbei am weißen Felsen und der ehemaligen Hauptstadt Staryj Krim • Hafenstadt Feodosija: Stadtrundgang, Besuch im Grin-Museum und in der Galerie von Ajwasowskij, dem ›Sänger des Meeres‹ • Abstecher nach Kertsch zum Blick nach Asien • Wildromantische Ostküste, Fahrt über Koktebel, vorbei am bizarren Vulkanberg Kara-Dag nach Sudak; Besuch der mittelalterlichen genuesischen Festung und der Champagnerhöhlen bei Nowyj Swet

Der Ostteil der Krim, zwischen Simferopol, Feodosija und Aluschta, trägt einen ganz anderen Charakter, als die Südküste oder das südwestliche Bergland. Die Landschaft ist karger und trockener. An manchen Stellen reichen die Felsen bis direkt ans Meer, dann wieder ziehen sich ausgedehnte Sandstrände entlang der Buchten. Touristisch ist die Ostkrim weitaus weniger erschlossen als die Gegend um Jalta. Es gibt kaum gute Hotels und Restaurants – die touristischen Einrichtungen haben sich einen gewissen sozialistischen ›Charme‹ bewahrt. Aber stattdessen gibt es viel Reizvolles und Interessantes zu entdecken, das man sich nicht entgehen lassen sollte! Und schließlich können die meisten Ziele auch in einem Tagesausflug von Jalta oder Simferopol aus angefahren werden.

## Über Belogorsk und Staryj Krim nach Feodosija

Von Simferopol aus führt eine gute Landstraße nach Osten. Im Stadtzentrum, am Ploschtschad Kujbischewa (ПЛОЩАДЬ КУЙБЫШЕВА), wählt man die aufwärts führende Straße (entlang der O-Bus-Linie 3) und folgt dann den Schildern nach Feodosija (ФЕОДОСИЯ). Kurz vor dem Ortsausgang Simferopol findet in den Zelten rechts der Straße samstags und sonntags ein großer Markt statt. Verkauft werden vorwiegend Kleidungsstücke und Gebrauchsgegenstände. Aromatnoje, Zwetotschnoje (das Blühende), Krimskaja Rosa (Krim-Rose) – das sind die Namen der Dörfer und Siedlungen, durch die oder an denen vorbei die Trasse führt. Sie deuten auf die Haupteinnahmequelle der Kolchosen und Sowchosen hin: In dieser Gegend befindet sich eines der Zentren der Duftölherstellung auf der Krim. Nach etwa 40 km erreicht man das Städtchen Belogorsk (БЕЛОГОРСК). Links über dem Tal des Flusses Bijek-Karasu erhebt sich der 100 m hohe **Ak-Kaja,** der weiße Felsen, ein Massiv aus Kalk- und Mergel-Gestein. Wasser, Wind und Sonne haben Felszinnen und Höhlenöffnungen entstehen lassen, die an Schießscharten erinnern, und so ähnelt der Ak-Kaja aus der Ferne einer mittelalterlichen Festung. In den Höhlen und Grotten wurden mehr als 17 Wohnstätten von Menschen aus der Altsteinzeit entdeckt, so daß man den gesamten Felsen als Denkmal der Kultur des Paläolithikums bezeichnen kann. 1777 befand sich hier das Hauptquartier des russischen Heerführers Suworow, und sechs Jahre später leisteten die Würdenträger des Khanats der Krimtataren auf dem weißen Felsen Rußland in der Person des Fürsten Potemkin den Treueid. Vom Felsen blickt man nach Westen auf das breite Flußtal mit der Stadt Belogorsk, in der anderen Richtung auf eine Kette von Hügelgräbern, die sich nach Osten zieht.

Der Osten der Krim

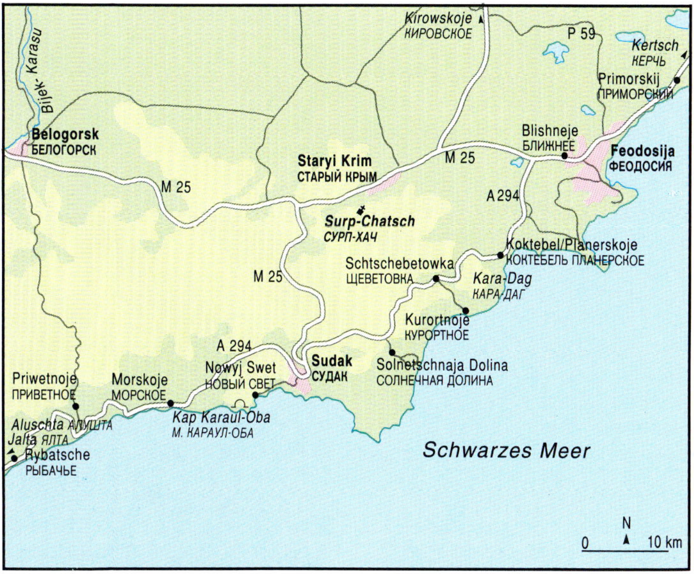

**Belogorsk** ist seit dem 13. Jh. als ›Karasubasar‹ (Markt am Schwarzen Fluß) erwähnt. Im 16. Jh. zählte es zu den größten und bedeutendsten Städten der Krim. Im Zentrum gibt es noch die Überreste der Karawanserai aus dem 15. Jh. – ansonsten aber hat Belogorsk dem Touristen wenig zu bieten. Die Landstraße führt von hier weiter nach Osten und überquert die mittlere Kette des Krimgebirges in Richtung der Hauptkette. Der höchste Gipfel in dieser Gegend, der Sugut-Oba, ist übrigens nur 955 m hoch, doch sind die Felsen und Abhänge deshalb nicht weniger malerisch. Nach einem breiten, mit Pappeln und Obstbäumen bestandenen Tal ist bald **Staryj Krim** (СТАРЫЙ КРЫМ) erreicht. Schon im 6./7. Jh. befand sich hier ein Handelspunkt, der im 14. Jh. zum Verwaltungszentrum und somit zur ersten Hauptstadt der Tataren auf der Krim wurde. Der Name Krim bzw. Kyrym (Festung), mit dem diese Stadt bezeichnet wurde, übertrug sich auf die gesamte Halbinsel. Später dann hieß die Stadt an der Kreuzung zweier Karawanenstraßen ›Eski-Krim‹ (tatar.: alte Festung) und schließlich Staryj Krim (russ./tatar.: alte Festung). Seit der Eingliederung der Krim ins russische Reich ist Staryj Krim ein bedeutungsloses Provinzstädtchen mit eher dörflichem Charakter. Alexander Grin, der russisch-sowjetische Romantiker, verbrachte hier seine letzten Lebensjahre. Das Wohnhaus des Schriftstellers ist in der Uliza Karla Liebknechta (УЛ. КАРЛА ЛИБКНЕХТА) 56 zu besichtigen, auf dem städtischen Friedhof sein Grab. Eine Moschee mit Koranschule aus dem 14. Jh. steht in der heutigen Uliza Chalturina (УЛ. ХАЛТУРИНА). 4 km westlich der Stadt befindet sich das armenische **Kloster Surb-Chatsch,** mit dem

Bahnlinie durch Feodosija: Fernzug

Auto auf sehr schlechtem Feldweg zu erreichen. Man biegt an der ersten Bushaltestelle am Ortseingang rechts ab und folgt dem Feldweg durch das Tal.

Nachdem wir Staryj Krim hinter uns gelassen haben, fahren wir nun in Richtung Feodosija. Rechts der Straße erheben sich Hügel, links breitet sich ebenes Steppenland aus, und geradeaus leuchtet ein schmaler Streifen Meer. Nach 116 km ist das Ziel erreicht.

# Feodosija

Die Stadt Feodosija (ФЕОДОСИЯ) liegt an der Westseite einer ausgedehnten Bucht mit Sandstränden, die den 84 000 Einwohnern als Naherholungsgebiet dienen. Von jeher litt die Stadt an einem Mangel an Süßwasser. Die Wälder aus Krim-Kiefern an den Hängen der umliegenden Hügel sind von Menschen gesetzt, und nur künstlicher

## Iwan K. Ajwasowskij
# Sänger des Meeres

Iwan K. Ajwasowskij wurde im Jahre 1817 als Sohn armenischer Einwanderer in Feodosija geboren. Onik Gajwasowskij hieß er damals, und lange sah es so aus, als könne ihm das Leben wenig bieten. Der Vater, wenn auch sehr angesehen, war arm und nicht in der Lage, seinen Söhnen eine standesgemäße Ausbildung zu ermöglichen. Der kleine Onik saß oft stundenlang am Ufer und beobachtete fasziniert das Meer; andererseits aber war er immer zu Streichen aufgelegt, und so überzog er eines schönen Tages die Wand seines Elternhauses über und über mit Zeichnungen. Zufällig kam der damalige Stadtarchitekt Koch vorbei, erkannte das Talent des Jungen und schenkte ihm Papier und Stifte. Bald schon ermöglichte ihm die Stadt den Besuch des Simferopoler Gymnasiums (1831). Zwei Jahre später kam er nach Sankt Petersburg, als staatlicher Stipendiat an die Akademie der Künste.

Iwan Ajwasowskij, so nannte er sich jetzt, entwickelte sich zum großartigen Landschaftsmaler mit einer Vorliebe für das Meer. Er wurde zum Kunstmaler des Hauptmarinestabs ernannt und im Laufe seines Lebens als Vollmitglied in fünf Akademien der Künste aufgenommen. Im In- und Ausland feierte er große Erfolge. So schrieb die englische Zeitschrift ›The Map and Compass in the Sea‹ anläßlich einer Ajwasowskij-Ausstellung in London: »Bilder vom Meer werden in der englischen Öffentlichkeit immer positiv aufgenommen – so gefallen auch die, die Ajwasowskij in der Pall Mall Galerie ausstellt. Zwei dieser Seelandschaften sind riesig im Format, großartig in der Anlage und perfekt in der Ausführung ... Jedes dieser Gemälde ist ein wahres Buch, und es könnte nicht in einer kleinen Notiz besprochen werden ... Wir können nur fragen, ob es schon ein Genie vor ihm fertigbrachte, einen Sturm in solcher Perfektion auf die Leinwand zu bannen?«

Bewässerung ist es zu verdanken, daß Feodosija heute eine ›grüne Stadt‹ ist. Ihr Name stammt aus dem 6. Jh. v. Chr., als griechische Kolonisten aus Milet hier eine Siedlung gründeten und sie ›Feo – dosija‹ (von Gott gegeben) nannten. Im Jahre 380 v. Chr. wurde die Siedlung erobert und ins Bospor-Reich eingegliedert, als dessen westlichster Vorposten sie von nun an diente. Feodosija war weiterhin ein wichtiges Handelszentrum. Überreste der antiken Akropolis finden sich auf dem heutigen Quarantänehügel. Ende des 13. Jh. gründeten

Nach vierjährigem Auslandsaufenthalt – er reiste durch Italien und andere westeuropäische Länder – war Ajwasowskij 1844 wieder in Petersburg. Er, der wegen seines Erfolges und seines guten Aussehens eine wirklich gute Partie hätte machen können, verlobte sich mit der armen englischen Gouvernante Julia Graves und kehrte in seine Heimatstadt Feodosija zurück. Es entstanden Gemäldezyklen mit Motiven der Krim, Griechenland usw. Auch berühmte Seeschlachten stellte Ajwasowskij dar, denn schließlich bezog er ja das Gehalt eines offiziellen Marinemalers. Das Meer war und blieb sein Motiv, meist das stürmische Meer: Von den 6000 Gemälden Ajwasowskijs stellen über 4000 Orkane, Schiffbrüche und Stürme dar. Bilder wie ›Das Meer‹ und ›Inmitten der Wellen‹ zeigen einfach nur das Wasser in wilder Aufruhr, allenfalls mit einem schmalen Streifen Himmel darüber, und erwecken beim Betrachter den Eindruck, als befinde er sich ›mitten drin‹.

Nachdem ihn seine Frau Julia verlassen hatte, heiratete Iwan Ajwasowskij eine um 40 Jahre jüngere Armenierin, mit der er anscheinend sehr glücklich lebte. 1880 baute er sich seine eigene Galerie, die er nach seinem Tode im Jahre 1900 der Stadt Feodosija vermachte. Auch sonst kümmerte er sich um die öffentlichen Belange seiner Heimatstadt: Er investierte in den Bau der Eisenbahn, unterstützte Schulen und unterwies in seinem Atelier kostenlos Schüler und Studenten in seine Kunst. Um das Trinkwasserproblem wenigstens ein bißchen zu lindern, schenkte er den Feodositern die Subaschskij-Quelle, die täglich mindestens 50 l Wasser spendete. Über der Quelle wurde nach Ajwasowskijs Entwürfen ein Brunnen gebaut. Und auch als Archäologe betätigte er sich: Schon 1853 machte er sich auf die Suche nach den antiken Wurzeln Feodosijas und fand im Laufe der Zeit wertvollen Goldschmuck in mehr als 80 Hügelgräbern. Die Fundstücke Ajwasowskijs bilden heute den Grundstock der Goldsammlung in der Petersburger Eremitage.

genuesische Kaufleute in der Bucht von Feodosija den Handelshafen Kaffa, der im 14./15. Jh. durch steinerne Mauern und Türme stark befestigt wurde. Auch nach der Eroberung durch die Türken bestand die Stadt weiter: Kefe, wie sie jetzt genannt wurde, zählte im 17. Jh. etwa 80 000 Einwohner – fast so viele, wie das heutige Feodosija! Im Hafen konnten damals bis zu 150 Schiffe gleichzeitig liegen. Heute ist Feodosija der wichtigste Handelshafen der Krim, außerdem Kurort und Touristenzentrum. Eine moderne **Uferpromenade** zieht sich vom Bahnhof aus über 2 km die Strände entlang – durch die Eisenbahnstrecke von der eigentlichen Stadt getrennt. Wer mit dem Zug in Feodosija ankommt, der ist am Strand, bevor er überhaupt am Bahnhof ausgestiegen ist! Auf der anderen Seite der Schienen stehen **Kaufmannsvillen** aus dem 19. Jh., in denen heute Sanatorien untergebracht sind. In einem der Gebäude befindet sich eine Trinkhalle; das Mineralwasser ist allerdings für Kurgäste reserviert.

Im Stadtzentrum in der Nähe des Bahnhofs stoßen wir auf ein rotes Haus mit weißen Säulen; davor das Denkmal eines berühmten Feodositers, Iwan Ajwasowskij.

Im Haus befindet sich die **Gemäldegalerie Ajwasowskijs,** die sich der Künstler noch zu Lebzeiten selbst eingerichtet hat. Der große Saal hat Tageslicht, so daß besonders die großflächigen Bilder hervorragend zur Geltung kommen (Uliza Galerejnaja 2, УЛ. ГАЛЕРЕЙНАЯ; geöffnet Do–Mo 10–17 Uhr, Di 10–14 Uhr). Geht man die Uliza Galerejnaja entlang, gelangt man zum **Alexander-Grin-Wohnhausmuseum,** leicht zu erkennen am Schiffsrelief, das eine der Außenwände schmückt. Alexander Stepanowitsch Grinjewskij (1880–1932) wuchs in ärmlichen Verhältnissen auf. Er war Matrose, Fischer, Goldwäscher und Soldat, bevor er sich 1912 als Schriftsteller in Sankt Petersburg niederließ. 1924 siedelte er auf die Krim, nach Feodosija, über. Die mehr als 400 Erzählun-

Alexander-Grin-Wohnhausmuseum in Feodosija

gen, Novellen und Romane Alexander Grins spielen in einer hochromantischen, frei erfundenen Welt, ›Grin-Landija‹ genannt, und sind angelehnt an das Genre des westeuropäischen Abenteuer- und Seefahrerromans. Vor allem Robert Louis Stevenson, den Autor der ›Schatzinsel‹, bezeichnete Alexander Grin als sein Vorbild. Aber auch an der romantischen Literatur E. A. Poes und E. T. A. Hoffmanns orientierte sich der Schriftsteller. ›Alye Parusa‹ (Das Purpursegel) ist einer der bekanntesten Romane Grins. Hier drückt sich eine tiefe Sehnsucht nach wahrer Liebe, nach dem Guten und Gerechten aus, das manchmal siegt, manchmal scheitert. In Erzählungen wie ›Ogon i Woda‹ (Feuer und Wasser) treibt das Auseinanderklaffen von Realität und Wunschtraum den Helden sogar in den Wahnsinn. Die Küste des Schwarzen Meeres mit ihren wilden Felsstränden, die bunte Atmosphäre der Hafenstadt Feodosija haben die Fantasie Alexander Grins angeregt und finden sich – romantisch verklärt – in seinen Werken wieder. ›Grin-Landija‹ aber hat sich im Museum manifestiert: Außer dem Arbeitszimmer des Schriftstellers gibt es die ›Kajüte des Kapitäns Grey‹, man sieht Bug und Interieur des Segelschiffes ›Rostra‹, unzählige Schiffsmodelle und Seefahrerutensilien, fiktive Karten und Bilder. Die Ausstellung ›Grin in der Gegenwart‹ zeigt Werke von zeitgenössischen Künstlern, die sich von Alexander Grins Werk haben inspirieren lassen (geöffnet Mi–So 10–18 Uhr).

Im **Uferpark** hinter dem Bahnhof steht der Ajwasowskij-Brunnen und ganz in der Nähe die Ruine des Konstantin-Turms, eines Restes der genuesischen Stadtbefestigung aus dem 14. Jh.

**Unterkunft:** Hotel ›Astorija‹, Pr. Lenina (ПР. ЛЕНИНА) 9, ✆ 3 23 16.

**Restaurants:** Astorija, Ul. Lenina (УЛ. ЛЕНИНА) 9, ✆ 3 16 59; Odissej, Pr. Lenina (ПР. ЛЕНИНА) 9, ✆ 3 12 29.

**Museum:** Heimatmuseum (das älteste auf der Krim), Ul. Lenina (УЛ. ЛЕНИНА) 11; Mi–Mo 10.30–18 Uhr.

**Verkehr:** Mit dem **Auto** nimmt man die Route Simferopol – Belogorsk – Staryj Krim (116 km); von Simferopol fahren **Züge** und auch ein **Bus** nach Feodosija.

## Kertsch

Die Stadt Kertsch (КЕРЧЬ) liegt auf der nach ihr benannten Halbinsel im äußersten Osten der Krim, 98 km von Feodosija entfernt. Die Straße führt zuerst an der Bucht von Feodosija entlang und zwar auf dem schmalen Sandstreifen, der die Adschigol-Salzseen (hier wird auch Heilschlamm gewonnen) vom Meer trennt. ›Solotoj

Verfallene Kirche bei Feodosija

›Pljash‹ (goldener Strand) heißt dieses Gebiet, das sowohl Naherholungsgebiet der Feodositer als auch beliebter Urlaubsort für Touristen ist. Nach etwa 12 km ist das Dorf Primorskij erreicht. Danach beginnt, nach der 17,5 km breiten Landenge von Akmonaj, die Halbinsel Kertsch. Dieses 2830 km$^2$ große Gebiet zwischen dem Asowschen und dem Schwarzen Meer besteht im Südwesten aus einer flachen Tiefebene, im Nordosten aus Hügelland. Da es hier keine Flüsse gibt, kann erst seit dem Bau des Nord-Krim-Kanals ernsthaft Landwirtschaft betrieben werden. In der Antike gehörte die Halbinsel von Kertsch zum Bospor-Reich, das auch Städte auf dem kaukasischen Ufer der Meerenge von Kertsch mit einschloß. Kurz hinter dem Dörfchen Fontan (ФОНТАН) zeigen sich im Relief noch Spuren des antiken Verteidigungswalls (Akkos-Wall), der vom Schwarzen bis zum Asowschen Meer verlief. Er war über 2 m hoch, über 10 m breit und zusätzlich noch mit einem Graben versehen. Ein erstes slawisches Staatsgebilde auf dem Gebiet der heutigen Krim stellte im Mittelalter das Fürstentum Tmutarakan auf der Halbinsel von Kertsch dar, das der Kiewer Rus unterstand.

Kertsch entwickelte sich aus dem antiken Pantikapej, das im 6. Jh. v. Chr. von griechischen Kolonisten aus Milet gegründet wurde. Schon bald stieg es auf zur Hauptstadt des Bospor-Reiches, das im 1. Jh. v. Chr. unter Fürst Mithridates VI. einen erbitterten, wenngleich aussichtslosen Kampf gegen das Römische Imperium führte. Nach den drei Mithridatischen Kriegen siegten die römischen Heere unter Pompeius im Jahre 66 v. Chr. endgültig in der Schlacht am Euphrat. Um seiner drohenden Gefangennahme zu entgehen, ließ sich Mithridates VI. auf den Stufen seiner Residenz in Pantikapej erstechen – so geschehen im Jahre 63 v. Chr. auf dem Hügel, auf dem die Akropolis stand.

Der **Mithridates-Hügel,** benannt nach diesem Ereignis, erinnert heute an die unterschiedlichsten Epochen der Geschichte von Kertsch. Leider ist er auch die einzige Sehenswürdigkeit, die einen Besuch der Stadt lohnt. Vom zentralen Platz führt eine breite Treppe auf den Hügel. Auffällig ist zuallererst der riesige ›Obelisk des Ruhms‹, flankiert von Panzern und anderem Kriegsgerät aus dem Zweiten Weltkrieg – Kertsch war neben Sewastopol Hauptschauplatz der Kämpfe um die Krim. Zwischen Mai und Oktober 1942 hielten sich mehrere tausend Soldaten und Zivilisten in den Höhlen der Steinbrüche von Adshimuschka versteckt und führten von hier aus Sabotageakte durch. Aber es war ein hoffnungsloser Kampf. Bei einem großen Sturmangriff der deutschen Wehrmacht auf die unterirdischen Anlagen kamen die meisten ihrer ›Bewohner‹ ums Leben.

Blick auf das ›Biblische Tal‹

Oberhalb des Obelisken steht, an der höchsten Stelle des Berges, ein kleiner runder Turm mit einem ewigen Feuer zu Ehren der Gefallenen des Zweiten Weltkriegs. Unterhalb der Säule sehen wir die Ausgrabungen des antiken Pantikapej, vor allem auch die Grundmauern des Fürstenpalastes. Vom Mithridates-Hügel überblickt man die Stadt mit ihren Hafen- und Werftanlagen sowie die Meerenge von Kertsch. Das gegenüberliegende Ufer, das russisch-asiatische Festland, ist zu sehen und bei klarem Wetter auch die Gipfel des Kaukasus. Von Port Krim nach Port Kaukasus verkehrt über die nur 4 km breite Meerenge zwischen dem Asowschen und dem Schwarzen Meer eine Eisenbahnfähre.

Unten in der Stadt, hinter dem Busbahnhof, befindet sich der **Melek-Tschtschmenskij Kurgan,** ein Hügelgrab aus dem 4. Jh. v. Chr. Die 9 m lange und über 5 m breite Pyramide aus Steinquadern soll innen mit seltenen Reliefs geschmückt sein – leider ist das Objekt heute vollkommen verwahrlost. Die schönsten Fundstücke aus Kertsch und Umgebung wurden zum Glück in die Eremitage nach Sankt Petersburg gebracht, wo sie heute zu den interessantesten und wertvollsten Ausstellungsstücken gehören.

## Koktebel (Planerskoje)

Die Ortschaft Koktebel liegt 20 km von Feodosija entfernt. Man erreicht sie, indem man zuerst der Straße Feodosija–Simferopol folgt und dann im Dorf Blishneje

Landschaft der Ostkrim, Tatarischer Bauer

(БЛИЖНЕЕ) links abbiegt in Richtung Planerskoje/Koktebel (ПЛАНЕРСКОЕ КОКТЕБЕЛЬ). Die Straße führt durch eine karge Landschaft mit kahlen Hügeln. Man spricht hier auch vom ›biblischen Tal‹ – wegen der Ähnlichkeit mit der Gegend um Jerusalem. Koktebel (КОКТЕБЕЛЬ) selbst wurde in Sowjetzeiten in Planerskoje, abgeleitet von ›planer‹ (Segelflugzeug), umbenannt. Der Ort gilt als Wiege der sowjetischen Segelfliegerei. Da das Erzeugnis der örtlichen Kolchose, der Krim-Weinbrand ›Konjak Koktebel‹, allgemein bekannt

## Maximilian Woloschin

Maximilian Alexandrowitsch Woloschin wurde am 28. Mai 1877 in Kiew als Sohn reicher, adliger Eltern geboren. Er studierte in Moskau Rechtswissenschaften, wurde aber wegen Teilnahme an Studentenunruhen exmatrikuliert und ging im Jahre 1901 nach Paris, um seine Bildung zu vervollkommnen. 1906 heiratete er Margarita Sabaschnikowa, doch schon 1907 trennten sich ihre Wege: Margarita verschrieb sich ganz der Anthroposophie Rudolf Steiners, worin Woloschin ihr nicht folgen konnte und wollte. Doch blieben beide bis an ihr Lebensende gefühlsmäßig aneinander gebunden.

Woloschin begann sehr früh, Gedichte zu schreiben. Seit 1900 stand er den russischen Symbolisten, später den Akmeisten nahe, die den poetischen Zeichen, den Worten also, ihre eigentliche Bedeutung wiedergeben wollten. Mit der Zeit entwickelte Woloschin auch seine Fähigkeiten in der bildenden Kunst – vor allem im Aquarellieren. Sein dichterisches und sein malerisches Werk stehen durchaus gleichberechtigt nebeneinander.

Er wäre wohl niemals Maler geworden, sagte Woloschin einmal zu Freunden, hätte er nicht schon als Kind die Krim kennengelernt. Besonders der schroffe, unwirtlichere Osten hatte es ihm angetan. Er nannte die Gegend ›Kimmerija‹, nach dem alten Volksstamm, und ›Heimat meiner Seele‹. Hier fand Woloschin die Motive für seine Aquarelle: Himmel, Berge und Meer, wobei das Wasser immer nur eine schmale, kaum strukturierte Fläche darstellt, vor allem die Berge aber scharf ab-

ist, hat sich der neue Name nicht durchgesetzt. Koktebel hat sich seit Anfang des 20. Jh. zum Kurort entwickelt. Zwei Sehenswürdigkeiten sind für den Besucher interessant: das Maximilian-Woloschin-Wohnhausmuseum und der Berg Kara-Dag. Ausgangspunkt für beide Ziele ist die **Uferpromenade.** Man erreicht sie, nachdem man das Auto an der Hauptstraße abgestellt hat, und zu Fuß durch die parkähnliche Anlage der Ferienhäuser geht.

Das **Woloschin-Wohnhausmuseum** ist außen und innen heute noch so erhalten, wie zu Lebzeiten des Dichters. Von außen präsentiert es sich als villenähnliches Gebäude mit einem viereckigen Vorbau. Auf dem Dach eine kleine Terrasse – wenn, wie so oft angemerkt, Woloschins Haus ein Schiff darstellt, so befindet sich hier zweifellos die Brücke. Im Inneren nimmt das Atelier die Höhe zweier Stockwerke ein. Es verfügt über mehrere Ebe-

gehoben, Einschnitte und Faltungen kontrastreich nachgezeichnet sind. Schon 1903 begann Maximilian Woloschin in Koktebel, direkt am Meer, ein Haus zu bauen. Nach etlichen Um- und Anbauten hatte es endlich die Gestalt, die sich der Dichter und Maler gewünscht hatte. 1917 zog er endgültig ein. Woloschins Haus in Koktebel war vor und nach der Revolution Treffpunkt vieler russischer Künstler. Von den 22 Zimmern hatte der Hausherr allein 15 für Gäste bestimmt – und falls diese nicht ausreichten, schuf Woloschin in seinem eigenen Bereich mehr Platz. Unter anderem verbrachten Balmont, Brjussow, Belyj, Gumilew, Mandelstam und Marina Zwetajewa hier ihre Sommer, erholten sich am Meer, arbeiteten gemeinsam oder alleine. Im Atelier fanden Lesungen statt, und nicht selten vertieften sich die Gäste, unter Anleitung ihres fantasievollen und spielerisch veranlagten Gastgebers, in Theaterspiele, Inszenierungen und sogenannte ›Mystifikationen‹, die sich teilweise über mehrere Tage erstreckten.

Im Bürgerkrieg nahm Maximilian Woloschin eine neutrale Haltung ein in dem Sinne, daß er die ›Weißen‹ vor den ›Roten‹ rettete – und umgekehrt. Sein Haus wurde ein Refugium für Schriftsteller und andere Künstler, geschaffen nach den »Gesetzen des Schöpferischen, der Poesie und der Liebe«. Seine Gedichte offenbaren ihn als konsequenten Gegner jeden Terrors und als – wenn auch nicht im Sinne der Amtskirche – tief religiösen Menschen. Er starb am 11. August 1932 in Koktebel und wurde – wie er es gewünscht hatte – auf dem dem Kara-Dag gegenüberliegenden Hügel Kutschuk-Jenischar begraben. Sein Haus und seinen Besitz vermachte er dem sowjetischen Schriftstellerverband.

nen, die durch Treppen miteinander verbunden sind. Unzählige Bücher (insgesamt umfaßt Woloschins Bibliothek mehr als 9000 Bände) gibt es, außerdem das, was Marina Zwetajewa »Woloschins alltägliche Wunder« nannte: Wanderstöcke, alte Werkzeuge, Tonvasen, Trockenblumen, geschnitzte Figuren, Reiseandenken wie z. B. ein baskisches Messer, Bilder und Fotografien ... Einen besonderen Platz bekam die Büste der ägyptischen Sonnenkönigin Tajach, die von Maximilian Woloschin fast als Gottheit verehrt wurde.

Auch die übrigen Zimmer des Hauses sind zu besichtigen, wobei die verwinkelte Anlage mit Durch- und Übergängen, Nebenräumen und Terrassen deutlich wird. Die literarische Ausstellung des Museums zeichnet die künstlerische Entwicklung Maximilian Woloschins nach (geöffnet Di–So 10–17 Uhr).

Blick auf den Kara-Dag

Die Bucht von Koktebel wird im Westen vom ehrfurchtgebietenden Massiv des **Kara-Dag,** des ›Schwarzen Berges‹, begrenzt. Woloschin übrigens erkannte in der Silhouette des Berges sein Profil mit Bart und fühlte deshalb eine mystische Verbundenheit mit Berg und Bucht. Der Kara-Dag ist ein ehemaliger Vulkan. Er besteht aus dem Gipfel Swjataja Gora (hl. Berg) und mehreren Ausläufern, die ins Meer ragen. Die Krater, aus denen vor 160 Mio. Jahren Magma sprudelte und Lava floß, sind noch heute zu sehen. Der Kara-Dag ist ein einzigartiges Naturdenkmal. Mehr als 50 verschiedene Mineralien, vor allem Quarze, kommen in den Gesteinen dieses Gebietes vor, 80 Vogel- und 30 Säugetierarten leben hier. Besonders reich aber ist die Pflanzenwelt mit über 1000 Arten, darunter einige sehr seltene. Seit 1979 steht der Kara-Dag unter Naturschutz und darf nur mit besonderer Genehmigung betreten werden. Deshalb betrachtet man ihn heute am besten vom Meer aus. An der Schiffsanlegestelle von Koktebel werden Ausflugsfahrten rund um den Kara-Dag angeboten. Zu sehen sind dabei kleine, gemütliche Buchten, von wilden Felsen begrenzt, die bizarr ins Meer ragen und an fantastische Figuren erinnern. Das Boot passiert die Teufelsgrotte und gelangt zur Löwenbucht – ›bewacht‹ von einem steinernen Löwen. Davor stehen im Wasser die ›Goldenen Tore‹, ein vorgelagerter hoher Felsbogen. Als Alexander Puschkin 1820 von Feodosija aus mit dem Segelschiff den Kara-Dag umrundete, hat er sie gesehen – eine entsprechende Skizze befindet sich auf einer der Seiten des Manuskripts zum Versroman ›Eugen-Onegin‹, an dem er damals gerade arbeitete. Etwas weiter folgen der Felsen ›Iwan der Räuber‹ sowie die Ausläufer des Karagatsch mit durch Winderosion entstandenen Figuren. Die Ausflugsfahrten von Koktebel aus dauern, je nachdem, ob zum Baden angelegt wird oder nicht, zwischen zwei und vier Stunden.

Nach dem Ortsausgang Koktebel führt die Straße hinter dem Massiv des Kara-Dag vorbei. Im Dorf Schtschebetowka (ЩЕБЕТОВКА) zweigt links ein Weg ab, auf dem man das Ufer westlich des Kara-Dag erreicht. Hier befinden sich eine biologische Forschungsstation mit Delphinarium sowie ein Aussichtspunkt. Die verbleibenden 26 km von Schtschebetowka nach Sudak verlaufen in malerischer Gebirgslandschaft. Charakteristisch für die östlichen Ausläufer der Hauptkette des Krimgebirges sind scharfe Konturen und tief eingeschnittene Falten im Relief. Nicht von ungefähr erzählt eine zweite Variante der Legende über den Bärenberg Aju-Dag, Allah habe seinen großen Rächer, einen riesenhaften Bären, auf die Krim geschickt, um deren Bewohner zu strafen. Das Raubtier begann, mit seinen furchtbaren Tatzen von Osten her die Berge und Felsen zu zerklüften. Erst, als es die liebliche Bucht von Gursuf erreichte, hielt es gerührt inne und schlief, im Wasser liegend, ein ... Man braucht nicht viel Fantasie, um die Spuren der Bärenkrallen an den Bergen zu erkennen! Die östliche Krim-Küste erlebt heißere Sommer und kältere Winter, als die Südküste um Jalta. Es ist allgemein trockener, und die Vegetation ähnelt eher der Waldsteppe denn der mediterranen Flora.

Die nächste Abzweigung führt zum Dorf Solnetschnaja Dolina (СОЛНЕЧНАЯ ДОЛИНА) und zur gleichnamigen Sowchose. Hier wachsen die Rebsorten ›Sonniges Tal‹ und ›Schwarzer Doktor‹. In der Nähe befindet sich der Delikly-Kaja, der ›löchrige Felsen‹.

## Sudak und Nowyj Swet

Auch **Sudak** (СУДАК) selbst ist umgeben von steilen, malerischen Felsen, bei denen es sich teilweise um urzeitliche Korallenriffe handelt. Die Stadt wurde 212 n. Chr. von Alanen als Festung gegründet und durchlebte als Sugdaja, Surosh und Soldaja eine wechselvolle Geschichte. Sie war von Griechen bewohnt, gehörte dann zu Byzanz, wurde von den Chasaren erobert, von den Tataren geplündert, gelangte in den Besitz der Venezianer und dann der Genueser. Im Jahre 1475 eroberten die Osmanen Sudak, und während des Krim-Khanats blieb es direkter türkischer Stützpunkt. Zeitweise war Sudak ein wichtiges Zentrum des Welthandels: Als Surosh wird es im ›Epos von der Heerfahrt Igors‹, dem ersten poetischen Werk der ostslawischen Literatur, bereits im 10. Jh. erwähnt. Damals wurden von Surosh aus wertvolle Stoffe und Gewürze in die Kiewer Rus transportiert, und die Surosher waren als Übersetzer und Berater gefragte Mitarbeiter der ostslawischen Fürsten. Der venezianische Weltreisende Marco Polo berichtet, sein Vater und Bruder hätten die Stadt im Jahre 1260 besucht. Nachdem die Kreuzritter im 14. Jh. ihre Besitzungen an der östlichen Mittelmeerküste verloren hatten, verlagerten sich die Handelswege von Westeuropa nach China und Indien ans Schwarze und ans Asowsche Meer, und durch Sudak führte zeitweilig die berühmte Seidenstraße.

Nachdem die Genueser die Stadt im Jahre 1365 endgültig unter ihre Kontrolle gebracht hatten, verlagerten sie den Handel in das nahegelegene Kaffa (Feodosija) und formten Sudak zum militärischen und administrativen Zentrum um. Ein Großteil der Bevölkerung lebte nun von der Landwirtschaft. Und es entstand das Bauwerk, das Sudak – abgesehen von den landschaftlichen Reizen – zu einem lohnenswerten Touristenziel macht: die **Genuesische Festung,** ein einmaliges Denkmal westeuropäischer Festungsbaukunst. Es handelt sich um die größte noch erhaltene bzw. restaurierte Festungsanlage dieser Art überhaupt. Die zinnenbewehrten, bis zu 8 m hohen und zwischen 1,5 m und 2 m dicken Mauern mit ihren insgesamt 15

Blick auf die Genuesische Festung

Türmen umschließen eine Fläche von 29,5 ha!

Die Genuesische Festung erstreckt sich auf dem sogenannten Festungsberg. An seinem Fuße, dort, wo er gegen Norden relativ flach abfällt, befindet sich die erste Verteidigungsebene der Festung, bestehend aus einer fast 1000 m langen Mauer mit Verteidigungstürmen und dem Haupttor mit Zugbrücke. Wo heute die Straße in Richtung Nowyj Swet verläuft, war früher ein wassergefüllter Graben. Die Besichtigung der Anlage beginnt am Haupttor aus dem Jahre 1389, das von zwei mächtigen Türmen flankiert wird. Von hier aus ziehen sich südwestlich fünf, nordöstlich sieben Wehrtürme mit

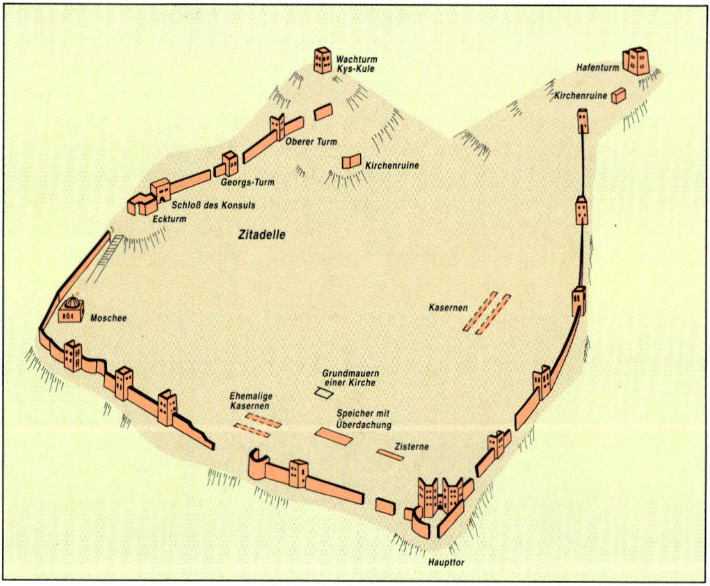


Genuesische Festung von Sudak

Schießscharten den Berg hinauf. Ausgrabungen haben in der Nähe des Tores die Grundmauern von Speichern, russischen Kasernen aus dem 18. Jh. und einer italienischen Kirche ans Tageslicht gebracht. Bei dem überdachten Gebäude handelt es sich ebenfalls um städtische Speicher. Vom Haupttor aus wenden wir uns nach links und gelangen zu einem viereckigen Gebäude mit Kuppel, das wohl ehemals orthodoxe Kirche, dann Moschee war. Heute wird hier eine kleine archäologische Ausstellung gezeigt. Auf Treppen entlang der Mauer steigen wir nun aufwärts und betreten die zweite Verteidigungsebene, die Zitadelle mit dem Schloß des Konsuls und einem Wachturm auf dem Gipfel des Festungsberges. Letzterer fällt hier nach Süden hin steil ab. Hierher, in die Zitadelle, zogen sich die Verteidiger im Falle höchster Gefahr zurück. 1475 flohen die letzten Genueser vor den Türken, indem sie sich mit Seilen den steilen Fels hinunterließen und im Hafen ein Schiff bestiegen. Der Pfad zum höchsten Punkt führt außerhalb der Mauern am Felssturz entlang. Ein Aufstieg zum Wachturm auf dem Gipfel ist nur absolut schwindelfreien und trittsicheren Besuchern zu empfehlen.

Beim Verlassen der Zitadelle halten wir uns links, um noch die westlichen Mauern mit dem einzelstehenden Hafenturm auf einem gegenüberliegenden Hügel zu betrachten. Von hier aus kontrollierten die Genueser den Zugang zum Hafen.

Die Straße unterhalb der Genuesischen Festung führt in das **Landschaftsschutzgebiet Nowyj Swet** (НОВЫЙ СВЕТ), der vielleicht malerischsten und landschaftlich reizvollsten Gegend auf der Krim. Man erreicht die ›Grüne Bucht‹, in der die Siedlung Nowyj Swet liegt, auf einer 4 km langen Bergstraße mit dem Bus oder dem Auto (Gebühr!). Am westlichen Ende der Bucht beginnt ein schmaler Felspfad, der Zarenpfad. Charakteristisch für die Gegend, die bis vor der Revolution ›Paradies‹ hieß, sind einerseits schroffe, steile Jurakalkfelsen, andererseits liebliche Buchten mit Sandstränden. Neben Wacholderbäumen beschränkt sich die Vegetation auf einige Sträucher und Gräser sowie Stankiewitsch-Kiefern, die sich an den kahlen, steilen Fels klammern.

Der Zarenpfad umrundet einen überhängenden Felsen und führt zu einer riesigen Grotte, in der sich im Mittelalter ein Kloster befand. Fürst Golizyn nutzte sie später dazu, seinen in Nowyj Swet hergestellten Krim-Sekt (Schampanskoje) zu lagern – die einzelnen Regale und Stellagen aus Stein sind noch zu sehen. Berühmt wurde die Grotte auch wegen ihrer Akustik, nach-

Die Champagnerhöhlen bei Nowyj Swet

In der Bucht von Nowyj Swet

dem Fjodor Schaljapin hier ein Konzert gegeben hatte. Von der Gotte steigt der Pfad aufwärts und verläuft am Steilhang entlang oberhalb der Räuberbucht (Blaue Bucht) etwa 3 km bis zum Kap Karaul-Oba, von dem aus man die gesamte, riesige Bucht von Aluschta überblickt: bis hin zum Aju-Dag, dem trinkenden Bären, dessen Silhouette sich im Südwesten abzeichnet. Die Küste ist hier geprägt von Grotten, Felsstürzen und wilden Stränden. Es lohnt sich durchaus, im Landschaftsschutzgebiet von Nowyj Swet einen ganzen Tag zu verbringen!

Von Sudak aus führt eine schmale Straße vorwiegend an der Küste entlang nach Aluschta (80 km). Sie ist teilweise steil und kurvenreich und eröffnet reizvolle Aussichten auf das Meer und auf das östliche Krimgebirge, das hier langsam ansteigt bis zum Massiv des Demerdshi (1356 m).

**Unterkunft in Sudak:** Hotel ›Gorisont‹, pos. Ujutnoje (ПОС. УЮТНОЕ) gegenüber der Genuesischen Festung, ✆ 2 21 79.

**Restaurants in Sudak:** Volna, Ul. Gagarina (УЛ. ГАГАРИНА) 4, ✆ 2 10 76; Graschda, Uferpromenade, ✆ 2 22 06.

**Verkehr:** Von Simferopol oder Feodosija fahren **Busse** nach Sudak. Mit dem **Auto** geht es von Simferopol auf der Trasse Richtung Feodosija, hinter Staryj Krim dann rechts ab; von Feodosija aus fährt man über Koktebel/Planerskoje nach Sudak.

# Tips und Adressen



Die Autorin dankt Anja Schray, Stella Derij, Wilfried Jilge, Andrej Pylov und allen Mitarbeitern der Firma TourEthno für ihre tatkräftige Hilfe beim Entstehen dieses Buches.

# Reisevorbereitung

## Informationsmaterial und Reiseveranstalter

Um deutschsprachiges Informationsmaterial ist es schlecht bestellt. Ein ukrainisches Fremdenverkehrsamt gibt es nicht, und so ist man auf die Prospekte und Informationen angewiesen, die die einzelnen Reiseveranstalter herausgeben. Reisen auf die Krim organisieren z. B. DER-Tour, Wikinger-Reisen (Wandern und Trekking), Mittelthurgau Reisen (in der Schweiz; organisieren Schiffsreisen). Die ukrainische Firma TourEthno (Bildungsreisen, Sprachkurse, Trekking, Kururlaub) verfügt über eine Kontaktadresse in Deutschland (✆/Fax 06131/230434). Ein guter Ansprechpartner ist auch der ›Freundeskreis Heidelberg-Simferopol‹, der häufig Reisen in die ukrainische Partnerstadt Heidelbergs, nach Simferopol, organisiert.

## Botschaften und Konsulate

**... in der BRD**
*Botschaft der Ukraine, Konsularabteilung:* Waldstr. 42, 53177 Bonn, ✆ 02 28/31 19 95.
*Außenstelle der Botschaft der Ukraine:* Unter den Linden 63–65, 10177 Berlin, ✆ 0 30/2 29 16 18.
*Generalkonsulat der Ukraine:* Pienzenauer Str. 15, 81679 München, ✆ 0 89/9 82 87 71.

**... in der Schweiz**
*Ukrainisches Konsulat:* Spitalgasse 35, CH-3011 Bern, ✆ 0 31/21 27 07.

**... in Österreich**
*Ukrainisches Konsulat:* Elisabethstr. 13, A-1010 Wien, ✆ 01/5 86 97 17.

## Einreisebestimmungen

Für die Einreise in die Ukraine ist ein gültiges Visum erforderlich, das man sich vor Reiseantritt bei den zuständigen Botschaften bzw. Konsulaten ausstellen lassen muß. Dazu benötigt man einen gültigen Reisepaß, einen ausgefüllten Visa-Antrag mit einem Paßbild sowie eine Privateinladung bzw. einen Hotelvoucher. Da sich das Prozedere der Visaerteilung ändern kann, fordert man am besten von den Konsulaten Informationsmaterial an.

## Zollbestimmungen

Bei Ein- und Ausreise füllt man jeweils eine Zollerklärung aus. Die Formulare stammen aus Sowjetzeiten und fragen vor allem nach Devisen und Edelmetallen. Zwar kann man mittlerweile überall Geld tauschen und muß dafür auch keine Belege vorweisen – keinesfalls aber dürfen mehr Devisen aus- als eingeführt werden. Urkainische Kupons müssen im Land bleiben. Für Spirituosen gilt: Zwei Flaschen Wein bzw. Sekt und eine Flasche Wodka können problemlos aus der Ukraine ausgeführt werden – Kaviar aber ist streng verboten. Schwierigkeiten kann es auch bei Kunstwerken aller Art geben. Besonders bei teureren Objekten und Antiquitäten sollte man sich bei den Zollbehörden vor Ort um eine offizielle Ausfuhrerlaubnis bemühen; die dafür nötigen Dokumente bekommt man direkt beim Kauf – allerdings nur, wenn es sich um ein staatliches oder staatlich anerkanntes Geschäft handelt. Straßenkäufe lohnen deshalb häufig nicht.

### Reisezeit und Klima

Vor allem die Südküste der Krim verfügt über ein subtropisch-mediterranes Klima mit heißen, trockenen Sommern und relativ milden Wintern. Badesaison ist von Ende Mai bis Ende September; Juli und August sind häufig sehr heiß mit einer Durchschnittstemperatur von 25° C. Für Studien- und Wanderreisen besonders geeignet sind Frühjahr und Herbst.

### Gesundheitsvorsorge

Speziell für die Krim sind keine Schutzimpfungen vorgeschrieben. Zu empfehlen ist aber auf jeden Fall die Auffrischung der Polio-Schutzimpfung. Wer ganz sicher gehen will, informiert sich vor der Abreise beim Auswärtigen Amt über eventuell auftretende Krankheiten.

## Anreise

### ... mit dem Flugzeug

Von März bis Ende Oktober gibt es einmal wöchentlich einen Charterflug des Deutschen Reisebüros mit Air Crimea/Air Ukraine von Frankfurt nach Simferopol (ca. 3 Std.). In der Vor- und Nachsaison werden zusätzlich Flüge ab Hannover, Stuttgart, Nürnberg und München angeboten. In den Reisebüros mit DER-Vertretung kann man auch nur Flüge ohne Hotel buchen.

Die individuelle Anreise erfolgt über Kiew (Linienflüge vieler großer Fluglinien) und weiter nach Simferopol. Am besten legt man die Strecke Kiew–Simferopol mit dem Zug zurück (22 Std.), da die Flugzeuge wegen Treibstoffmangels unregelmäßig fliegen.

## ... mit dem Zug

Abenteuerlustige und Eisenbahnfans können auch von Deutschland aus mit dem Zug fahren. Täglich gibt es einen Kurswagen von Berlin nach Kiew (ca. 40 Std.). Von dort zweimal täglich Verbindung nach Simferopol.

## ... mit dem Auto

Wer mit dem eigenen Fahrzeug anreisen möchte, sollte das gut überlegen und planen. Benzin ist knapp, und die Fahrt mag auch wegen einiger dunkler Gestalten, die in der Nähe der Grenze ihr Unwesen treiben, nicht ungefährlich sein. Eine Alternative zum Alleingang sind organisierte Wohnmobil- und Caravan-Touren des deutsch-weißrussischen Gemeinschaftsunternehmens ›Country Camping Schinderhannes‹, D-56291 Hausbay-Pfalzfeld, ✆ 0 67 46/16 74. Eine sechswöchige Tour führt z. B. auch auf die Krim.

## ... mit dem Schiff

Leider gibt es die Fährverbindung Odessa–Jalta im Moment nicht. Von Jalta aus verkehren Schiffe nach Instanbul und zurück, wobei man Karten aber nur vor Ort kaufen kann. Verschiedene Kreuzfahrtschiffe laufen die Krimhäfen Jalta und Sewastopol an.

## ... mit dem Reiseveranstalter

Da man, um ein Visum für die Ukraine zu bekommen, schon vor der Reise über entsprechende Hotelreservierungen verfügen muß, sind Spontanreisen auf eigene Faust schwierig zu organisieren. Die verschiedenen Pauschalreiseveranstalter haben aber vielfältige Reisen im Programm – von der Standard-Besichtigungstour bis hin zu Wander- und Fahrradreisen. Einige Firmen stellen auf Wunsch auch individuelle Routen und Programme zusammen (z. B. TourEthno).

# Reisen auf der Krim

## ... mit öffentlichen Verkehrsmitteln

Die Südküste der Krim ist für den öffentlichen Verkehr recht gut erschlossen. Vom Flughafen und Bahnhof Simferopol fahren Oberleitungsbusse über Aluschta bis nach Jalta – im Sommer alle drei bis fünf Minuten! Überlandbusse verkehren von Simferopol nach Jewpatorija, Sewastopol, Jalta, Aluschta, Sudak, Feodosija und Kertsch. Die Tickets sind für einen westlichen Ausländer sehr billig, allerdings auch schwer zu bekommen, da die Nachfrage sehr groß ist. Man erhält sie am Hauptbahnhof (O-Busse) oder an den verschiedenen Omnibus-Bahnhöfen. Von Simferopol nach Sewastopol, Jewpatorija und Feodosija kann man auch den Nahverkehrszug, die sogenannte Elektritschka, nehmen. Fahrkarten gibt es am Bahnhof.

## ... mit dem Leihwagen

Um ausgefallenere Routen abseits der ausgetretenen Touristenpfade zu erkunden, ist auf der Krim ein PKW sehr nützlich. Allerdings ist das Benzin zeitweise knapp (günstiger: Diesel!), und es empfiehlt sich, den Wagen nur auf bewachten Parkplätzen zu lassen. Die Straßen sind teilweise, vor allem in den Städten (!), stark beschädigt und voller Schlaglöcher, so daß ein Ersatzrad unbedingt erforderlich ist! Am besten entscheidet man sich für ein Auto mit Fahrer, das man im Hotel oder bei einer der Servicefirmen mieten kann.

# Unterkunft und Verpflegung

## Hotels

Tourismus westlicher Prägung und westlichen Standards steckt, wie schon erwähnt, auf der Krim noch in den Kinderschuhen. Den Übergang vom Sozialismus zum Kapitalismus haben gerade die Dienstleistungsbetriebe noch nicht überall vollzogen, und so kann es schon mal passieren, daß man von allmächtigen Hotelmanagern abgewiesen wird – nur, weil sie einen schlechten Tag haben. Das gilt natürlich nicht für die Hotels höheren Standards wie das ›Jalta‹ und ›Oreanda‹ in Jalta oder das ehemalige Sanatorium ›Foros‹. Im großen und ganzen bemüht man sich überall auf der Krim, es den Gästen so bequem und angenehm wie möglich zu machen. Allerdings darf man weder beim Service noch bei der Ausstattung Vier-Sterne-Niveau erwarten.

## Essen und Trinken

Eine eigene Krim-Küche hat sich nicht etabliert. In den Hotels und Restaurants werden russische, ukrainische und tatarische Gerichte angeboten: Borschtsch (Rote-Beete-Suppe), Piroggen (gefüllte Teigtaschen), Bliny (dünne Pfannkuchen), Schaschlik (Fleischspieße)... Auch Fischgerichte gibt es, Muscheln und natürlich Kaviar. Typisch ist der Brauch, eine große Auswahl an kalten und warmen Vorspeisen (Sakuski) anzubieten, die, wenn man sie stilecht genießen will, mit Wodka heruntergespült werden. Insgesamt wird mit mehr Fett gekocht, so daß die Umstellung Menschen mit empfindlichem Magen Probleme machen kann.

# Informationen von A bis Z

## Ärztliche Versorgung

Auf der Krim, besonders in den Sanatorien der Südküste, gibt es gute Ärzte. Die Behandlung ist entweder kostenlos (Polikliniken) oder sehr billig. Trotzdem empfiehlt sich der Abschluß einer Reisekrankenversicherung, damit man die Kosten zu Hause ersetzt bekommt. Der beste Arzt nützt allerdings wenig, wenn Medikamente fehlen – und die sind in der ehemaligen Sowjetunion bekanntlich knapp. Das Reisegepäck sollte deswegen auf jeden Fall eine kleine Reiseapotheke enthalten (Einwegspritzen, Mittel gegen Magenbeschwerden, Aspirin, Antibiotikum).

## Auskunft und Information

Deutschsprachiges Infomaterial erhält man vor Ort in den Intourist-Hotels ›Jalta‹ und ›Oreanda‹ in Jalta, außerdem über das ›Jaltaer Reise- und Exkursionsbüro‹, Ul. Jekaterininskaja 3, 334202 Jalta, ✆ 32 97 24. In den einzelnen Städten

(Simferopol, Jewpatorija, Jalta, Aluschta, Feodosija, Sewastopol, Bachtschissaraj) werden an zentral gelegenen Kiosken Exkursionen angeboten. Außer den Intourist-Hotels können folgende Firmen als Anlaufstelle dienen:
›TourEthno‹, Ul. Woksalnaja (УЛ. ВОКЗАЛНАЯ) 10, Sewastopol, ✆ 52 53 51.
›Jalta Kurort‹, Ul. Lenina (УЛ. ЛЕНИНА) 17, Jalta, ✆ 32 23 74 und 32 56 40.
›Krimtur‹, Ul. Schmidta (УЛ. ШМИДТА) 9, Simferopol, ✆ 27 26 40 und 25 70 90.

## Autofahren

Im Hotel Jalta und bei einigen Touristik-Firmen kann man sich einen Mietwagen nehmen. Wegen der schlechten Versorgungslage mit Treibstoff, vor allem aber auch, weil auf den Straßen der Krim das Recht des Stärkeren mehr gilt, als jedwede Verkehrsregel, ist zu empfehlen, einen Wagen mit Fahrer zu mieten. Das kann offiziell im Hotel geschehen, oder man verhandelt mit einem der vielen privaten Taxifahrer.

## Baden

Die Badesaison beginnt etwa Ende Mai und dauert bis Ende September, das Meer erwärmt sich dann bis etwa 24° C. An der Krimküste ist das Schwarze Meer relativ sauber, zu stärkeren Verschmutzungen kommt es lediglich in der Nähe der großen Städte. Feuerquallen treten vereinzelt auf, ansonsten überhaupt keine gefährlichen Wassertiere. Da die Strände der Krim meist aus Kies oder Fels bestehen, sind Badeschuhe zu empfehlen. An vielen Stränden ist die Wassertemperatur angezeigt. Bitte unbedingt beachten: Auch im Sommer können urplötzlich kalte Strömungen auftreten, die die Temperatur auf bis zu 12° C absinken lassen! Überhaupt sollte man Stärke und Richtung der Strömung beobachten, um nicht unversehens abgetrieben zu werden.

## Diplomatische Vertretungen

Die nächsten diplomatischen Vertretungen befinden sich in der ukrainischen Hauptstadt Kiew.
*Botschaft der Bundesrepublik Deutschland in der Ukraine:* Ul. Tschkalowa (4КАЛОВА) 84, Kiew, ✆ 2 16 14 77 und 2 16 67 94, Fax 2 16 92 33.
*Botschaft Österreichs in der Urkaine:* Hotel ›Nationalnaja‹, Kiew, ✆ 2 91 88 48.
Die Schweiz verfügt über keine diplomatische Vertretung in der Ukraine.

## Elektrizität

Auf der Krim beträgt die Netzspannung wie in Westeuropa 220 Volt.

Mit einem Adapter (Südeuropa) versehen, kann man seine elektrischen Geräte also problemlos benutzen.

## Feste und Feiertage

In der ehemaligen Sowjetunion findet eine Umstellung statt, die allerdings noch nicht klar vollzogen ist: von den kommunistischen hin zu den kirchlichen Feiertagen. Ob der 1. Mai und der 7. November (Tag der Oktoberrevolution) auch in Zukunft noch gefeiert werden, ist unklar. Fest steht aber der 9. Mai als ›Tag des Sieges über den Faschismus‹. Bei den kirchlichen Feiertagen ist zu beachten, daß die orthodoxe Kirche noch im ›alten Stil‹ rechnet, der unserem Kalender um 13 Tage im Rückstand ist. Ostern wird festlich begangen, Weihnachten konnte sich bisher gegen das Neujahrsfest noch nicht durchsetzen.

## Festivals

An Festivitäten ist die Krim nicht eben reich. Einzig die Stadt Sewastopol bietet im Sommer zwei Großereignisse, an denen teilzunehmen sich lohnt: Am letzten Sonntag im Juli wird der ›Tag der Schwarzmeerflotte‹ mit einer Flottenparade, Konzerten und Veranstaltungen begangen. Ebenfalls im Juli finden die ›Spiele von Chersones‹ statt, ein Theaterfestival mit internationaler Beteiligung. Aufführungen sind auch im antiken Theater des Freilichtmuseums von Chersones.

## Fotografieren

Fotografieren darf man in der ehemaligen Sowjetunion alles – außer militärischen Objekten, wozu je nach Auslegung auch Flughäfen und Bahnhöfe und sogar Soldaten gehören können. Prinzipiell werden fotografierende Touristen aber nicht behelligt.

## Geld und Geldwechsel

Die Krim gehört zum unabhängigen Staat Ukraine, offizielle Währung ist deshalb bis auf weiteres der Kupon, eine Art Übergangswährung bis zur Einführung des ukrainischen Griwna, die immer wieder aufgeschoben wird. Die Inflation ist drastisch. Ukrainische Kupons kann man nur im Land selbst tauschen – in einer der offiziellen Banken oder an den vielen Wechselstuben, die in Kiosken oder Wohnwagen untergebracht sind. Der Wechselkurs ist meist ausgehängt, so daß man sich den günstigsten aussuchen kann. Schwarztausch auf der Straße lohnt sich kaum, und vor allem ist er gefährlich, da es unzählige Tricks gibt, den Westler um sein Geld zu betrügen.

Devisen dürfen unbegrenzt eingeführt und umgetauscht werden, die Zollerklärung, die man bei der Einreise ausfüllt, stammt noch aus Sowjetzeiten und ist eigentlich nur noch eine Formsache. Euro- und Reiseschecks werden z. Z. – wenn überhaupt – nur bei der Staatlichen Bank in Jalta (Uferpromenade) eingelöst, Kreditkarten sind kaum zu verwenden. Deshalb sollte man zur Zeit noch ausreichend Bargeld mitführen. Meist hat der US-Dollar einen besseren Kurs als die DM. Große Scheine werden ungern gewechselt. Auch sollte man darauf achten, daß man möglichst neue Scheine dabei hat, da viele Bewohner der ehemaligen Sowjetunion der Meinung sind, verschmutztes Geld oder solche Scheine, die vor mehr als fünf Jahren gedruckt wurden, seien ungültig.

Mit der ukrainischen Währung Kupon bezahlt man auf der Post und in staatlichen Geschäften. Daneben gibt es gesonderte Geschäfte für Kunden mit ›harten Devisen‹. Souvenirs an der Straße, Taxis und auch das Essen und Trinken in Restaurants werden von Ausländern meist direkt in DM oder US-Dollar bezahlt.

## Kleidung

Bequeme und legere Kleidung wird überall akzeptiert. Besonders die die Frauen in der ehemaligen Sowjetunion legen aber viel Wert auf ihr Äußeres und sind meistens sehr schick und gepflegt gekleidet. Beim Besuch von Moscheen, Klöstern und orthodoxen Kirchen ist zu beachten, daß kurze Hosen und (bei Frauen) schulterfreie Oberteile dazu führen können, daß man nicht eingelassen wird. Strenggenommen sollten Frauen in der Kirche einen Rock tragen und sich mit einem Kopftuch bedecken.

## Öffnungszeiten

Die Öffnungszeiten von Geschäften, Behörden und Museen sind sehr verschieden und verändern sich häufig. Man erkundigt sich am besten vor Ort. Hier einige Richtlinien:

Geschäfte: Mo–Fr 9–18 Uhr, Sa und So individuell verschieden.

Banken: Mo–Fr 9–18 Uhr.

Post: Mo–Sa 9–20 Uhr, in Touristenorten eventuell auch So.

## Reiselektüre

Als literarisches Reisegepäck empfehlen sich Tolstois ›Sewastopoler Erzählungen‹ (in: Leo N. Tolstoi: Die großen Erzählungen. Winkler Verlag, 529 S., DM 49,80, SFr. 45,80, öS 389) sowie die Erzählungen und Dramen Tschechows (z. B. Reclam-Band Anton Tschechow, Erzählungen.).

## Sicherheit

In letzter Zeit wird viel von der gestiegenen Kriminalität in den Staaten der GUS gesprochen. Verglichen mit dem Polizeistaat Sowjetunion ist das Reisen tatsächlich gefährlicher geworden, doch liegt die Verbrechensrate nicht höher als in den meisten europäischen Reiseländern. Einige elementare Vorsichtsmaßnahmen sollte man natürlich beachten: Bargeld und Wertsachen unbedingt in den Hotelsafe einschließen lassen; auf Taschendiebe aufpassen, diese scheuen auch nicht davor zurück, Taschen und Rucksäcke aufzuschlitzen, um ans Portemonnaie zu gelangen; nachts nicht in verlassenen Gegenden spazierengehen – schon gar nicht allein.

## Souvenirs

Typische Souvenirs von der Krim sind die Aquarelle, die überall angeboten werden. In den Städten gibt es ›Künstlersalons‹, die Kunsthandwerk aus der Region zu relativ günstigen Preisen verkaufen. Beliebt ist Holzschmuck aus verschiedenen Krimhölzern. Ansonsten gibt es überall russische und ukrainische Souvenirs: bemalte Holzpuppen, Samoware, Haarspangen, auch Bernsteinketten aus dem Baltikum.

## Sprache

Verkehrssprache auf der Krim ist Russisch. Einige Schilder und Formulare sind auch in Ukrainisch gehalten. Um sich auch außerhalb des Touristenzentrums Jalta orientieren zu können, sollte man zumindest das kyrillische Alphabet (s. S. 228) beherrschen. Junge Leute sprechen meist etwas Englisch oder Deutsch. Bei gebuchten Pauschalreisen steht den Teilnehmern immer auch ein Dolmetscher zur Verfügung.

## Taxis

Taxis erkennt man am Taxi-Schild auf dem Dach (ТАКСИ) oder an einem Schild mit schwarzen und weißen Quadraten hinter der Windschutzscheibe. Am Flughafen, Eisenbahn- oder Busbahnhof gibt es Taxistände; dort bieten die Fahrer den ankommenden Reisenden ihre Dienste lautstark an. In den Intourist-Hotels kann man Taxis auch bestellen. Da die Taxameter mit der galoppierenden Inflation nicht Schritt halten können, wird der Fahrpreis ausgehandelt – meist direkt in US-Dollar. Am besten informiert man sich bei Einheimischen über die üblichen Preise.

## Telefon

Auf der Krim gibt es zweierlei öffentliche Telefonzellen: für Ortsgespräche – diese befinden sich an jeder Ecke, funktionieren aber meist nicht – und für Ferngespräche (›meschdugorodnyj‹). Um ein

Amt zu bekommen, muß – auch von Privatapparaten – die Ziffer 8 vorgewählt werden. Gespräche ins Ausland meldet man am besten an: auf der Post, an der Rezeption des Hotels oder aber direkt über 0 79 (Vermittlung). Bei Selbstwählferngesprächen lautet die Ländervorwahl für Deutschland 8 10 49, für Österreich 8 10 43 und für die Schweiz 8 10 41. Danach wählt man die jeweilige Ortskennzahl ohne 0 und den Teilnehmer.

## Trinkgeld

Das Gerücht, in der ehemaligen Sowjetunion freuten sich die Frauen, vom Zimmermädchen bis zur Universitätsdozentin, über Seife und Seidenstrümpfe, hält sich hartnäckig. Es soll hier endgültig aus der Welt geschafft werden: Mittlerweile kann man in den GUS-Staaten überall alles kaufen – wenn man genügend Geld hat. Trinkgeld (10–15 %), und zwar von Ausländern in Devisen, ist in Hotels und Restaurants durchaus üblich.

## Zeit

Präsident Meschkow hat nach seinem Amtsantritt auf der Krim Moskauer Zeit eingeführt, die sich im Sommer wie im Winter um plus 2 Std. von der Mitteleuropäischen Zeit unterscheidet (Simferopol 10 Uhr = Berlin, Wien, Zürich 8 Uhr).

## Zeitungen

Deutsche Zeitungen gibt es auf der Krim nur manchmal im Hotel ›Jalta‹. Wer auf Nachrichten von zu Hause nicht verzichten will, sieht entweder die internationalen Fernsehprogramme, oder er nimmt sich ein Kurzwellenradio zum Empfang der Deutschen Welle mit.

# Sprachführer

Hinweise zur Aussprache und Umschrift: Im Gegensatz zum Text, wo russische Namen und Bezeichnungen in der offiziellen Umschrift nach Steinitz geschrieben sind, wurde bei diesem Sprachführer besonders auf die Aussprache geachtet. Die russischen Ausdrücke werden also in einer Art Lautschrift in lateinischen Buchstaben wiedergegeben. Bei der Aussprache ist besonders auf die Betonung zu achten. Sie ist durch einen Akzent (′) markiert.

**Das russische Alphabet**

| *Druckschrift* | *Transkription und Aussprache* |
|---|---|
| А, а | a |
| Б, б | b |
| В, в | w |
| Г, г | g |
| Д, д | d |
| Е, е | e, je |
| Ё, ё | jo |
| Ж, ж | sh (stimmhaft) |
| З, з | s (stimmhaft) |
| И, и | i |
| Й, й | j |
| К, к | k |
| Л, л | l |
| М, м | m |
| Н, н | n |
| О, о | o |
| П, п | p |
| Р, р | r |
| С, с | s (stimmlos) |
| Т, т | t |
| У, у | u |
| Ф, ф | f |
| Х, х | ch |
| Ц, ц | z |
| Ч, ч | tsch |
| ш, ш | sch |

| | |
|---|---|
| Щ, щ | schtsch |
| ъ | hartes Zeichen (kein Lautwert) |
| Ы, ы | y |
| Ь, ь | weiches Zeichen (kein Lautwert) |
| Э, э | e (ä) |
| Ю, ю | ju |
| Я, я | ja |

**Abkürzungen** bei Straßen- und Ortsnamen

| | | |
|---|---|---|
| Ул. | Ul. (Uliza) | Straße |
| Пер. | Per. (Pereulok) | Gasse |
| Пр. | Pr. (Prospekt) | (Pracht-)Straße |
| Бул. | Bul. (Bulwar) | Boulevard, Promenade |
| Пл. | Pl. (Ploschtschad) | Platz |
| г. | g. (gorod) | Stadt |
| п. oder пос. | p. oder pos. (poselok) | Siedlung, Dorf |
| д. | d. (dom) | Haus |
| кв. | kw. (kwartira) | Wohnung |

**Allgemeines**

| | | |
|---|---|---|
| Guten Tag! (per Sie) | Здравствуйте! | Strástvujtje! |
| Guten Tag! (per Du) | Здравствуй! | Strástvuj! |
| Guten Tag! | Добрый день! | Dóbryj djen! |
| Hallo! | Привет! | Privjét! |
| Herzlich willkommen! | Добро пожаловать! | Dóbro pashálowatj! |
| Auf Wiedersehen! | До свидания! | Do swidánja! |
| Entschuldigung! | Простите! | Prastítje! |
| | Извините! | Iswinítje! |
| Entschuldigen Sie bitte … | Извините, пожалуйста... | Iswinítje, poshálusta! |
| Danke | Спасибо | Spasíba |
| Bitte | Пожалуйста | poshálusta |
| Gern geschehen! | Не за что! | Njésaschto! |
| ja/nein | Да/нет | da/njet |
| Ich heiße … | Меня зовут … | Menjá sawut … |
| Wie geht's? | Как дела? | Kak djelá? |
| gut | хорошо | charaschó |
| schlecht | плохо | plócha |
| soso | ничего | nitschewó |
| Wieviel Uhr ist es? | Сколько времени? | Skólka wrémeni? |
| Wann? | Когда? | Kagdá? |
| | Во сколько? | Vaskólka? |

**Unterwegs**

| | | |
|---|---|---|
| Entschuldigen Sie, bitte … | Извините, пожалуйста … | Iswinítje, poshálusta … |
| … wo ist hier … | … где здесь … | … gdje sdjes … |
| … die Post | … почта | … pótschta |
| … ein Restaurant | … ресторан | … restorán |
| … ein Hotel | … гостиница | … gastíniza |
| … ein Geschäft | … магагазин | … magasín |
| … das Museum | … музей | … musej |
| … der Bahnhof | … вокзал | … vaksáll |
| … der Flughafen | … аэропорт | … a-eropórt |
| … wie finde ich … | … как найти … | … kak na-ití … |
| Ist das weit? | Это далеко? | Äta daljekó? |
| Das ist nah. | Это близко. | Äto blíska. |
| links | налево | naljéwa |
| rechts | направо | napráwa |
| geradeaus | прямо | prjáma |

**Im Geschäft / auf dem Markt**

| | | |
|---|---|---|
| Was ist das? | Что это? | Schtó äta? |
| Wieviel kostet das? | Сколько это стоит? | Skólka äta stó-it? |
| Geben Sie, bitte | Дайте, пожалуйста | Dájtje, pashálusta … |
| … Erdbeeren | … клубники | … klubníki |
| … Himbeeren | … малины | … malíny |
| … Pfirsiche | … персики | … pérsiki |
| … Aprikosen | … априкосы | … aprikósy |
| … Äpfel | … яблоки | … jábloki |
| … Birnen | … груши | … grúschi |
| … Tomaten | … помидоры | … pamidóry |
| … Gurken | … огурцы | … agurzý |
| 1 Kilogramm | килограмм | kilagrámm |
| ein halbes Kilo | полкило | polkiló |
| Milch | молоко | malakó |
| Brot | хлеб | chljéb |
| Wurst | колбаса | kalbassá |
| Käse | сыр | syr |
| Saft | сок | sok |
| Wein | вино | winó |
| Sekt | шампанское | schampánskoje |
| Bier | пиво | píwo |
| Eis | мороженое | maróshennoje |
| eine Tüte | пакетик | pakétik |

**Geldwechsel**

| | | |
|---|---|---|
| Bank | банк | bank |
| Wechselstube | обмен валюты | abmjén valjúty |
| Ich möchte … tauschen | Я хочу менять … | Ja chatschú menjatj … |
| … 10 DM | ... 10 марок | … djésitj marok |
| … 20 US-Dollar | ... 20 долларов | … dwatzatj dollarow |
| Was ist heute für ein Kurs? | Какой сегодня курс? | Kakój sewódnja kurs? |

**Auf der Post**

| | | |
|---|---|---|
| Wie kann ich nach Deutschland anrufen? | Как звонить в Германию? | Kak swanítj v Germániju? |
| Ich möchte ein Gespräch nach Deutschland bestellen. | Я хочу заказать Германию. | Ja chatschú sakasátj germániju. |
| Ich möchte einen Brief nach Deutschland senden. | Я хочу послать письмо в Германию. | Ja chatschú paslatj pismó v Germániju. |
| … ein Telegramm | … телеграмму | … telegrámmu |

**Im Restaurant**

| | | |
|---|---|---|
| Ist noch Platz? | Есть место? | Jest mjésta? |
| Können wir/kann ich … | Можно … | Móschna … |
| … zu Mittag essen? | … обедать? | … abjédatj? |
| … zu Abend essen? | … ужинать? | … uschinátj? |
| Ich möchte einen Tisch bestellen. | Я хочу заказать стол. | Ja chatschú sakasátj stol. |
| Speisekarte | меню | menjú |
| Bringen Sie bitte … | Принесите пожалуйста ... | Prinesítje, pashálusta … |
| die Vorspeise | закуски | sakúski |
| die Suppe | суп/первое | supp/pjérwoje |
| das Hauptgericht | второе | vtaróje |
| die Nachspeise | десерт | dessért |
| Kaffee | кофе | kófe |
| Tee | чай | tschaj |
| Salat | салат | salát |
| Fleisch | мясо | mjása |
| Fisch | рыба | rýba |
| Teller | тарелька | tarjélka |
| Tasse | чашка | tscháschka |
| Glas | стакан | stakán |
| Messer | нож | nosch |

| | | |
|---|---|---|
| Gabel | вилка | wílka |
| Löffel | ложка | loschka |
| Aschenbecher | пепельница | pépelnitza |
| Wo ist hier die Toilette? | Где здесь туалет? | Gdje sdjés tualjét? |
| Die Rechnung, bitte. | Счет, пожалуйста. | Schtschot, pashálusta. |

**Im Hotel**

| | | |
|---|---|---|
| Ich brauche … | Мне нужно … | Mnjé núshna … |
| Wir brauchen … | Нам нужно … | Nam núshna … |
| … ein Zimmer | номер | nómer |
| … Doppelzimmer | ... на двоих | … na dva-ích |
| … Einzelzimmer | ... на одного | … na adnawó |
| mit Bad und WC | с ванной и туалетом | s wánnoj i tualjétom |
| mit Balkon | с балконом | a balkónom |
| Meerblick | вид на море | wid na mórje |
| Schwimmbad | бассейн | basséjn |
| Sauna | сауна | sáuna |
| Massage | массаж | massásch |
| Wann gibt es Frühstück? | Во сколько завтрак? | Wa skólka sávtrak? |
| Auf welcher Etage ist … | На каком этаже находится … | Na kakóm ätasché nachóditsa … |
| Aufzug | лифт | lift |
| Schlüssel | ключ | kljútsch |
| Das Licht … | Свет … | Swjet … |
| Der Fernseher … | Телевизор … | Telewísor … |
| Der Kühlschrank … | Холодильник … | Chaladílnik… |
| … funktioniert nicht. | … не работает. | … nje rabótajet. |
| Geben Sie mir bitte … | Дайте, пожалуйста … | Dajtje, pashálusta … |
| … Toilettenpapier | … туалетную бумагу | … tualjétnuju bumagu |
| … Seife | … мыло | … mýlo |
| … ein Handtuch | … полотенце | … palaténtze |

**Beim Arzt**

| | | |
|---|---|---|
| Was tut Ihnen weh? | Что у вас болит? | Schtó u was balít? |
| die Zähne | зубы | súby |
| der Kopf | голова | galawá |
| das Bein/der Fuß | нога | nagá |
| der Arm/die Hand | рука | ruká |
| Mir ist schlecht. | Мне плохо. | Mnjé plócha. |
| Ich habe Durchfall. | У меня понос. | U menjá panós. |
| Ich habe Verstopfung. | У меня запор. | U menjá sapór. |
| Ich habe Fieber. | У меня температура. | U menjá temperatúra. |

**Die Zahlen**

| | | |
|---|---|---|
| 1 | один | adín |
| 2 | два | dwá |
| 3 | три | trí |
| 4 | четыре | tschetýrje |
| 5 | пять | pjatj |
| 6 | шесть | schestj |
| 7 | семь | sjém |
| 8 | восемь | vósjem |
| 9 | девять | djévitj |
| 10 | десять | djésitj |
| 100 | сто | stó |
| 1000 | тыся4а | týsjatscha |

# Abbildungsnachweis

Archiv für Kunst und Geschichte, Berlin, S. 32, 35, 45 u., 99, 109, 162

Bildarchiv Preußischer Kulturbesitz Berlin, S. 29, 45 o.

Alle übrigen Abbildungen stammen von Christoph Püschner c/o laif, Köln

Karten und Pläne: DUMONT Buchverlag, Köln

# Register

## Orte

Sjuren 186
Schwalbennest 115 f

# Personen